Eckart Flöther

Der Todeskuß

Wahn und Wirklichkeit der Bhagwan-Bewegung

Hänssler-Verlag
Neuhausen-Stuttgart

Die Namen der „einfachen“ Sannyasins wurden in diesem Buch geändert. Ihr wirklicher Name ist dem Autor bekannt. Alle anderen Personen erscheinen unter ihrem wirklichen Namen.

CIP-Kurztitelaufnahme der Deutschen Bibliothek

Flöther, Eckart:
Der Todeskuß: Wahn u. Wirklichkeit d. Bhagwan-Bewegung / Eckart Flöther. – Neuhausen-Stuttgart: Hänssler, 1985.
(Tagesfragen; Bd. 17)
ISBN 3-7751-0982-X
NE: GT

TAGESFRAGEN Band 17
Best.-Nr. 57.317

Titelbild: dpa Frankfurt
Umschlaggestaltung: Daniel Dolmetsch
Satz: böttler-satz-technik, Walddorfhäslach
Druck und buchbinderische Verarbeitung: Ebner Ulm

Inhalt

Statt eines Vorwortes

Jutta H. wurde am 25. April 1984 in ihrer Berliner Wohnung tot aufgefunden. Wahrscheinlich ist sie kurz nach ihrem 30. Geburtstag, am 5. April, an einer Überdosis Schlaftabletten gestorben.

Jutta H. war fünf Jahre Sannyasin. Sie erhoffte sich von ihrer Indienreise spirituelles Glück. Als sie zurückkam, war sie sprachlos.

Ich habe Jutta H. im November 1983 kennengelernt. Im Gespräch mit Therapeuten, Seelsorgern und ehemaligen Mitgliedern der Bhagwan-Bewegung wollte sie den Gründen ihrer Sprachlosigkeit auf die Spur kommen. Sie erhoffte sich dadurch Heilung. Viele Gespräche und eine begonnene Therapie halfen jedoch nichts. „Ich habe mich tief drinnen verloren“, sagte Jutta H., „es ist, als ob ich in der Bhagwan-Bewegung meine seelische Unschuld verloren habe“, sagte sie.

Juttas Identität war zerstört, sie war Sannyasin des indischen Gurus Bhagwan Shree Rajneesh. Sannyasin ist das Sanskritwort für Schüler. Wenn der Guru seinen Schüler initiiert, so Bhagwan, „erhält er den Todeskuß“.

Dieses Buch ist Jutta H. gewidmet.

Voller Hoffnung und Sehnsucht auf der Suche nach dem Glück kommen sie mit verspannten Gesichtern, angstvollen Augen, bleich in einen Garten.

fröhliches Vogelgezwitscher zwischen üppigen Pflanzen und farbenprächtigen Blüten

künden von Fruchtbarkeit und Freude, von lebendigem Leben in einem Garten.

Brillante Reden, turbulente Tänze, hingebungsvolle Arbeit schaffen elektrisierende Energie und vertrauenerweckende Atmosphäre

in einem Garten.

Menschen geben sich hin, lassen sich fallen, feiern und lieben auf der Suche nach sich.

Erschöpft und voller Erlebnisse, mit vielen Vorsätzen für morgen gehen sie ohne tragfähigen Mut, ohne stabile Basis, leer

aus einem Garten.

Das Buddhafeld – Rajneeshpuram

Bhagwans Traum

Die Sehnsucht nach dem Paradies ist so alt wie die Menschheit. In der Geschichte gab es unzählige Ansätze, der Welt mit ihren Konflikten oder dem von Unzulänglichkeiten gekennzeichneten Menschsein zu entfliehen.

Die Utopia, das Schlaraffenland oder die „schöne neue Welt“ kündeten von sorglosem Dasein edler Menschen. Indes, sie blieben Fiktionen. Praktizierte Ansätze eines Neuanfangs der Menschheit endeten, wie das „Tausendjährige Reich“, nach wenigen Jahren im Desaster. Viele schufen sich mit Glückspillen oder halluzinogenen Drogen die Welt ihrer Träume. Doch auch sie mußten immer wieder in die harte Wirklichkeit zurückkehren.

Zum Ende des 20. Jahrhunderts hat sich einmal mehr ein Mann aufgemacht, der Welt einen Neuanfang zu ermöglichen. „Wir stehen an der Schwelle zu einer Erneuerung der Menschheit. Der Mensch hat lange Zeit auf der gleichen Stufe gelebt. Gegen Ende dieses Jahrhunderts wird ein Quantensprung möglich. Denn entweder wird sich die Menschheit in einem Dritten Weltkrieg auslöschen, oder sie wird den Sprung in die Erneuerung wagen.

Aber bevor das geschehen kann, wird ein riesiges Buddhafeld benötigt, in dem die Zukunft vorbereitet und in die Tat umgesetzt werden kann.“[1] Diese Worte stammen von dem Inder Rajneesh Chandra Mohan, bekannter unter seinem Guru-Namen „Bhagwan Shree Rajneesh“.

„Ich möchte mit euch die menschliche Liebe teilen, die die Gegenwart Gottes in mir geweckt hat“[2], motiviert der derzeit im amerikanischen Oregon lebende Mann seine Jünger.

Keimzelle und Hauptquartier der menschlichen Erneuerung ist die Stadt, die den Namen des Heilsbringers trägt: „Rajneeshpuram“.

Diese „Heilige Stadt des Königs des Vollmondes“, wie sie auch genannt wird, ist für die Sannyasin das Buddhafeld zur Erschaffung des neuen Menschen. Es ist eine Kommune „um Gott zu provozieren“[3]. Das 260 Quadratkilometer große Gelände, inmitten einer kargen Hügellandschaft, vormals Muddy Creek Ranch genannt, wurde im Juni 1981 von der Rajneesh Foundation International für 6,5 Millionen Dollar gekauft. Verkäufer war die North Plans, Land & Investment Company of Amarillio, Texas.

Das von den örtlichen Bauern als unfruchtbares und daher nicht genutztes Land hinterlassene Gelände diente schon früher anderen Zwecken. So wurde 1970 der Film „Rooster Cogburn“ mit John Wayne und Katherine Hepburn dort gedreht. Ein Film, den sich der Meister mit Vorliebe in seinem einsamen, weißgetünchten Haus per Video immer wieder ansieht.

„Rajneeshpuram ist unser Versuch, der religiösen Vision unseres geliebten Meisters, Bhagwan Shree Rajneesh, Ausdruck zu geben“, sagte Sheela Silverman, die persönliche Sekretärin von Bhagwan Shree Rajneesh sowie Präsidentin der Rajneesh Foundation International, im Juni 1982 bei einem Rajneesh-Festival.

Vier Versuche in Indien, eine solche von der Außenwelt isolierte Stadt zu errichten, waren fehlgeschlagen. Die indische Regierung gab nie ihre Erlaubnis. Das Buddhafeld sollte der Platz sein, so Rajneesh, wo der schlafende Buddha in jedem Menschen geweckt werden kann.

Ein neuer Mensch sollte geschaffen werden, ein Supermensch, der den Dritten Weltkrieg überleben soll. Diesen Nuklearkrieg sagte Rajneesh für die Zeit zwischen 1984 und 1999 voraus. „Lediglich meine Sannyasins werden diesen Nuklearkrieg überleben“, sagte der Meister. „Die anderen werden Affen sein oder Selbstmord begehen“, meinte er.

Noch wußte Rajneesh nicht, wann ein Mensch zum Buddha wird. So startete er das größte Experiment mit Menschen seit dem Dritten Reich, um, von der Außenwelt abgeschieden, das „Drama zwischen dem Meister und seinen Schülern völlig abzuwickeln“.[4]

Dieses Drama begann für alle dort Wohnenden mit dem Aufruf des kahlköpfigen, selbsternannten Meisters: „Ihr müßt alles aufs Spiel setzen: euer ganzes Leben, eure Gefühle, eure Leidenschaften, euren Intellekt: Körper, Geist und Seele – alles. Es ist der allerhöchste Einsatz. Es ist das größte Glücksspiel, das das Leben bieten kann".[5]

Anfang 1985 lebten in Rajneeshpuram, dem verheißenen Paradies rund 5000 Sannyasins, „Menschen, denen das Leben alle Ansprüche ausgetrieben hatte".[6]

Rajneeshpuram wurde für sie die letzte Instanz. In süchtiger Abhängigkeit von ihrem Meister und ohne Lohn hatten sie eine gespenstige Kunststadt mit etwa 56 Kilometer Straßen neu gebaut. Dazu einen Stausee mit einem Fassungsvermögen von 350 Millionen Hektolitern errichtet. Er wurde nach dem asketischen und schülerlosen indischen Heilsprediger „Krishnamurti" benannt.

Die Mehrzahl der Bewohner wohnen zu dritt oder viert zusammengepfercht in Hauszelten oder kleinen Holzhütten. Die sanitären Gemeinschaftsanlagen befinden sich in fahrbaren oder provisorischen Fertighäusern.

Wo früher alte Farmhäuser standen, wurden eine Rezeption, eine Buchhandlung, ein Postamt, die zentrale Busstation, zwei Restaurants, Diskotheken, Boutiquen und ein Verwaltungsgebäude errichtet. Zwei bis vier Kilometer entfernt liegt in drei Seitentälern die Zarathustra-Cafeteria. Sie hat die Größe von zwei Fußballplätzen und kann 6000 Menschen verpflegen; daneben die Ambulanz, das Rathaus und die Rajneesh International Meditation Universität. Es ist ein fünfsternig angeordnetes Gebäude mit einer Gesamtfläche von 2200 Quadratmetern. Dort finden Meditationen, Therapien und Ausbildungsprogramme statt. Betriebsstätten, die dort Tempel genannt werden, wie Flugplatz, Tankstelle, Lager, Steinbruch, Zementwerk, Autoreparatur, Wäscherei, Gebäudereinigung, Landschaftsgärtnerei, Hotel und Lager liegen über den drei Seitentälern verteilt. Täglicher Treffpunkt ist die 8000 Quadratmeter große Buddha-Halle mit dem Namen Rajneesh Mandir. Sie wurde bei den Planungsbehörden als Gewächshaus beantragt, jetzt aber ohne behördliche Genehmigung als Meditationshalle für Veranstaltungen und Treffen mit dem Meister umfunktioniert. Es ist eine nach allen Seiten offene Stahlträgerhalle mit Musik- und Kinoanlage.

Der Thronsitz des Meisters ist mit weißen Marmorfliesen umgeben. Dieser heilige Platz, der nur von Auserwählten betreten werden darf, ist mit einem Heißluftvorhang vor den Anhängern abgeschirmt.

Für das jährliche Festival, bei dem regelmäßig 15 000 Jünger aus aller Welt nach Oregon pilgern, werden 4000 Drei- bis Viermannzelte in den Tälern erstellt. Entlang dem Grenzfluß der Ranch wird eine etwa 25 Hektar große Farm betrieben, die zur vegetarischen Kost der Bhagwan-Anhänger beiträgt. Außerdem gibt es eine Hühnerfarm, einen Kuhstall, einen Pferdestall und Körbe für 250 000 Bienen. Da und dort wird Weizen, Gerste und Hafer angebaut.

Der Alltag des Meisters

Im sogenannten B-Bereich (B wie „Bhagwan") wohnt der Meister selbst. In einer grün angelegten Oase steht seine Villa. Sie besteht aus zwei mit einem Zwischengang verbundenen Bungalows: sieben Schlafzimmer, Swimmingpool, großer Blumengarten, in dem sich Pfaue unter Bäumen tummeln.

Ein Schlafraum ist als Zahnarzt-Behandlungsraum eingerichtet. Ein anderer als medizinischer Untersuchungsraum. In Rajneeshs Eßzimmer stehen ein einfacher Tisch und ein Stuhl für Rajneeshs einsame Mahlzeiten. Eine Fernseh-Video-Anlage dient der Unterhaltung des „Old Fart", wie Rajneesh von seinen Führungsleuten genannt wird. Der kahl-weiße Wohnraum nebenan ist lediglich mit einem Lehnstuhl für den Meister möbliert. Einige Kissen liegen drapiert für die wenigen Besucher in einer Ecke. An der Wand hängt ein Bild des Poona-Ashrams. In jedem Raum hängt eine Uhr.

Der Meister ist gut abgeschirmt. Um sein Gelände wurde ein etwa zwei Meter hoher Zaun errichtet, der ständig von auserwählten bewaffneten Sicherheitskräften, seinen Samureis, patrouilliert wird. Etwa drei Kilometer von des

Meisters Villa entfernt, steht ein zehn Meter breites und zwölf Meter hohes Krematorium.

Rajneesh steht früh auf, duscht sich fünf Minuten mit 40 Grad warmem Wasser, geht Schwimmen in dem auf seine Körpertemperatur gewärmten 20 auf 13 Meter großen Swimmingpool. Dieser ist computergesteuert. Sobald Rajneesh seinen Finger ins Wasser hält, wird die Temperatur automatisch auf seine Körperwärme eingestellt. Rajneesh geht an exotischen Pflanzen vorbei, steigt meditativ Treppe für Treppe ins Wasser und macht gemächlich einige Runden. Danach wird ihm Tee gereicht.

Er wird von sechs Frauen betreut, die dem Kommando von Ma Yoga Vivek, der Engländerin Christine Woolf, folgen.

Für seine medizinischen Bedürfnisse kommen täglich ein Arzt und ein Zahnarzt ins Haus. Rajneesh leidet unter Allergien. Starke Düfte, wie sie in Rasierwasser, Seifen und Deodorants vorkommen, kann er nicht vertragen. Auch seine Anhänger kann er nicht „riechen". Ihre körperlichen Ausdünstungen sind ihm offenbar ein Greuel. Alle Besucher müssen daher mit neutraler Seife frisch gewaschen beim Guru vorsprechen.

Rajneeshs Rückgrat ist angeschlagen. Immer wieder springt ein Wirbel heraus und klemmt die Nerven ein. Der chemische Haushalt des Meisters scheint ebenfalls nicht im Gleichgewicht zu sein, denn Rajneesh laboriert schon seit seinen Tagen in Indien an einer Diabetes.

Der tägliche Zahnarztbesuch dient eher Rajneeshs Lustprinzip. Einer seiner früheren Leibwächter berichtete, daß der Erleuchtete ab und zu gern auf einen Lachgas-Trip geht.

Um 11 Uhr ißt Rajneesh ein leichtes Mittagessen. Seine Mutter Ma Amrir Saraswati, Schülerin ihres Sohnes, kocht die kaum gewürzten vegetarischen Speisen nach indischen Rezepten in ihrem Haus. Es steht einige hundert Meter von Rajneeshs Villa entfernt. Der Sohn soll sich selbst vor Küchengerüchen ekeln.

Nach einem kleinen Schläfchen fährt der Herr über 79

Rolls-Royce[7] mit seiner Gefährtin Vivek von 14 bis 16.30 Uhr durch seine Rancho-Rajneesh.

Dieser „Drive-by“ hat religiösen Charakter. Alle Anhänger reihen sich in einer langen Straßenrand-Schlange auf und erweisen ihrem, im kugelsicheren Rolls Royce vorbeifahrenden Meister mit gefalteten Händen ihre Ehrerbietung.

Vor der klimatisierten Luxuskarosse fährt ein Polizeiwagen. Im Fenster sichtbar ein halbautomatisches Maschinengewehr. Bewaffnete sogenannte Friedenskämpfer – ständig durch mit auf dem Kopf montierten Sprechgeräten mit der Sicherheitszentrale verbunden – bewachen den Meister vor den seligen Jüngern. Sicherheitskräfte auch neben und hinter dem heiligen Wagen. Schließlich fährt im Abstand von 20 Metern ein weiterer Einsatzwagen, meistens ein schwarzer Mercedes Typ 500 SEL.

Ein besonderer Jünger-Schlag sind die Ex-„street-people“. Aus fast 4000 in New York, Los Angeles, Miami und Chicago rekrutierten Obdachlosen hat die Rajneesh-Kirche ein Viertel einbehalten. 350 arbeiten brav für Kost und Logis, 600 sind kampferprobte Vietnam-Veteranen und die restlichen 50 spielen auf allerlei Instrumenten Lieder, die in ihrem Lobpreis das Herz des Meisters hochschlagen lassen.

Von der anstrengenden Besuchsfahrt durch seine Stadt aufgerieben, braucht Rajneesh erst mal Tee und einen Imbiß. Danach ruht er, denn schon um 18.30 Uhr warten zwölf auserwählte Jünger im Vortragssaal des Rajneesh-Bungalows auf die neueste Botschaft. In eineinhalb Stunden predigt Rajneesh über seine Sicht des Lebens, was seine Gemeinde als „Rajneesh-Bibel“ versteht.

Um 20 Uhr empfängt er Sheela, seine Geschäftsvertraute. Mit ihr bespricht er die Strategie seines Imperiums. Rajneesh: „Nichts in meiner Kommune geschieht ohne mein Wissen . . . , und was ich sage, ist absolut.“[8]

Rajneesh gibt kurze Anweisungen. Viele Vorschläge seiner Hierarchie kommentiert er mit seinem Lieblingswort „bullshit“, dabei spricht er das sh wie sz.

Wenn noch Zeit bleibt – Rajneesh geht um 23 Uhr ins

Bett –, sieht er sich vor der Nachtruhe noch einen John Wayne-Film von der Video-Kassette an.

Rajneeshs Handschrift ist in seiner Stadt überall zu erkennen. So behielt er sich vor, die Straßen und Häuser zu benennen. Es ist ein Namens-Sammelsurium von religiösen und „spirituellen“ Personen. Rajneeshpuram hat neben einer Jesus Grove eine Walt Whitmann Road. Die Kantine ist nach Magdalena benannt, das Rathaus nach Sokrates, die Ambulanz nach Pythagoras, und die Busstation trägt den Namen Zen-Connection.

Das Leben der Jünger

Auf dem Gelände in Oregon wurden zwischen 1981 und 1985 rund 80 Millionen Dollar investiert. Die Stadt ist im Aufbruch. Aus den derzeit erst 5000 Bewohnern sollen bald 10 000, später sogar 100 000 werden, wie Sheela im Juli 1982 ankündigte. Die Elite der Welt soll es sein, die sich um den lebenden Meister der Neuzeit scharen soll.

Die Süddeutsche Zeitung beschrieb den einstigen Poona Ashram als „eigentümliche Mischung aus Kloster und Club Mediterranée, aus Nervenklinik und Spiritistenzirkel mit einem alles überlagernden und verklärenden Hauch von Bordell“. In Rajneeshpuram ist auch das Sexleben reglementiert. „Sex nur mit Gummi“ verordnete der Meister im Sommer 1984 seinen rotbekleideten Jüngern. Besser noch, „hört mit dem Sex überhaupt auf und wandelt eure sexuelle Energie in Bewußtheit um“, verhieß er seinen Anhängern.

Die Wandlung kam nicht ohne Grund. Aids war in Rajneeshpuram ausgebrochen. Nun waren Vorsichtsmaßnahmen am Platze. An die Stelle von freiem Sex und Bindungslosigkeit als Rajneesh-Markenzeichen war jetzt die Religion getreten, genannt der „Rajneeshismus“.

Laut Rajneesh ist dies „die einzige Religion der Neuzeit“, da nach seiner Meinung alle anderen Religionen versagt haben. „Die traditionellen Religionen“, so ereiferte er sich in Indien, „seien ein Instrument der Ausbeutung und führen zu Angst und Geiz". Doch die neue Religion des Rajneeshismus, besteht darin, daß Arbeit nun als „worship" bezeichnet wird. Das heißt, jede Arbeit, die auf der Ranch geleistet wird, gilt als Gottesdienst. Mit diesen Dienstleistungen für ihren Gott verbringen die 5000 Jünger zur Zeit zwölf Stunden pro Tag, sieben Tage die Woche. Dafür erhalten sie immerhin Unterkunft und Verpflegung.

Nach 13 Arbeitsschichten gibt es einen halben Tag frei. Selbst die – wenn auch wenigen – Kinder sind zum „worshippen" angehalten, sofern sie nicht eine Art Kindertagesstätte ohne festes Unterrichtsprogramm besuchen.

Zu den ständigen Bewohnern kommen die rund 1200 Besucher und Studenten der Rajneesh-Universität. Sie zahlen pro Monat 1000 Dollar, um ebenfalls auf der Ranch „worshippen" zu dürfen. Das heißt: Aufstehen um 4.45 Uhr. Waschen, Duschen, Anziehen. Transport zur Buddhahalle „Rajneesh Mandir". Eine Stunde lang Schreien, Strekken, Singen, Tanzen. Mit dem Bus zum Frühstück.

Um 7.30 Uhr am Morgen beginnt die Arbeit, genauer „worship", mit den Verneigungen in Richtung der Villa Rajneeshs. Es ist ein gemeinsames Gebet: „Ich begebe mich zu den Füßen des Erleuchteten, ich gehe zur Gemeinde des Erleuchteten, ich gehe zur Gemeinde des Erleuchteten, ich bewege mich zu den Füßen der letzten Wahrheit des Erleuchteten."

Nach aufmunternden Worten der Führungskräfte, auch die „Sache Bhagwans" richtig zu leben und für ihn zu arbeiten, geht jeder an seinen ihm zugewiesenen Arbeitsplatz. Verbesserungsvorschläge sind nicht erwünscht. Was die Vorarbeiter bestimmen, wird getan ohne Widerrede. Wer dreimal gegen dieses „eherne Gesetz" verstößt, wird als negativ eingestuft und wird möglicherweise von der Gegenwart des Meisters ausgeschlossen.

Nach dem vegetarischen Mittagessen wird täglich ein besonderer Nachtisch serviert. Die Jünger dürfen ihren Meister sehen. Sie reihen sich in ein Spalier entlang der Hauptstraße ein und dürfen mit seligem Lächeln und gefalteten Händen ihren Guru im vorbeifahrenden Rolls Royce erleben.

Nach der Vorbeifahrt, die Jünger lächeln immer noch, geht es wieder an die Arbeit. Arbeitspausen sind nicht erforderlich, weil ja auch während des Gottesdienstes keiner eine Pause macht. Die Motivation kommt vom Energiestrom des Meisters.

Seit dem 24. Oktober 1984, als Rajneesh sein über dreijähriges Schweigen gebrochen hat, gibt es nach dem Abendessen um 18 Uhr die eineinhalbstündige Abendlesung des Vortages auf Video-Band in der Großhalle Rajneesh Mandir zu sehen. Damit endet der „worship" um 20 Uhr. Wer noch Kraft und vor allem Geld hat, kann danach in eine der Diskotheken gehen oder in ein Restaurant oder sogar in das ashrameigene Spielkasino.

Dies ist ein Teufelskreis. Wer hier mit Geld um sich schmeißt, wird von der Hierarchie befragt, ob er das nicht lieber der Religionsgemeinschaft spenden wolle. Also müssen Freunde oder die Familie der Sannyasins Geld schicken, damit die Erwählten von Rajneeshpuram dem abendlichen Vergnügen frönen können. Kostenlos ist nahezu nichts, und was noch kostenlos zu haben wäre, ist fast alles verboten.

Seit Mitte November 1984 auch das Küssen.[9] Weil die neue Lustseuche Aids auch über den Speichel übertragen werden könnte, verbot Rajneesh seinen Jüngern jede Mundberührung. „Diese gegenseitige Rücksichtsnahme trifft auch auf feste Partnerbeziehungen zu", hieß es in dem Ukas. Kommentar der Rajneesh-Times: „Die Rajneeshies empfinden es als Segen, daß ihr Meister sie rechtzeitig auf die Möglichkeiten der Vorbeugung hingewiesen hat, und nehmen seinen Rat dankbar an".[10]

Das Wirtschafts-Imperium

Rajneeshpuram ist eine Stadt mit der Postleitzahl 97741. Ihr Bürgermeister geht seinen Geschäften genauso in rot nach, wie die stadteigene Sheriff-Truppe mit 35 Angehörigen.

Die eigentlich Mächtigen im Oregoner Hauptquartier

sind jedoch die von Rajneesh handverlesenen Führungskräfte der Rajneesh Foundation International. Präsidentin Sheela Silverman, die Getreue aus Indien, ist die Päpstin des Rajneeshismus. Unter ihr regiert ein Drei-Weiber-Rat: Ma Savita, Ma Vidya und Ma Prem Isabel. Isabel fungiert auch als Chefin der stadteigenen Handelskammer.

Die Rajneesh Foundation International (RFI) ist gleichzeitig Mutterorganisation mehrerer Unterfirmen:

- Rajneesh Investment Corporation (RIC). Sie besitzt das Gelände, die Bauten, den Staudamm, die Unterkünfte und die Rolls-Royce-Flotte.

- Rajneesh Neo-Sannyas International Commune. Sie hat Grund und Boden, Häuser und Unterkünfte von der RIC gepachtet.

- Rajneesh Services International (RSI) ist eine Dienstleistungs- und Ausführungsgesellschaft der RFI mit Sitz in London und/oder Zürich. Die RSI macht alles, was Geld macht (Einzelheiten siehe Anhang, S. 231).

- Rajneesh Licensing International (RLI) ist eine Tochterfirma der RSI. Sie sammelt in der Schweiz, per Adresse Urs Birnstil in Zürich, die Franchise-Gebühren der „Zorba the Buddha"-Restaurants (fünf Prozent vom Umsatz) und der „Far-out"-Diskotheken (neun Prozent vom Umsatz) aus ganz Europa ein.

In mehreren Verwaltungsgebäuden Rajneeshpurams wird das weltweite Imperium des indischen Herrschers computerunterstützt gelenkt. Bankverbindungen in Europa, Nordamerika, Australien, Indien, den Bahamas und vor allem in der Schweiz (Nummernkonten bestehen bei der Schweizer Volksbank und bei der Credit Suisse in Zürich) sorgen für den reibungslosen Fluß des Rajneesh-Geldes. „Glückseligkeit ist ein positiver ‚cash-flow'", hieß es in einem Protokoll der RFI-Managements vom 14. November 1982. Mit Sprüchen wie: „Hab keine Angst vor dem Geld, es ist nur ein Spiel“, wurden die Rajneesh-Jünger in Schulungspapieren der RLI auf die richtige Fährte gesetzt. Das Ziel: „Erschließe alle Geldquellen . . . , denn Geld ist Energie.“

Die geheime Stadtpolizei

Die Energie auf der Rancho-Rajneesh ist ebenfalls bestens kanalisiert. Die aus rund 350 erwählten Personen bestehende Sicherheitspolizei („Rajneesh-Security“) hat laut Sicherheitshandbuch von Rajneeshpuram die Aufgabe, „Bhagwan, unseren geliebten Meister, seine Liebhaber und das Eigentum der Kommune zu schützen“.

Diese Sicherheitstruppe ist ständig präsent. Sie ist mit halbautomatischen und automatischen Maschinengewehren bewaffnet und verfügt über elf landgängige Fahrzeuge sowie einen Hubschrauber. Über das gesamte Stadtgebiet sind Wachposten verstreut. Jede Bewegung eines Besuchers oder eines Jüngers wird von diesen Sicherheitskräften genauestens observiert.

Wer nicht den ihm vorgegebenen Weg geht, wird angehalten und befragt. Besucher dürfen sowieso nur in ganz bestimmten Bereichen der Stadt, und das unter ständiger Aufsicht, umhergehen.

Die Ausrüstung der Sicherheitskräfte besteht außerdem aus einem „Motorola“-Sprechgerät, einem Fernglas, einer Kamera und der chemischen Waffe „Mace“. Nachts haben die Posten eine Taschenlampe bei sich. Ihre Postenhäuschen sind durch Flutlicht hell erleuchtet. Ihnen stehen für ihre Moto-Rola fünf Radiokanäle zur Verfügung. Das Sprechgerät verbindet sie mit einer Sicherheitszentrale, mit der Ashramleitung, mit der Peace-Force – das sind die Stadt-Sheriffs – und natürlich mit den anderen Wachposten.

Für die Kommunikation auf der Ranch stehen diese fünf Radiokanäle zur Verfügung:

BLAU	ist der Kanal der Sicherheitskräfte. Es ist ein Long-distance-Kanal. Er dient der Überwachung des Straßenverkehrs.
GRÜN	ist im Handbuch nicht näher definiert. Er reicht vier bis fünf Meilen.
GELB	ist der Kanal des Sicherheitsbüros. Seine Reichweite ist weniger als vier Meilen.
WEISS	ist der Kanal der Peace-Force. Über seine Reichweite ist nichts ausgesagt.
ROT	ist der „emergency-Kanal" und erreicht die nicht definierte Stelle „O". „O" ist immer auf ROT und kann alle anderen Kanäle abhören. Es ist der einzige Kanal, der von außen nicht abgehört werden kann. Seine Reichweite reicht von „O" bis „Madras", Bezeichnung der Sicherheitszentrale.

Der rote Kanal ist also ein Kanal für den Ernstfall. Alle unvorhergesehenen oder unerwarteten Ereignisse müssen sofort über diesen roten Kanal an die Sicherheitszentrale gemeldet werden. Aufgabe der Sicherheitspolizei ist es, laut Sicherheitshandbuch „Augen und Ohren für die Kommune zu sein".

Die Kommunikation erfolgt in einer Code-Sprache. So werden hereingekommene Regierungsfahrzeuge mit 9/20, herausfahrende Regierungsfahrzeuge mit 9/21, hereinkommende Lieferanten mit 12/35, hinausfahrende Lieferanten mit 12/36 bezeichnet. Verdächtige Fahrzeuge haben das Code-Wort 12/28. Sollte ein verdächtiges Fahrzeug nicht anhalten oder den Anweisungen nicht folgen, werden andere Sicherheitskräfte zur Hilfe gerufen. Der Code ist: „catch 22".

Alle Besucher der Ranch und alle Lieferanten erhalten einen Tagespaß und ein Armband aus Plastik. Auf diesem Armband wird ihr Name aufgeschrieben und in einem

Code-Wort ihre Aufgabe. Tagespaß und Armband muß an jedem Posten vorgezeigt werden.

Bericht eines Besuchers

Der ehemalige Hamburger Kriminalbeamte Peter Reichard schilderte seine Erfahrungen im Dezember 1984 mit dieser Sicherheitspolizei als Besucher im paradiesischen Rajneeshpuram so:

Sonntag, 2.12.1984 (1. Advent)

- Fahrt im Mietwagen von Portland nach Rajneeshpuram
- Erster Wegweiser nach Rajneesh und Rajneeshpuram in der Ortschaft Shaniko. Dort, versteckt postiert, die Besatzung eines Streifenwagens der State Police.
- In Rajneesh (früheres Antelope) die gleiche Situation - diesmal ist es ein Wagen der Peace Force. Spüre Mißtrauen, fühle mich als Eindringling.
- An einer Wegabzweigung nach Rajneeshpuram wieder ein Fahrzeug der Peace Force.
- Passiere mehrere in fahles, gelbes Licht getauchte Postenhäuser der „Rajneesh Security“. Werde von den Sicherheitskräften vorbeigewunken, die mir dann nachblicken und vermutlich das Kennzeichen meines Wagens ablesen und an den nächsten Kontrollpunkt weitermelden. Muß pinkeln und befürchte, wegen der kurzfristigen Fahrtunterbrechung nicht „in der Zeit“ zu bleiben und daher unangenehm aufzufallen. Komme an Masten mit den Flaggen der Vereinigten Staaten und Rajneeshpurams vorbei, ein Willkommensgruß in Stein gemeißelt, denke an die Einreise in die DDR.
- Zäune, Postenhaus: Rajneeshpuram. Ankunftszeit: 18.45 Uhr. Ob ich nicht erst mal den Meister per Video erleben wolle. Klar! Fahrt auf öffentlicher Straße zwischen Zäunen und Fluß zu einer riesigen Halle (Raj-

neesh Mandir). Bei jedem Halt, den ich zu meiner Orientierung einlege, kommen sofort rotgekleidete Menschen und fragen mich – stets freundlich –, wohin ich wolle. Sehe im Vorbeifahren mehrere Postenhäuser mit Sicherheitskräften, vereinzelt auf der Straße Menschen, die ausnahmslos rote Kleidung tragen. Mich bedrückt die Szenerie, assoziiere sie mit Konzentrationslager – nur, wegen der Freundlichkeit, alles ein Tick feiner und raffinierter, schwerer zu durchschauen.

– Vor der Halle Rajneesh Mandir fängt mich eine Dame der „Rajneesh Security“ ab, übernimmt meine Betreuung und sagt mir, wo der Wagen geparkt werden muß, daß ich meine Schuhe zu den Tausenden anderer zu stellen und die Halle auf Socken zu betreten habe.

– Fragen nach dem Grund meines Aufenthaltes auf der Ranch und meinen Zukunftsplänen. Muß meinen Reisepaß vorlegen. Es werden auf drei Formularen mein Vor- und Zuname, Geburtsdatum, Wohnanschrift in Hamburg, Beruf, Privattelefonnummer festgehalten. Einen Vordruck mit Verhaltensmaßregeln und dem Hinweis, daß eventuelle Regreßansprüche nicht gestellt werden können, muß ich unterschreiben. Eine Durchschrift erhalte ich nicht.

Ein Sannyasin der „Rajneesh Security“ erscheint mit einem jungen Schäferhund. Ich muß meinem Wagen das gesamte Gepäck entnehmen und auf dem Boden abstellen. Meinen Ledermantel halte ich über dem Arm. Der Hund schnüffelt an Koffer und Plastiktüte, dann an mir und meinem Mantel.

Begründung: Suche nach Drogen und Waffen. Koffer- und Motorraumhaube sowie alle Türen des Wagens werden geöffnet. Der Hund setzt nun seine Schnüffelei in den Innenräumen des Fahrzeugs fort. Dann hält der Sannyasin Nachschau, öffnet auch den Aschenbecher zwischen Fahrer- und Beifahrersitz.

Anschließend mit meinem Gepäck in einen von der Rezeption abgehenden Durchsuchungsraum mit zwei

Tischen. Darauf breite ich meine Habe aus. Sannyasin durchsucht alles Stück für Stück. Muß sämtliche Taschen des Mantels und meiner Lederjacke sowie meiner Hose entleeren. Werde behutsam an Rücken, Bauch, Brust, Beinen abgetastet. Darf schließlich die Sachen wieder einpacken.
Bei den Damen der Rezeption wird der nächste Vordruck ausgefüllt. Auf ihm werden sämtliche Daten des PKW erfaßt (Kennzeichen, in welchem Staat zugelassen, Fabrikat, Farbe). Erhalte einen Park-Erlaubnisschein, den ich oberhalb des Lenkrades mit „Tesa“ von innen an die Frontscheibe heften muß. Auf einem Parkplatz zwischen Haupteingang und Mirdad stelle ich den Wagen ab, verschließe ihn. Den Schlüssel muß ich abgeben. Er wird in einem Kuvert verwahrt. Man erklärt mir, aus Parkraumnot (Quatsch!) dürfe ich den Wagen während meines Aufenthaltes auf der Ranch nicht benutzen, man verfüge über eigene Buslinien, die sämtliche Haltestellen in Intervallen von zehn Minuten bedienten (stimmt). Wieder ein Stückchen Freiheit weniger, denke ich. Noch nicht einmal die Schlüssel behalte ich, muß fragen, wenn ich an meinen Wagen will . . .
Man fragt mich, wen man verständigen solle, falls mir etwas zustoße, soll Vor-, Nachnamen, Adresse und Telefonnummer der Person angeben. Ich scherze, lenke die Damen der Rezeption ab, bis sie schließlich diesen Punkt auf ihrer Liste vergessen haben.
Ich zahle für fünf Übernachtungen (Einzelzimmer im Hotel inkl. dreier vegetarischer Mahlzeiten täglich) 482,50 US-Dollars. Erhalte unaufgefordert einen Beleg.
Um das Handgelenk meines rechten Arms wird mir ein weißes Plastikarmband gelegt. Auf ihm steht in wasserfester, dokumentenechter, schwarzer Schrift eines Filzstiftes: „Peter Reichard - Hotel - Dez. 6. 1984“ (bis dahin ist bezahlt). Das Armband kann ich weder abstreifen noch mittels Druckknopf lösen. Nur mit Gewalt könnte ich mich von ihm befreien. Als Orientie-

rungshilfe für das Gelände der Ranch erhalte ich eine Visitors Map.
Man sagt mir, am nächsten Tag müsse ich mich um 16 Uhr dem Arzt vorstellen.
Mit Kleinbus werde ich von weiblicher Sannyasin zum Hotel gebracht. Fahre anschließend mit einem der gelben Busse auf der Route „Hassid Run“ (Fahrschein = Vorzeigen des Armbands) zur „Hassid Cafeteria“. Dort Selbstbedienung. Anschließend im Restaurant-Lounge „Zorba the Buddha“. Auf dem Rückweg zum Hotel um 23.20 Uhr rollt langsam durch die „Mall“ ein Wagen der Peace Force. Ich schaue dem Fahrzeug nach, bleibe daher für den Bruchteil einer Sekunde stehen. Sofort springt eine Dame der „Rajneesh Security“ aus ihrem Wachhaus und fragt mich, wo ich hinwolle, ob sie mir helfen könne (freundlich). Ich spreche anschließend im Hotelzimmer meine Eindrücke in mein Diktiergerät, lasse dabei Musik aus dem Radio laufen, habe Angst, daß Abhörgeräte installiert sein könnten. Ich sage: „Ich werde halb wahnsinnig!“ Denke an die Geschichte vom Wettlauf Hase und Igel, setze anstelle des Igels „George Orwell“: „Ick bin all’ dor!“ Ja, hier ist Orwell längst Wirklichkeit geworden! Die Bilder von Menschen in Einheitskleidung . . . wie sie in den Bussen sitzen, in Restaurant und Cafeteria arbeiten . . . erinnern mich auch an den Fritz-Lang-Film „Metropolis“, Unterschied: Hier scheinen die Menschen gelöst zu sein, sind heiter, aber sonst . . .
An der Rezeption muß ich 15 US-Dollars als Sicherheit für den Schlüssel zu meinem Zimmer hinterlegen. Schlüsselanhänger in Form einer großen, in Plastik verschweißten Spielkarte. Eine Seite: Buddhafiguren mit erhobenen Zeigefingern, dazu das Wort „Imitation“; Rückseite: Dort folgender Text: „You need not imitate Buddha / you need not imitate me . . . / if you are fortunate enough / to be with an alive Master, / just become vulnerable to Him. / Let intimacy happen, / come closer and closer.“ Darunter: „Bhagwan Shree Rajneesh“, Unterzeile: „The fish in the sea is not thirsty.“

Trinke an der Snack-Bar des Hotels noch einen Orangensaft (24-Stunden-Service). Der „Rote“ hinter der Bar sagt mir, ich solle nicht erschrecken, aber er patroulliere einmal stündlich nachts um die Hotelgebäude.

Montag, 3.12.1984

- An Wegkreuzungen und vereinzelt an der Fahrbahn Uniformierte der Peace-Force, in deren Holstern offensichtlich großkalibrige Handfeuerwaffen stecken.
- Ich fühle mich wie in einem Gefangenenlager, und dort noch privilegiert, da ich im Hotel schlafen darf. Man müßte mit mir schon eine Gehirnwäsche machen, bevor ich mich diesem Zwang freiwillig unterwerfen würde, halte ich auf meinem Notizblock fest. Die Insassen haben die Gehirnwäsche wohl schon hinter sich, nur: Sie wissen es offensichtlich nicht.
- Auf dem Rückweg von „Moses 1“ komme ich auf dem Zarathustra Drive am Gebäude „Zarathustra“ vorbei. Entdecke dort Holztüren eines Vorbaus mit Vorhängeschloß. Ich kann hinter ihnen Gas- oder Kohlensäureflaschen erkennen, die auf Stein- bzw. Zementfliesen stehen, sie sind lückenhaft auf den Boden gesetzt. Neben mir stoppt ein Lieferwagen. Ein bärtiger Sannyasin sagt, er hätte mich beobachtet. Ich sei ständig um das Gebäude gegangen. Ob ich etwas suche. Ich lächle, so schwer es mir auch fällt: „Nein, ich bin Newcomer, dachte, das wär' 'ne Cafeteria.“ Der Mann schüttelt freundlich den Kopf. Ich bedanke mich, gehe weiter in Richtung Hotel.
- Überall fahren Lastwagen. Sannyasins tragen Steine von den Bergen ab, schichten sie zu Mauern auf.
- Zurück im Hotel erhalte ich ein hellgrünes Armband mit einer hellbraunen Holzkugel, durch die das Plastikband gesteckt ist. Es handelt sich um ein Sonderband für das Festival. Mit schwarzer, wasserfester Farbe wird es beschriftet: „Peter Reichard – Hotel.“ Mein

bisheriges weißes Armband wird mit einer Schere durchschnitten und mir abgenommen, das andere befestigt. Ohne Gewalteinwirkung kann ich mich auch von diesem „Plastikausweis“ nicht befreien. Ich notiere: Dies ist ein Konzentrationslager der Neuzeit. Hier regiert nicht die Gewalt der Peitsche oder der Faust, nein, hier herrscht die raffinierte Technik psychischer Folter zum Zwecke kommerzieller Ausschlachtung – organized crime an der Seele. Die Betroffenen – und das ist der Gipfel der Vollkommenheit – merken es nicht einmal. Sie frieren, kaufen Rajneesh-Produkte, damit ihnen wieder wärmer wird und sie besser arbeiten können, um das, was sie später kaufen, kostenlos herzustellen. Ein toller Kreislauf ist das:
Die Sannyasin fahren auf einem Karussell, das sie selber gebaut haben, das sie selber betreiben und in Ordnung und in Schwung halten. An der Kasse sitzt – im warmen Häuschen – lächelnd der Meister und kassiert für jede Runde. Das muß ihm erst einmal einer nachmachen: Der Mieter empfängt hier die Miete vom Vermieter. Rajneeshpuram ist eine Kunststadt, eine Gespensterstadt mit Kunstmenschen, die wie Roboter im Einheitsgewand lenk- und steuerbar sind. Ich werde das Bild der frierenden Bhagwan-Anhänger nicht los, die den Meister feiern, ihm zujubeln und huldigen. Er, fein gewandet, im gut geheizten Auto – nein, er steigt nicht aus, schüttelt keine Hände: Es ist schließlich lausig kalt. Dahinter im feinen Mercedes ernste, emotional unbeteiligte Sicherheits-Manager – fernab von allem Religiösen. Ekelhaft! Draußen auf Abhängigkeit getrimmte Roboter, die auch noch jubeln. Mir kommt es vor, als spielten Kinder, die nur wie Erwachsene aussehen, das Spiel „Kommune“. Sie spielen ihre verschiedenen Rollen als Busfahrer, Polizisten, Kellner mit kindlicher Hingabe. Die wirklichen Erwachsenen sind der Meister und sein Profi-Stab. Sie schauen den Kindern bei ihrem Spiel zu und sahnen ab. Daher lächeln die Manager auch weniger: Sie spielen ja auch nicht. Für sie ist es kommerzieller Ernst.

- Die Schweizer Hotel-Rezeptionistin Lela fragt mich aus, was ich den Tag über so machte, ob ich Kurse belegt hätte usw.
- Auf den wichtigsten Gebäuden Antennen, die vermutlich der Funkübermittlung dienen.
- 10.10 Uhr. In der Nähe einer Security-Box bleibe ich stehen, will mich orientieren, da von dort aus ein Weg in die Berge zu einem Haus mit Waffen führen soll. Eine Security-Dame ist sofort bei mir, fragt mich, was ich suche, wohin ich wolle. Zur Universität, sage ich. Sie zeigt mir den Weg. Muß Vorhaben abbrechen.
- 10.25 Uhr. Wechsele hinter der Torah-Disco den Film der Minox. Sannyasin beobachtet mich, geht auf mich zu, läßt sich mein Armband zeigen. Lächelnd erkläre ich, daß ich einen neuen Film einlege. Der Kontrolleur lächelt verständnisvoll zurück, geht weiter.
- 10.33 Uhr. Will Foto einer Security-Box schießen. Stehe zwischen zwei Wagen mit Baumaschinen. LKW fährt an mir vorbei, Fahrer entdeckt mich, hält an, fährt zurück. Tue so, als hätte ich nichts bemerkt, schlendere langsam davon. Weiß nicht mehr, wo ich noch hingehen soll.
- 11.33 Uhr. Bin am Airport. Hubschrauber hebt gerade ab zu Kontrollflug.
- 11.45 Uhr. Stehe vor dem Eingang zur „Rajneesh International Meditation University". Das übliche Ritual: In einem Vorraum Schuhe aus und in einem Regal abstellen; freundlicher Empfangsraum mit Counter, Teppichboden, klassische Musik aus Lautsprechern, Snack-Bar; gegenüber Counter gepolsterte Sitzgruppen mit Tischchen. Freundliche Blondine fordert mich auf, Platz zu nehmen. Wenig später setzt sich ein Therapeut, Anfang 30, mit einer Karteikarte neben mich. Ob ich schon Kurse in Deutschland abgelegt hätte? Nein. Er fragt mich nach Vor- und Zunamen, Staatsangehörigkeit, Ankunftsdatum, Abreisedatum; trägt meine Angaben auf der Karte ein, fragt nach meinem

Beruf. Auf der Karteikarte fülle ich das heutige Datum aus, unterschreibe und habe damit die in der Klarsichtmappe ausgeführten Regeln akzeptiert.
Hinter dem Counter holt der Therapeut eine Polaroid-Kamera hervor. Ich muß mich an eine Wand vor eine Pinnwand stellen. Therapeut fotografiert mich. Das Foto kommt anschließend auf die Karteikarte über ein extra umrandetes Feld an der rechten oberen Hälfte. Ich bin erfaßt und verkartet, bin der gläserne Mensch geworden.

- 13.25 Uhr. Eine zweimotorige Propellermaschine kreist über der „Stadt". Kontrollflug vor dem Drive-by des Meisters.
- 13.27 Uhr. Von einem Platz zwischen den Häusern hinter der Bank (früheres Farmhaus), dort, wo auch Sheela wohnen soll, startet der Hubschrauber zu seinem Kontrollflug, überkreist die „Stadt".
- 15.05 Uhr. Meister fährt, zurück von der Spazierfahrt nach dem Drive-By, mit seinen Begleitfahrzeugen am Hotel vorbei in sein Dorf zurück, über ihm der Hubschrauber. Die vor dem Hotel im Vorgarten grabenden Sannyasins lassen die Geräte fallen, pressen die gestreckten Hände vor den Gesichtern zusammen, verneigen sich. Nachdem die Kolonne vorbeigefahren ist, nehmen sie ihre Arbeit wieder auf.
- 15.22 Uhr. Hubschrauber hat den Meister „nach Hause" begleitet, dreht bei, kehrt zu dem Platz hinter der Bank zurück, hebt kurz darauf wieder ab, fliegt Richtung Eingang - Mirdad.
- Am Bus-Terminal aus einem großen Koffergerät Beatmusik für die Wartenden, die nach den Klängen in der Kälte tanzen.
- 16.45 Uhr. Neben mir an der Bushaltestelle der Universität ein Mädchen, das auf den Bus wartet. Es trägt Umhängetasche und hat zwei schwere Spitzhacken geschultert, schleppt sie nur mit Mühe in den Bus. Dennoch: Das Mädchen ist fröhlich.
- Hinter mir im Bus ein deutsches Newcomer-Pärchen

in Rot. „Er“ zu „ihr“: „Das Wichtigste ist erstmal die Mala ...“

- 18.11 Uhr. In knapp 20 Minuten beginnt der Video-Discourse. Der Hauptweg zur Mandir-Halle führt am Hotel vorbei. Wie immer um diese Zeit hat auch heute ein Wagen der Rajneesh Security – Kennzeichen: HSL 154 – auf dem Parkplatz vor dem Hotel Posten bezogen. Ein Mann hinter dem Lenkrad, ein anderer draußen am Wagen. Sie beobachten die zur Halle strömenden Menschen.
- 18.20 Uhr. Reger Fußgänger- und Fahrzeugverkehr vor der Halle. Ich schleiche mich an ihr Richtung „Magdalena“ vorbei. Fast Vollmond. In seinem Licht sehe ich auf der anderen Flußseite die von hohen Lichtmasten gelb angestrahlte Siedlung des Meisters, die sich an die hinter ihr liegenden Berge anzuschmiegen scheint. So stellt sich wohl das „kleine Fritzchen“ nach der ersten Bibelstunde im Religionsunterricht Bethlehem vor. Gehe zum Fluß hinunter. Auf der anderen Flußseite der Schatten einer Person. Aha, ein Sannyasin, der sich verspätet hat, denke ich. Gehe die Böschung wieder hoch. Auf der Straße patroullieren im 3-5-Minuten-Takt Fahrzeuge der Peace Force und der Rajneesh Security zwischen Mandir-Halle und dem Wohnsitz Bhagwans. Ab und zu ein Fußgänger. Muß mich mehrmals zwischen Gestrüpp verstecken. Gehe wieder die Böschung Richtung Fluß hinunter. Kann keinen Eingang in dem fahlen Mondlicht ausmachen. Statt dessen sehe ich, wie mir direkt gegenüber auf der anderen Seite des Flusses eine Gestalt hinter einen Busch springt. Ich tue so, als hätte ich sie nicht bemerkt, tapse, absichtlich unbeholfen, umher. Blicke, scheinbar ahnungslos, dahin, wie sich die Person versteckt hat. Nichts, kein Muckser. Ich werde also observiert. Langsam entferne ich mich vom Fluß, blicke mich nicht mehr um, gehe zur Straße zurück und dann weiter in Richtung Mandir-Halle. Ich muß die Aktion abbrechen; es hat keinen Zweck, weiterzumachen. Von hinten kommend fährt ein Se-

curity-Car langsam an mir vorbei. Nähere mich der Halle.
In der dort aufgestellten Security-Box steht, mit dem Rücken zu mir ein Mädchen der Sicherheit. In Höhe der Box höre ich das Funkgerät schnarren. Ich gehe weiter. Plötzlich wird die Tür des Häuschens hastig aufgestoßen, das Mädchen läuft raus, ruft, ich solle stehenbleiben. Nun ist es soweit, denke ich. Ich muß meinen Ausweis, das grüne Armband zeigen. Wo ich hinwolle. Zum Video-Discourse natürlich. Es ist kurz vor 19 Uhr. Füge lächelnd die Erklärung hinzu: „I got the wrong way. I've been near the river!“ Ich Idiot, na so was! Lachend schüttele ich über mich den Kopf. Nun lacht das Mädchen auch, sagt, ich solle mich beeilen, wenn ich den Meister noch sehen und hören wolle. Das lasse ich mir nicht zweimal sagen. Langsam fährt neben mir ein Wagen der Peace Force im Schrittempo. Die beiden uniformierten Männer beobachten, wohin ich gehe. Ich schwenke auf den direkten Weg zur Halle ab. Kurz bevor ich sie erreiche, parkt in meiner Höhe ein Fahrzeug der Rajneesh Security ein. Die Fahrerin schaut mir nach. Schuhe aus, auf Socken in die Halle. Ich setze mich in der Nähe des Eingangs auf die Bank, will das Erlebte auf dem Band des zwischen Handschuhen und Schal versteckten Diktiergerätes festhalten. Muß schon nach dem ersten Versuch abbrechen, da in meiner Nähe Kräfte der Security auf- und abwandern. Greife zu Notizblock und Stift. Fällt vielleicht weniger auf, da man denken könnte, ich notierte die Kernaussagen des Meisters. Da sehe ich draußen am Fenster eine Dame der Security mit Funkgerät. Sie schaut in meine Richtung, betritt die Halle, geht langsam auf mich zu, beugt sich zu mir hinunter und spricht leise in mein Ohr: „It's nice that you *now* listen!“ Ich nicke, sie geht. Überall in der Halle patroullieren auf Socken Leute der Security. Sie tragen Funkgeräte. Zwei Männer von der Sicherheit picken aus der Menge einen Mann heraus, führen ihn zum Ausgang. Offensichtlicher Grund: Er hatte vergessen, draußen seine Um-

hängetasche abzustellen. Manchmal piepen und quäken die Funkgeräte. Dann versammeln sich schnell drei bis vier Security-Leute, wandern die Menge ab, mischen sich unter sie. Später hocken sie sich vereinzelt zwischen sie auf den Boden und lauschen Bhagwan.

Donnerstag, 6.12.1984

- Ein Mädchen im Empfang des Hotels riecht mein „Azzaro"-Rasierwasser, weist mich darauf hin, daß Bhagwan allergisch gegen Parfumgeruch sei. Am Tage seines Geburtstages, am kommenden Dienstag, sei es ohnehin verboten, zur Körperpflege Artikel mit Duftstoffen zu benutzen. Am besten solle ich ab sofort auf mein Rasierwasser verzichten, da die Haut erst nach mehreren Tagen frei von jenen Ausdünstungen wäre.
- 11.15 Uhr. Gehe Richtung Wohnsitz Bhagwans. Ein Peace-Force-Wagen rollt langsam an mir vorbei, dann umkreist mich ein Zivilfahrzeug der Rajneesh Security mit zwei Mädchen. Kontrolle. Geschickte Befragung: Ich sei wohl Engländer. Nein, Deutscher. Mein Englisch wird gelobt, wie ich denn mit Vornamen heiße. Peter. Aber das sei doch ein typisch englischer Name. Nicht ausschließlich, entgegne ich, er komme auch in Deutschland häufig vor. Ach so. Und mein Nachname? Reichard. Ja, das klinge allerdings sehr deutsch. Die beiden „Zivilfahnderinnen" sind zufrieden, fahren davon.
- Überquere unterhalb der Mandir-Halle (Richtung „Magdalena") auf einer Holzbrücke den Fluß, gelange zur Siedlung, in dessen Zentrum Bhagwan wohnen soll. Zentrum umgeben von Metallzäunen, die höher als zwei Meter sind. An hohen Masten Scheinwerfer. Der Eindruck eines Kasernengeländes wird durch die Security-Box am Eingang verstärkt. Nicht die geringste Chance, dieses Gelände unbemerkt zu betreten. Gehe am Zaun entlang. Neben mir stoppt ein kleiner LKW

mit roten „Rundum-Leuchten“, einem auf einer Rolle befindlichen Feuerwehrschlauch und jeder Menge Werkzeug auf der offenen Ladefläche. Schlanker, blonder Mann mit Oberlippenbart, Sonnenbrille, etwa Ende dreißig, läßt sich mein Armband zeigen, fragt, was ich hier wolle (11.45 Uhr). Ich antworte absichtlich in schlechtem, holperigem Englisch, stammele etwas von tollem Wetter und Spaziergang. Der Mann weist auf ein Schild: „Do not enter.“ Ich sage, ich glaubte, das gelte nur für Autos, frage, wo es nach „Magdalena“ gehe. Der Mann bietet mir an, mich dorthin zu fahren. Nein, danke, das schöne Wetter... Er erklärt mir den Weg, der mich von der „private area“ wegführen würde. Freundliches „Auf Wiedersehen“. Ich bleibe im verbotenen Bereich, gehe weiter am Zaun entlang, nur jetzt in entgegengesetzter Richtung. Sehe an der rechten Seite des eingezäunten Geländes, zum Teil verdeckt durch Häuser unterschiedlicher Größe, Büsche und Bäume, Garagen. Zähle sechs große Tore, hinter denen Platz ist für mindestens je zwei große PKW. Auf dem Dach zwei (vermutliche) Entlüftungsrohre. Neben mir stoppt plötzlich der kleine LKW mit dem Feuerwehrschlauch. Der blonde Fahrer fordert mich freundlich, aber bestimmt auf, in den Wagen einzusteigen. Er stellt Lautsprecher der beiden Funkgeräte, Marke „Motorola“, leise, fährt mich zur Siedlung „Magdalena“. Begründung: Fremde störten die Privatimsphäre der Bewohner. Ich frage, ob dort auch Bhagwans Haus stehe. Antwort: „He lives somewhere.“ Nächste Frage: „Bist du von der Rajneesh Security?“ Der Blonde: „Nein.“
Dann will ich in meinem bewußt schlecht gesprochenen Englisch wissen, ob es Gründe für besondere Sicherheitsmaßnahmen gebe. Vielleicht seien ja gar Anschläge verübt worden. Antwort: „Nein, wir haben überhaupt keine Probleme. Unsere Sicherheitsvorkehrungen sind so gut, daß wir keine Probleme zu befürchten haben.“ In der Tat. Von der Siedlung „Magdalena“ schlendere ich auf dem Zen Drive zurück

Richtung Mandir-Halle. Setze mich am Fuße eines Berges auf einen Felsvorsprung, etwa drei Meter oberhalb der Straße, rauche eine Zigarette, spreche in das Diktiergerät. Bin für jedermann gut zu erkennen. Will nicht den Verdacht erregen, als führte ich etwas im Schilde. Grauer geschlossener Lieferwagen mit der intern geführten Kenn-Nummer „V 164" am Heck stoppt (12.33 Uhr), junge Frau mit rotem Barett auf dem Kopf, nicht durch die übliche Spange mit der Aufschrift „Rajneesh Security" gekennzeichnet, steigt aus, ruft mir zu, ich solle von dem Felsen herunterkommen. Als ich vor ihr stehe, sagt sie mir in energischem Ton, das Betreten der Berge sei zur „festival time" verboten. Ah, ja, aber danach dürfe man dann wieder...? Nein, dann auch nicht. Die Einhaltung dieser Anordnung würde vom Hubschrauber aus ständig überwacht werden. Im Verlaufe des Gesprächs frage ich das Mädchen, ob sie zur Peace Force gehöre. Klare Antwort: „Ja." Als Angehörige dieser anderen, normalerweise uniformierten Truppe war sie durch nichts zu erkennen, genauso wenig das Fahrzeug, das, außer der Nummer, keine weitere Aufschrift trug.

- Schleiche mich in die Nähe von Bhagwans Wohnsitz zurück. Stelle fest, daß der rechte Teil der Zaunanlage tief in die Berge hineinführt. An seinen beiden Seiten verläuft je ein gerodeter Streifen. Im rechten unteren Bereich der Anlage, in wenigen Metern Abstand, ein zweiter innerer Zaun. Links von ihm und zwischen beiden Zäunen, ist der Boden ebenfalls gerodet. Spreche ins Diktiergerät: „Dies ist kein Sicherungszaun, sondern eine Grenzanlage wie in der DDR." Denke an Minenfelder.
- 13.00 Uhr. Sitze unterhalb der Mandir-Halle am Wegrand auf der Betondecke der Wasserpumpstation. Bärtiger Sannyasin auf Fahrrad – vermutlich ein Inder – biegt von der Straße ab, kontrolliert mich: Armband, Name...
- Überall Wagen der Peace Force und Rajneesh Security. Im übrigen werden auch Sannyasins, die vom Gesicht

her nicht bekannt sind, kontrolliert. Nicht die rote Kleidung ist der „Ausweis", sondern das Armband. Rote Kleidung (ohne Mala) dürfte ich auch tragen. Da sie mir keinen Vorteil bringt, sehe ich davon ab, mir entsprechende Sachen in der Boutique zu kaufen.

- 13.30 Uhr. Gehe auf einem Pfad, der unterhalb des Nirvana Drive am Fluß verläuft, Richtung Tao Road, entferne mich von Bhagwans Residenz. Über mir kreist ein Sportflugzeug.
- 13.32 Uhr. Hubschrauber fliegt über mir „Streife".
- 13.35 Uhr. Entdecke vier auf dem Boden liegende Gedenktafeln (Fotos). Eine weibliche Sannyasin, die an dieser Stelle vorbeikommt - sie kontrolliert mich erstaunlicherweise nicht! -, erklärt mir, es handele sich um Tafeln zu Ehren verstorbener Sannyasins. Ihres Wissens seien zwei in Poona und zwei hier auf der Ranch gestorben.
- 13.48 Uhr. Sitze unter einem Baum auf einer Bank, unterhalb dem Fluß, auf der gegenüberliegenden Seite die Mandir-Halle. An ihr wird bald der Meister mit seiner Sicherheitsbegleitung vorbeirollen. Ein Mädchen wird von einem Wagen der Peace Force abgesetzt, bleibt als Sicherungsposten am Fluß, direkt unterhalb der Halle, zurück. Hubschrauber kreist ständig über mir, den umliegenden Bergen und Bhagwans Residenz. Sah vorhin, daß sich Sannyasins an der Straße, die das umzäunte Privatgelände mit dem Zen Drive verbindet, zu Ehren des Meisters „aufbauten".
- 13.49 Uhr. Aus Richtung Bhagwan-Residenz dringt der Klang von Trommeln an mein Ohr.
- 14.06 Uhr. Mir gegenüber, auf dem Zen Drive, der schwarze Wagen der Peace Force, über ihm Hubschrauber, gleich hinter ihm der Rolls Royce, gefolgt von dem Mercedes 500 SEL des zivilen Begleitkommandos. Fahren in schnellem Tempo, vorbei an der Halle, Richtung Hotel. Auf dem Nirvana Drive, also parallel zum Meister, folgen wenig später in gleicher Richtung mehrere hochkarätige Fahrzeuge, unter ihnen zwei Rolls Royces.

- 14.32 Uhr. Passiere an der Stelle, wo der Nirvana Drive mit der Tao Road zusammenstößt, Security-Box. Kontrolle durch Mädchen, das an der linken Brustseite Spange mit Aufschrift „Rajneesh Security“ trägt. Muß Armband vorzeigen. Sie liest „Hotel“, fragt mich, wie ich denn auf den Nirvana Drive gelangt sei, wo ich doch im Hotel lebte. Gebe harmlose Erklärung ab. Fordert mich noch einmal auf, ihr mein Armband zu zeigen, da sie meinen Namen erfahren wolle. Darf weitergehen. In den Jackentaschen des Mädchens steckten ein Funkgerät und ein Fernglas. Als ich mich nach einigen Schritten umdrehe, sehe ich, daß das Mädchen von der Box aus telefoniert.
- 16.38 Uhr. Schleiche mich an einer Security-Box vorbei, die am Fuß eines Berges steht. Schild an der Box mit der Aufschrift: „Welcome - We reserve the right to refuse service consistent with Oregon public accommodations law.“ Hinter dem Sicherheitshäuschen führt ein Weg in die Berge, links und rechts „Cabins“. Kein Mensch weit und breit. Die hier angeblich untergebrachten „street-people“ scheinen wohl noch zu arbeiten.
- 17.30 Uhr. Nach einem Exkurs in die Berge „lande“ ich wieder auf dem Nirvana Drive. Komme zu der Security-Box, an der ich bereits um 14.32 Uhr kontrolliert wurde. Werde diesmal von einem anderen Sicherheits-Girl angehalten. Muß Armband vorzeigen, meinen Namen nennen. Mir wird gesagt, ich solle in Zukunft diese Gegend meiden, es handle sich um „private property“. Als ich mich von der Box entfernt habe, telefoniert auch diese Maid...

Dienstag, 11.12.1984

- Heute ist Bhagwans Geburtstag. Um 8.30 Uhr beginnt in der Mandir-Halle ihm zu Ehren der „Satsang“. Um 8.03 Uhr klingelt in meinem Hotelzimmer das Telefon. Eine freundliche männliche Stimme weist mich

darauf hin, daß ich jetzt losgehen müsse, wenn ich rechtzeitig in der Mandir-Halle sein wolle. Das ist Unsinn, denn zu Fuß erreicht man die Halle vom Hotel aus in fünf Minuten. Also, Kontrolle ...
An diesem Morgen sind sämtliche Restaurants und Snack-Bars geschlossen. Mein Frühstück erhalte ich auf einem Tablett vom Room-Service.

- In einem Zelt vor der Mandir-Halle müssen Jacken, Mäntel, Taschen und Schuhe zurückgelassen werden. Security und Peace Force sichern außen und innen die Halle. Links und rechts neben einer Bühne, auf der ein „Thron" steht, je ein Peace-Force-Mann mit Sprechgeschirr am Kopf, Gewehr in der Hand. Unter der Hallendecke sind zwei riesige Kästen befestigt (einer Hallenmitte, der andere an der Seitenwand neben der Bühne), in denen jeweils drei Sicherheitsleute stehen und die Menge mit Ferngläsern und über Monitore überwachen.
Die Stimmung ist festlich-heiter. Ab 8.27 Uhr spielt das Orchester. Dreizehn Minuten später erscheint Bhagwan und setzt sich auf der Bühne auf seinen Stuhl. Gebet. Eine warme, sanfte Männerstimme ertönt aus den Lautsprechern: Glückwünsche an Bhagwan, humorig, die Leute lachen. Musik, Gebet etc. Bei der Musik wiegen sich die auf dem Boden hockenden Menschen im Takt. Ein friedliches Lächeln liegt auf ihren Gesichtern. Hinter mir tanzen Jung und Alt – jeder für sich. Einige scheinen in Trance gefallen zu sein. Neben mir sitzt ein unrasierter Mann, der wohl zu den „street-people" gehört, regungslos da und weint. Bhagwan feuert mit heftigen Armbewegungen nach dem Takt der Musik seine Anhänger an. Um 9.35 Uhr verläßt er die Halle. Die Musik steigert sich ekstatisch, spielt so etwas wie Dixieland. Vergnügt laufen die Menschen bei diesen Klängen aus der Halle – wie Zirkusartisten nach dem Auftritt. Nur der Beifall fehlt. In den Gesichtern ausnahmslos Spuren von Heiterkeit, Glück und großer innerer Gelöstheit.
- 11.25 Uhr. In der Lounge wird ein deutscher Sannyasin

an meinen Tisch plaziert. Ich schätze ihn auf Anfang vierzig. Er ist Jurist, lebt mit seiner Freundin in einem Haus am Tegernsee. Durch Freunde ist er zu der Bhagwan-Bewegung gekommen, empfing 1977 in Poona die Mala. Dennoch sei es nicht „Liebe auf den ersten Blick“ gewesen, sagt er. In einem Brief an Bhagwan habe er sich damals über kleinliche, ihm unverständliche Anordnungen beschwert, habe auf seine Persönlichkeitsrechte gepocht – so, wie er es als Jurist gewohnt war. Bhagwans schriftliche Antwort enthielt nur die Aufforderung: „Werde Sannyasin.“ Damit habe er gemeint: Dann wirst du nicht mehr nach angeblich kleinlichen Anweisungen fragen, sondern du wirst verstehen ... Und so sei es auch gewesen, nachdem er sich entschieden hatte, den Versuch zu wagen und Sannyasin zu werden. Den Personenkult um Bhagwan erklärt mein Gesprächspartner mit „Liebe und Verehrung zu einem Mann, der uns diese Lehre gegeben hat, die uns von den Zwängen befreit hat“. Die Sicherheitsmaßnahmen stören den Juristen nicht, dienen sie doch dem Schutz Bhagwans. Schon aus dem Selbstverständnis der Sannyasins heraus würden sie nicht als lästig empfunden. Man passe höllisch auf, daß keine Drogen auf die Ranch gebracht würden. Man befürchte nämlich, Gegner könnten sie einschmuggeln, um so Munition gegen die Bewegung zu haben.
Mein Gesprächspartner lächelt, sagt, er selber würde gern 400 US-Dollars pro Monat zahlen, damit er auf der Ranch arbeiten *dürfe.* Das habe er schon einige Male gemacht. Aber das Geld würde im Interesse der Bewegung angelegt und reinvestiert werden. Er sei glücklich, wenn er hier arbeite, denke nicht darüber nach, was mit dem Geld geschehe. Das sei auch gar nicht seine Aufgabe. Dafür seien Sheela und andere zuständig.
„Denke nicht nach“, so der Jurist, „schalte nur das Herz ein, und du wirst Liebe empfangen. Denke nicht an die da oben, denen du vom Verstand her mißtraust.
– 13.49 Uhr. Zwei uniformierte und mit Handfeuerwaf-

fen ausgerüstete Peace-Force-Leute fahren in einem nichtgekennzeichneten, dunkelbraunen „GMC"-Wagen („V 93") an mir vorbei. Bislang sah ich in solchen Fahrzeugen nur Mitglieder der Rajneesh Security.

- Heute nimmt Sheela am Drive-by teil. Sie begleitet den Wagen des Meisters zu Fuß. Vorher war sie – mit einem männlichen Begleiter am Lenkrad – in einem blauen Mercedes 300 SD Turbo Diesel, mit Funk ausgestattet (Kennzeichen: „FVG 478"), zum Hotel gefahren, wo der Wagen geparkt wurde. Von dort aus hatte sie sich der Prozession angeschlossen.
- 19.10 Uhr. Gehe zum „Darshan" in die Mandir-Halle. Die meisten Menschen stehen oder tanzen nach den schwungvollen Klängen des Orchesters. Bhagwan nimmt auf seinem Thron Platz. Die Musik spielt weiter, dann wird gebetet. Neben mir sinkt ein blonder, bärtiger Peace-Force-Mann auf die Knie, verneigt sich. Über seiner Uniform trägt er die Mala. Im Holster steckt eine großkalibrige Handfeuerwaffe, am Kopf ist das dünne, hochmoderne Plastik-Sprechgeschirr. Das ist schon eine gespenstische Szene. Bhagwan, der noch nicht einmal ein „Gott zum Anfassen" ist, erklärt Gott in seiner Lehre zum Nichts und sich zu Etwas. Er verhöhnt das Gebet und läßt sich anbeten ...
Die „Kästen" sind – wie am Vormittag – wieder mit Sicherheitskräften besetzt. Auch sie tragen Kopfhörer und Sprechgeschirr, blicken von der Decke durch Ferngläser, schauen auf Monitore. Der Hubschrauber kreist über der Halle und den umliegenden Bergen. Seine starken Suchscheinwerfer tasten sich durch die Dunkelheit. Nach Bhagwans Abtritt strömen die Menschen sternförmig auseinander. Und die „Musi" spielt dazu ... Geduldig stehen sie hintereinander vor langen Tischen, die in der Halle aufgebaut sind, und erhalten einen weißen Karton mit Weintrauben, einer Praline, Crackers, einer mit Gemüse gefüllten Teigtasche, Salat und Gemüse, dazu gibt es „Cola" oder „Sprite" in Dosen und schließlich – als persönliches Geschenk des Meisters – ein Buch. Ich erhalte das

619seitige Bhagwan-Werk „The Buddha Disease – A Darshan Diary".

Soweit einige Auszüge aus Peter Reichards Bericht.

In Rajneeshpuram liegen heute mehr halbautomatische und automatische Angriffswaffen als bei der gesamten Oregoner Polizei zusammen. „Die Religion der Liebe verfügt über soviel Munition, wie ein Bataillon etwa im Jahr verbrauchen würde", so Mike Cullivan, ein hoher Polizeibeamter von Portland.

Die Rajneeshies scheinen Angst zu haben „vor allen gewalttätigen und irrational handelnden Leuten".[12] Deshalb veranstalten sie in ihrem stillen Tal regelmäßige Schußübungen auf Menschensilhouetten. „Die Übungen verstärken die Bewußtheit, Klarheit und Geistesgegenwart, die Eigenschaften eines meditativen Menschen", heißt es dazu in der Rajneesh Times[13], und: „In den Händen meditativer Leute sind Gewehre gute Werkzeuge ..."

Was Rajneeshpuram an weiteren Sehenswürdigkeiten bietet, ist für den Außenstehenden nur schwer auszumachen. Selbst die Bewohner können kaum mehr als ein Viertel des Geländes betreten. Sie haben zu des Meisters Wohnpark genausowenig Zugang wie zu den ehemaligen Quecksilberminen im Süden der Ranch. Diese wurden unter der Aufsicht des Ranch-Managers Bob Harvey restauriert und bieten Platz für mehr als 500 Menschen. Ob daraus die unterirdische Stadt werden soll, die Rajneesh im Juli 1982 ankündigte, um dort mit seinen Getreuen, strahlensicher, den Dritten Weltkrieg zu überleben, weiß keiner.

Rajneeshpuram sollte die Keimzelle für die Erneuerung der Menschheit werden. Ehe wir untersuchen können, warum daraus eher ein Orwellscher Gulag wurde, sollten wir zuerst den Schöpfer, den Mastermind dieser „neuen Welt" näher kennenlernen.

Das Leben des Rajneesh Chandra Mohan

Rajneeshs Geburt

Rajneeshs Vater Babulal Mohan, genannt Dadda, war ein religiöser Mann. Oft besuchte er den Tempel und las die Schriften der Digambra Jain Religion. Dies ist eine Selbsterlösungsreligion, die sich im wesentlichen auf drei Punkte aufbaut:

1. Der Mensch kann Göttlichkeit erreichen, da Gott nur die höchste, edelste und vollendete Manifestation aller in der Seele des Menschen latent schlummernden Kräfte ist.

2. Das Universum läßt sich von verschiedenen Gesichtspunkten her betrachten. Dies hat in der Jaina Logik zu einem fünffachen Syllogismus geführt.

3. Das Leben muß durch Ahimsa oder das Nichtverletzen von Leben bestimmt sein. Diese Ethik ist das wichtigste Stück der Jaina Doktrin.

Der Jainismus wurde von Mahavira Vandhamana im 6. Jahrhundert vor Christi begründet. Mahavir, wie wir ihn im Westen nennen, hatte nach 30jähriger Wanderschaft in Indien das Nirwana erreicht. Im Gegensatz zum Hinduismus kann der Jain-Anhänger kraft seiner spirituellen Natur seine materielle Natur beherrschen und somit seine Seele befreien, er also zum Jina (was Überwinder heißt) werden.

Die Familie von Rajneeshs Vater hatte sich Taran Swami zum Guru genommen. Er predigte im Gegensatz zu den Digambaras Jainas die Spiritualität, d. h. die Anbetung des Formlosen und nicht die Anbetung eines Götzen.

Rajneeshs Eltern wurden 1920 als Kinder miteinander verheiratet. Babulal war zwölf Jahre alt, seine Frau Saraswatibai sieben Jahre. Rajneesh fragte einmal seine Mutter, was sie gefühlt hätte bei der Heirat. Sie sagte: „Ich wußte gar nicht was geschah, ich habe mich einfach darüber gefreut, daß etwas passierte. Ich rannte immer wieder nach draußen, um zu sehen, was dort vor sich ging. Es kamen so viele Leute."[14]

Rajneesh fragte auch seinen Vater; Babulal sagte: „Das weiß ich nicht, ich hatte nur viel Spaß an dem Ritt auf dem Pferd."[15] Die Ehemänner in Indien reiten an ihrem Hochzeitstag auf einem Pferd durch das Dorf.

Babulal handelte mit Stoffen. Die Stoffballen sattelte er auf sein Pferd und verkaufte sie in den Dörfern von Madhya Pradesh, einem Staat im Herzen Indiens im Vinhyachal-Gebirge. Die Erträge waren schlecht, es reichte nicht für ein eigenes Heim. Bei einem Besuch bei den Eltern von Saraswati geschah es am 11. Dezember 1931, daß Rajneesh Chandra Mohan im Elternhaus der Mutter in Kuchwada geboren wurde. Rajneesh war das erste von zwölf Kindern. Weil Rajneeshs Eltern mit ihrem Tuchgeschäft ständig um ihre Existenz kämpfen mußten, nahm der Großvater mütterlicherseits den Erstgeborenen in seinem Haus auf.

Nach Aussagen von Rajneesh war dies jedoch nicht seine erste Geburt. Schon einmal, vor 700 Jahren, will er gelebt haben, und zwar als Bodhisattva, ein heiliger Mann. Nach einem langen Leben als religiöser Lehrer fehlten ihm damals, als er 106 Jahre alt war, aber noch 21 Tage zur letzten Erleuchtung. 21 Tage brauchte er noch in Meditation, um erleuchtet zu werden. Aus Barmherzigkeit mit seinen Schülern, so Rajneesh, habe er seinen Schülern das Versprechen gegeben, daß er sie auch zu diesem letzten Schritt ihres Lebens führen und also wiederkommen würde.

Wer nach der indischen Mythologie Erleuchtung erlebt, muß als Mensch nicht wiedergeboren werden. Erleuchtung ist der bewußte Tod eines Menschen, der es ihm erlaubt, ins Nirwana einzugehen, dem Rad des Lebens und damit der Wiedergeburt zu entgehen.

Damals also, vor 700 Jahren, schmiedete Rajneesh, aus Mitleid mit seinen Jüngern, einen Komplott. Dieser Komplott sah vor, daß der Bodhisattva drei Tage vor seiner letzten Reise ermordet wurde. Die Erleuchtung war futsch, so mußte der gute Mann also wiederkommen.

Schon damals wollte der Guru, sagte er, eine Brücke zwischen östlicher und westlicher Religion schlagen, eine Synthese zwischen Ost und West, zwischen Spiritualismus und Materialismus. Schon damals träumte er von der Möglichkeit, einen neuen Menschen zu schaffen; man schrieb das Jahr 1230.

Der Ur-Rajneesh starb also nicht unerleuchtet, er wurde von einem gedungenen Killer ermordet. Rajneesh glaubt, daß ein Mensch nicht erleuchtet wird, wenn der Tod im Zustand der Unbewußtheit über ihn kommt.

In der Lehre Rajneeshs ist es von großer Bedeutung, daß ein Mensch seinen Tod als Zeuge, gewissermaßen als Beobachter miterleben muß, um erleuchtet zu werden.

Immerhin gibt Rajneesh vor, soviel Bewußtsein als gestorbener Bodhisattva gehabt zu haben, sich seine neuen Eltern auszusuchen. Er erwählte zwei einfache und arme indische Menschen: Babulal und Saraswati, „wegen ihrer spirituellen Eigenschaften“[16] als ideale Eltern.

Der junge Rajneesh zog es dann aber doch vor, seine Kindheit bei seinem Großvater zu verbringen, der ihn, wie Rajneesh sagte, wie ein Prinz aufzog.

Rajneesh hatte bald wieder eine Begegnung mit dem Tod. Als er fünf Jahre alt war, starb seine Schwester Kusum. Rajneesh verweigerte die Nahrung für einige Tage, zog sich ein Lendentuch an, wie es normalerweise Jain-Mönche tragen, und ging mit einer Bettelschale herum. Von diesem Bubenstück konnte ihn sein Großvater rasch wieder abbringen.

Inzwischen, man schrieb das Jahr 1934, war Rajneeshs Vater Babulal wegen des geschäftlich schlechten Standorts Imarni nach Kuchwada umgezogen. Er belud einen Karren mit all seinen Habseligkeiten und zog zur Familie seiner Frau. Inzwischen suchte Rajneeshs Großvater mehrere Astrologen auf. Sie sagten voraus, daß der Junge sein siebtes Lebensjahr nicht überleben würde, denn alle sieben Jahre würde ihm der Tod begegnen, und im Alter von 21 würde er sterben.

Zwei Jahre später schlug der Tod erneut zu. Der Großvater starb. Rajneesh wollte nun auch sterben. Sein Großvater war für ihn die Bezugsperson geworden, die für sein

Leben, für seine Identitätsfindung von größter Bedeutung war. Rajneesh sagte: „Wenn er tot ist, möchte ich nicht leben."[17] Doch auch von diesem Schicksalsschlag berappelte sich Rajneesh wieder, wenn auch seelisch tief getroffen.

Rajneesh: „Als ich sieben war, überlebte ich zwar, aber ich hatte eine tiefe Todeserfahrung - nicht meines eigenen Todes, sondern des Todes meines Großvaters. Ich hing so sehr an ihm, daß mir sein Tod wie mein eigener vorkam."[18]

„In gewisser Hinsicht starb ich auch"[19], sagte Rajneesh später. Er erkannte, daß es „etwas im Leben gibt, das sich im Gedächtnis zu behalten lohnt: der Tod".[20]

Ja, der Tod starrte ihm ständig ins Gesicht, so Rajneesh, „ehe der wirkliche Lebensimpuls beginnen konnte"[21]. Seither verbindet sich für ihn jede Beziehung zu einem anderen Menschen mit dem Tod. Selbst Liebe ist seit dem Tod seines Großvaters für ihn eng mit dem Tod verbunden. Rajneesh: „Seither konnte ich zu keinem Menschen mehr eine wirkliche Beziehung eingehen."[22] Seither wurde die Einsamkeit scin Freund. Rajneesh zog daraus den Schluß, daß ein Mensch nur dann wirklich glücklich sein kann, wenn er alleine ist, wenn er sich auf sein Selbst zurückbesinnen kann, wenn er in sich selbst einen Sinn des Lebens findet. „Ich wurde mein eigenes Universum"[23], sagte er später.

Rajneesh kam nach dem Tod seines Großvaters zu seinen Eltern, die mittlerweile nach Gadarwara gezogen waren. Gadarwara ist eine Stadt von 20 000 Einwohnern zwischen Imarni und Kuchwada, etwa 90 Kilometer von der Stadt Jabalpur entfernt.

Ein Mensch, der keine Beziehungen zu anderen Menschen entwickeln kann, ja diese Beziehung mit Tod verbindet, wird nach der herkömmlichen Psychologie als Soziophat bezeichnet. Rajneesh erzählte von sich selber, daß er, statt mit anderen Kindern zu spielen, lieber hinter einem Beerdigungszug herlief. Statt in den Zirkus zu gehen, legte er sich lieber in ein offenes Grab. Spannungen und Unsicherheiten bestimmten sein Leben. Er konnte sich weder mit seinen Gedanken noch mit seinem Gedächtnis identifizieren. Die Leute glaubten, der Junge sei verrückt.[24] Rajneesh kümmerte dieses ebensowenig, wie ihm zeitlebens

Meinungen und Urteile anderer Menschen gleichgültig waren.

Die ersten Reaktionen dieser Einstellung zum Leben bekam die Gunj-Grundschule von Gadarwara zu spüren. Zahlen und Fakten waren ihm fremd. Sie bedeuteten für ihn nur bedeutungslose Einzelheiten, nichts aber, was seiner tief im Inneren motivierten Suche entsprechen konnte.

Er sagte schon damals, daß „Geschichte für ihn Humbug ist"[25] und daß er keinerlei Interesse an dem Stoff hatte, den die Schule lehrte. Er beschwerte sich darüber, daß alle Menschen und alle Lehrer, die er traf, mit dem Leben beschäftigt waren, nicht aber den Tod gesehen hatten. So freundete sich Rajneesh statt mit Menschen, mit Flüssen, Bergen und sogar Steinen an. Er galt als egoistisch und unbescheiden, unhöflich und aufsässig, mißtrauisch und eigensinnig. Rajneesh muß in seinem tiefsten Innern eine Leere verspürt haben, denn er sagte: „Niemals glaubte oder fühlte ich, daß die Wahrheit von anderen erlernbar wäre."[26] Für ihn gab es nur einen einzigen Weg, die Wahrheit von sich selbst zu lernen: „Ich war mein eigener Guru und mein Schüler zugleich."[27]

Vom 7. bis 14. Lebensjahr

Rajneesh rebellierte gegen seine Umgebung, er rebellierte gegen die Erziehungsmethoden, er rebellierte gegen seine Familie. Sein Zufluchtsort war der Fluß. Hatte er sich schon als Kind außergewöhnlich intensiv mit dem Tod auseinandergesetzt, folgte er als Schüler häufig Leichnamen zum Verbrennungsplatz. Er legte sich ans Flußufer und beobachtete die Einäscherung von Leichen. Oder er erzählte seinem Schuldirektor, daß er sterben werde, ging daraufhin in einen alten abgelegenen Tempel in der Nähe seines Dorfes und bat den Priester, ihm einmal täglich zu Essen und zu Trinken zu bringen. Er wollte in dem Tempel auf den Tod warten.

Rajneesh: „Ich lag da, am dritten oder vierten Tag kam eine Schlange in den Tempel gekrochen. Sie war in meinem

Blickfeld. Ich sah die Schlange, aber es war keine Angst da. Plötzlich fühlte ich mich sehr eigenartig. Die Schlange kam immer näher, und ich fühlte sehr eigenartig; es gab keine Angst. Da dachte ich, wenn der Tod kommt, kommt er vielleicht durch diese Schlange, weshalb also Angst haben. Die Schlange kroch über mich hinweg und davon, die Angst war überwunden. Wenn man den Tod akzeptiert, gibt es keine Angst, wenn man sich an das Leben klammert, kommen die Ängste."[28]

Rajneesh war nicht an Menschen interessiert, ihn interessierte nur der Tod: „Er ist etwas so Schönes, und so Geheimnisvolles, man darf sich das nicht entgehen lassen."[29)]

Sobald in der Umgebung jemand starb, war Rajneesh zur Stelle und beobachtete das Geschehen. Bei solchen Begegnungen erlebte Rajneesh dies: „Wenn man den Tod akzeptiert, entsteht eine Distanz. Das Leben spielt sich weit weg von dir ab mit all seinen Sorgen."[30]

Rajneesh sprang als Jugendlicher von einer 25 Meter hohen Brücke in den reißenden Fluß. „Je mehr man gegen den Tod ankämpft, desto mehr verwickelt man sich darin", sagte er. Verschlungen zu werden vom Tod, war Rajneeshs große Sorge und Verliebtheit zugleich. Die Alternative allerdings hieß, sich mit dem Tod auseinanderzusetzen, ihm gewissermaßen auf den Grund zu gehen, sein Geheimnis zu finden.

Bei diesen Erlebnissen fand Rajneesh offenbar Freunde. Sie achteten ihn wegen seines Mutes. Natürlich ermutigte er seine Freunde, auch von der Brücke in den reißenden Fluß zu springen. Er wollte auch sie der Konfrontation mit dem Tod aussetzen, nur um zu sehen, was dabei passiert.

Sehr bald wurde Rajneesh in Gadarwara als ein Junge bekannt, der in jeder Hinsicht über die Stränge schlug. In seinen eigenen Reden beschrieb Rajneesh diese Zeit als Rebellion, um „die Heuchelei der Gesellschaft bloßzustellen, und das Ego dieser Leute zu erkennen". Er empfand schon damals, daß Menschen, die sich an eine gewisse Ordnung hielten, in keiner Weise ihr eigenes Leben lebten.

Rajneesh suchte eine Realität, ein System, ein Bezugssystem außerhalb der Wirklichkeit, die wir Leben nennen. Zeitweise war er dann Mitglied bei einer nationalen Unabhängigkeitsbewegung, der „Rashtriya Swayamsevak Sangh“, (RSS)-Bewegung,[31] einer faschistischen Hindu-Organisation. Er trat jedoch bald wieder, wegen der dort herrschenden Reglementierung und Ideologie aus.

Doch das Experimentieren in dem rebellischen Leben des Rajneesh hörte nicht auf. So experimentierte er mit Fasten, meditierte stehend im Fluß, im Wald bei strömendem Regen. Er versuchte sich in okkulter und jogischer Atemkontrolle, in Magie, Telekinese und Hypnose. Seine Freunde tauchte er beim Schwimmen für einige Sekunden unter Wasser. Hatte sich dann der Betroffene gewaltsam nach oben gekämpft, fragte ihn Rajneesh: „Wie war es?“

Rajneesh wollte die Grenzen des Lebens überschreiten. Er glaubte, die Suche nach Gott beginne erst dort, wo der Mensch um sein Überleben kämpft.

Zu seinen Experimenten gehörten mitternächtliche Balanceakte über Klippen. Er suchte und erlebte Zustände, in denen der Verstand plötzlich still steht. Doch er wollte mehr. Er suchte nach Wegen, den Verstand zu tranzendieren. Rajneesh suchte diese Grenzerfahrungen, weil er sich weder in der Wirklichkeit zurechtfand, noch wußte, wer er eigentlich war. Sein Lieblingsplatz war ein schmaler steinerner Vorsprung über dem Fluß, dort wo er am tiefsten war. Kaltherzig ging er über diesen Vorsprung und bat seine Freunde mitzugehen.[32]

Auch zu einer von Polizisten stets bewachten Eisenbahnbrücke nahm Rajneesh seine Freunde mit. Von dort in den Fluß zu springen war gefährlich und auch verboten. Rajneesh bestach die Polizisten, damit er seine Grenzerfahrungsübungen durchführen konnte. Dies waren, so Rajneesh, „meine ersten Ahnungen von Meditationen“.[33] Er glaubte, daß nur einer die Wahrheit wirklich finden kann, der ständig mit seinem Leben experimentiert. Dazu gehörte Mut, dazu gehörte auch die Fähigkeit, sich extremen Situationen hinzugeben.

Rajneesh begehrte auch gegen die sehr orthodoxe Jain-Religion seiner Familie auf. Die Jain-Religion schreibt dem

Menschen nicht nur im Detail seine Lebensweise vor, sie erwartet auch Respekt und Ehrfurcht vor dem Leben anderer. Extrem ist dies bei Jain-Mönchen zu sehen, die mit einem Besen auf die Straße gehen, um vor sich alles Erdreich oder Äste wegzukehren, damit sie kein Lebewesen, nicht einmal eine Ameise zertreten.

Die Eltern hatten Mühe mit ihrem Sohn. Die religiöse Erziehung empfand er als unerträgliche Konditionierung, der er „nicht auf den Leim gehen wollte".[34] Mehrfach konsultierten sie Ärzte und Psychologen, um Klarheit darüber zu bekommen, was mit ihrem Sohn los ist. Sie waren ratlos, weder diagnostizierten sie eine psychische Störung noch den Verdacht einer Anormalität. Rajneesh blieb ein Sonderling.

Zwischen 14 und 21 Jahren

Nach wie vor war das Wasser sein Element. Zwar spielte er als Junge Hockey, Fußball und Volleyball, doch am liebsten schwamm der Heranwachsende. Rajneesh las auch, er verschlang, so behauptete er, Bücher über Philosophie, Psychologie und Religion. Einer seiner Lieblingsautoren sei der indische Nobelpreisträger Rabindranath Tagore gewesen. Mit Marx und Engels wollte er darüber übereingestimmt haben, daß Religion nur Opium fürs Volk sei.

In Wahrheit rang Rajneesh jedoch mit simpleren Problemen: seiner äußeren Erscheinung. Er liebte es, langes Haar zu tragen. Dorfbewohner befragten seinen Vater „Dadda", ob sein Kind nun ein Junge oder ein Mädchen sei. Babulal ging das auf die Nerven, und er hieß seinen Sohn, seine Haare kürzer zu schneiden. Rajneesh, der „Rebell", verließ das Haus und ließ seinen Kopf völlig kahl rasieren. Danach erpreßte er seinen Vater, entweder „lang" oder „Glatze", – eine Blamage für die Familie.

Wenn in Indien ein Junge eine Glatze trägt, ist es ein Zeichen, daß sein Vater gestorben ist. Also willigte Dadda ein. Dadda war seinem Erstgeborenen nicht gewachsen. Er verbrachte sogar seine letzten Jahre als Anhänger seines Sohnes im Shree Rajneesh Ashram in Poona. Oft versank er dabei für mehrere Stunden in eine tiefe Meditation, unter anderem auch bei Vorlesungen seines Sohnes. Im Jahre 1978 starb Dadda. Rajneesh erklärte ihn für den „ersten Erleuchteten" seiner Bewegung.

Als Rajneesh 16 Jahre alt war, traf ihn der Tod erneut. Seine Jugendfreundin Shashi starb an Typhus. Als sie auf dem Sterbebett lag, war Rajneesh zugegen. Er versprach ihr, sie ins Leben zurückzubringen. Er versprach ihr auch, daß er niemals eine andere Frau nehmen oder heiraten würde. Shashi mußte Rajneesh, den wundersamen Jüngling, sehr geliebt haben. Wenn er nachts in den Tempel ging, auf Bäumen meditierte, brachte sie ihm zu essen und zu trinken; kam er von seinen Meditationen erschöpft zurück, kümmerte sie sich um ihn.

Weder mit seinen Lehrern, noch mit irgendwelchen Mitschülern fand Rajneesh wirklichen Kontakt. Er konnte ja keine Beziehung eingehen. Nach dem Tod seines Großvaters, seiner Schwester und seiner Freundin schienen ihm weitere Beziehungen zu schmerzlich. Er suchte nach Wegen, die Beziehung zu einem anderen Menschen zu transzendieren und damit die für das menschliche Zusammenleben notwendige Mitmenschlichkeit ein für allemal zu überwinden. Weil Rajneesh die Leere nach dem Verlust seiner Nächsten nicht ertragen konnte, „machte er sich auf die Reise zum Selbst".[35]

Rajneesh wurde für sich und andere ein Fremder, ein Außenseiter, ein Mensch, der sich selbst nicht kannte. Er rannte bis zu siebenzehn Meilen am Tag, schlug mit seinem Kopf gegen eine Wand, nur um sich selbst zu spüren, seine Identität zu finden. Krampfhaft versuchte er das allein zu schaffen, was seine Umwelt ihm nicht geben konnte.

1958, als er 19 Jahre alt war, immatrikulierte er sich am Hitkarini-College in Jabalpur. Er war der gleiche geblieben: kompromißlos, unkonventionell und rebellisch. Zwei Jahre später wurde er aus dem College hinausgeschmissen. Hinzu kamen finanzielle Schwierigkeiten der Familie.

Sein junges Leben war geprägt von der Sehnsucht, seine

Lebensangst zu überwinden. Rajneesh war in dieser Zeit von „Zweifeln und von Gefühlen schrecklicher Unsicherheit und Leere gefangen".[36] Er war ohne Meister, der die Schriften von Krishna, Mahavir, Buddha oder Jesus erläutern konnte. Beim Lesen der Veden, der Upanishaden, der Bibel und des Korans empfand er, daß er dort nichts finden konnte. Zweifel über Zweifel. „Ich war so gut wie verrückt"[37], sagte er von sich selbst.

Er wußte, daß er sich in einer entscheidenden Phase seines Lebens befand. Es war die Phase der pubertären Identitätsfindung, ein heikler Gemütszustand. Doch Rajneesh wußte nicht wohin. Wieder lief er jeden Tag Meilen um Meilen, er wollte sein „Ich" kennenlernen. Rajneesh litt unter starken Kopfschmerzen. Seine Familie sorgte sich um ihn, schleppte ihn erneut zu Ärzten. Ein Arzt glaubte den Zustand erkannt zu haben. Dieser Mediziner, Pandit Bhagirath, gab Rajneesh Placebos.

Rajneeshs Grenzversuche gingen weiter. In der Nähe von Saugar, in Madhya Pradesh, - Rajneesh war 20 Jahre alt - fiel des nachts in der Krone eines Baumes in tiefe Meditation. Rajneesh fiel vom Baum herunter. Er sah seinen eigenen Körper auf der Erde liegen und war verwundert über das Phänomen. Also fiel er in eine tiefe Trance. „An jenem Tag sah ich meinen Körper zum ersten Mal außerhalb von mir, und seit jenem Tag war die bloße Existenz endgültig zu Ende, und seit jenem Tag hat auch der Tod aufgehört zu existieren."

Das war bis dahin das wichtigste Erlebnis im Leben des Rajneesh. Seither sind für ihn Körper und Geist getrennte Dinge. Seither identifizierte er sich mit seinem Geist und wurde „Zeuge" seines Körpers. Mit der Identifikation, mit dem Zeugen, beschrieb er seither die Fähigkeit eines Menschen, von seinem eigenen Körper dissoziiert oder losgelöst zu sein. Er erklärte die Körperlichkeit als ein vorübergehendes Phänomen, die es sowieso zu überwinden galt; zu überwinden, um mit der universellen Geistwelt eins zu werden.

Er nannte diese Erfahrung eine „verrückte Erfahrung", die er sich beim besten Willen nicht vorstellen konnte. In den drauffolgenden sechs Monaten erlebte er diesen, vom Körper getrennten, Zustand noch weitere sechsmal. „Das war der wichtigste Augenblick: Meine Erkenntnis des Geistes, der in jedem menschlichen Körper wohnt."[38] Seither war Rajneeshs Persönlichkeit gespalten.

Am Morgen dieser Nacht kamen zwei Frauen mit Milchkannen vorbei. Sie hielten ihn für tot und strichen ihm mit der Hand über die Stirn. Augenblicklich kehrte Rajneesh in seinen Körper zurück. Kein Wunder also, wenn er seitdem eine Vorliebe hat, mit Frauen zusammenzuarbeiten. Rajneesh interpretierte diese Erfahrung als echtes Samadhi, die Erfahrung des spirituellen Selbst, als Erleuchtung.

Ähnliche Erfahrungen haben schon die alten Gnostiker gemacht. Die Gnosis lebt von der irrigen Annahme, daß es nur der Erkenntnis bedarf, tief im Inneren die Göttlichkeit seines Selbst zu entdecken. In der Gnosis bedurfte es, wie in der Lehre Rajneeshs, entweder der Meditation oder anderer Körperertüchtigungen, um zu diesem Gott-Funken vorzudringen. Rajneesh fügte diesem spirituellen Nonsens eine neue Formel hinzu. Ein Mann müsse einer Frau begegnen, die allein diese Erkenntnis möglich mache. Eine Frau, so meinte er, böte jene Elektrizität, die den Stromkreislauf schließen konnte, um das Bewußtsein des Geistes eines Mannes, zumindest vorübergehend, wieder in den Körper hineinzuzwingen.

Diese Losgelöstheit vom Körper definierte Rajneesh als Spiritualität. Er erklärte sich diesen Zustand als eine Art Tiefe, als eine Leere, in der ein Mensch jeglichen Ehrgeiz verlieren mußte, keinen Bedürfnissen mehr zu frönen hatte, weil er, wie er fühlte, zum Kern, zur Essenz des Selbst, des eigentlichen Kerns des Menschen vorgedrungen zu sein schien. Der Rebell, der seine Familienangehörigen und Lehrer bis dahin mit Fragen und rebellischen Äußerungen löcherte, hörte auf, Fragen zu stellen. Er wurde ein Mensch, dem Nichtstun das Ziel seiner Existenz bedeutete. In dieser Zeit färbten sich seine Brusthaare grau.

„Erleuchtung“ und Universitätsjahre

Schließlich am 21. März 1953, Rajneesh war damals 21 Jahre alt, ersann er ein neues Abenteuer. Rajneesh ging in den Bhanvartal-Garten und setzte sich unter einen Maulbeerbaum; es war Mitternacht. Der junge Rajneesh, der sich damals als häßlich empfand, der Schwierigkeiten hatte, ein Mädchen zu bekommen, saß also unter dem Maulbeerbaum, und genau um 2 Uhr nachts geschah ihm etwas. In seinem Kopf erlebte er eine erschütternde Erfahrung. Es schien, als ob die Vergangenheit verlosch, als ob sein bisheriges Leben nie zu ihm gehört habe, als ob Geschichte nie etwas bedeutet hätte. Rajneesh erlebte einen Geisteszustand, als ob er von seiner Vergangenheit losgelöst, von seiner Lebensgeschichte entwurzelt worden wäre. Er verlor seine Biographie und seine Identität. Als er seine Augen öffnete, empfand er eine bestimmte Gegenwart. Er empfand das Leben als pulsierendes Etwas, als eine Vibration, sogar als Wirbelsturm, als Licht, als das Tohuwabohu eines Stromes aus Freude und Ekstase. Rajneesh ertrank, verlor sich in diesem Sturm seiner eigenen überschäumenden Gefühle.

Unwirklich mag es für ihn gewesen sein, denn er beschreibt: „In jener Nacht öffnete eine andere Realität die Tür, eine andere Dimension wurde für mich erreichbar. Plötzlich war sie da, die andere Realität, die wirkliche Realität, oder wie immer du sie nennen willst. Nenne sie Gott, nenne sie Wahrheit, nenne sie Dharma, nenne sie, wie immer du es möchtest. Es war namenlos, aber es war da.“

Rajneesh deklarierte dieses Erlebnis als seine endgültige „Erleuchtung“. Er hatte wohl nur allein davon Kenntnis genommen, denn 20 Jahre lang verschwieg er dieses Erlebnis seiner Umwelt. Kein Kommilitone, kein Lehrer, nicht einmal seine Familienmitglieder hatten etwas davon gemerkt. Erst als er sich 20 Jahre später als Gott bezeichnen ließ, fing er in bunten Farben an, von diesem Abenteuer zu erzählen. Eine Energie will er erfahren haben, die aus dem Nichts gewachsen ist, eine Kraft, die keinen Ursprung hatte, die von nirgendwo und von überall herkam. Er erlebte, so beschrieb er seinen staunenden Jüngern, so etwas wie eine Energie, die selbst in den Felsen, im Himmel, in der Sonne, in der Luft war. Seit diesem Erlebnis hörte er auf, an sich selbst zu arbeiten. Ihm war in diesem Augenblick offenbar die Erkenntnis gereift, daß jedes Bemühen sinnlos sein müßte.

Die Hoffnungslosigkeit seiner Existenz war zu der Zeit absolut und total. Er wollte erfahren haben, daß das Leben ohne Hoffnung ist. Rajneesh verlor in dieser Nacht offenbar jeden Bezug zum Leben. Nicht nur erkannte er, daß es ihn gar nicht gibt: „Ich fiel in einen bodenlosen Abgrund." Gleichzeitig, so schwärmte er später in seinen Vorlesungen, empfand er ein Licht, eine Freude, eine Seligkeit und verglich den Zustand mit dem Zustand eines Drogenabhängigen, der „stoned" ist.[39] Die Vergangenheit entschwand ihm, das Gedächtnis war gerissen, er fühlte sich entwurzelt. Jegliche Unterscheidung zwischen ihm und der anderen Existenz, zwischen Bäumen, Vögeln und Tieren verschwand, und wie Bhagwan einmal sagte: „Mein Verstand verschwand."

Es war für Rajneesh ein erneutes Todeserlebnis, denn die sieben Tage vor diesem Erlebnis empfand er als Todesphase. Rajneesh glaubte, daß sich in dieser Phase neue Tore der Wirklichkeit öffneten, eine neue Dimension, eine Wirklichkeit, die Carlos Castaneda als die „andere Wirklichkeit", die spirituelle Wirklichkeit beschreibt.

Es ist nicht eindeutig, ob diese Begebenheit sich wirklich so abgespielt hat, wie sie in den Büchern von Rajneesh beschrieben wird. Wir wissen, daß Rajneesh dieses Erlebnis als spirituelles Erlebnis, als „Erleuchtung" betrachtet hat. Er beschrieb diese Erleuchtung als eine Begegnung zwischen Gott und Tod. Ja, zum ersten Mal fühlte er sich allein, er fühlte sich aber auch als ein Individuum, das nicht mehr da ist, als einen Tropfen im Ozean. Rajneesh fühlte sich als Ozean.

Erik Erikson, der schwedische Psychologe, der in Amerika Weltruhm erlangte, beschreibt diesen Zustand als Identitätsdiffusion, als den Verlust der eigenen Identität. Menschen, die so etwas erleben, entweder mit Drogen oder in tiefer Meditation, erleben die Zeit als nicht existent, den Raum als eine unbegreifliche Größe, die wohl im Verstand, wie auch in der Psyche eine Überlagerung der Gegenwart bewirken. Der menschliche Organismus hat in einer solchen Situation nur die Möglichkeit, sich vor dieser psychischen Hochspannung in eine Trennung von Organismus und Geist zu retten. Rajneeshs Beschreibung von einer Explosion, nach der es nur noch Leere geben kann, ist zutreffend. Ein Mensch hat in einer solchen Situation tatsächlich den Kontakt zu sich verloren.

Erleuchtung ist nach der indischen Mythologie und nach den Lehren der Buddhisten das Einswerden mit der göttlichen Energie bei vollem Bewußtsein. Rajneesh sprach später beschönigend in Anlehnung an diese Mythologie auch von seinem Erlebnis, als ein Einswerden mit dieser Energie. Seinen Jüngern redete er später ein, daß diese Erfahrung des „religiösen" Todes der natürliche Zustand des Menschen sei.

Es ist nicht möglich nachzuvollziehen, was mit Rajneesh wirklich geschah, denn der junge Rajneesh war zu dieser Zeit Student an der Universität von Saugar, um dort einen „Bachelor of Arts" zu erreichen. Seine Umwelt erlebte ihn nach wie vor als einen kritischen und rebellischen Streiter gegen jede Form der Orthodoxie, gegen Gesetze, gegen einschränkende Maßnahmen, gegen jede Form der Disziplin, gegen jeden Versuch, menschliches Leben in eine bestimmte Struktur zu fassen. Die Leute, die ihm in dieser Zeit begegnet sind, glaubten lediglich, „ich sei verrückt geworden"[40], berichtete Rajneesh. Wahrscheinlich hatten sie nicht ganz unrecht.

Da Rajneesh diese Erfahrung als spirituelle Qualität verstand, glaubte er, daß sein Leben fortan nach den drei Gunas, den drei in der indischen Mythologie verstandenen Grundqualitäten des menschlichen Lebens, verlaufen müßte. Die drei Gunas sehen vor:

1. Tamas-Guna
   Eine Lebensphase, die sich durch Untätigkeit und Reglosigkeit auszeichnet.

2. Rajas-Guna
   Eine Lebensweise, die sich durch intensiven Lebensdrang und Leidenschaft profiliert.

3. Sattva-Guna
   Eine Lebensweise, die sich durch eine gewisse Heiterkeit, Ruhe und Weisheit auszeichnet.

Es sind die von Krishna in der Bhagavad Gita beschriebenen Wachstumsphasen eines Heiligen.

Nach diesem Rezept konnte Rajneesh seine frühe, faule Lebensphase als Kind und Jüngling nun spirituell überhöhen. Sie bekam jetzt das Etikett „Tamas-Guna". Nach der Erlangung seines Magistertitels war dann der Rajas-Zustand dran, und der Aufbau seines Ashrams in Poona im Jahre 1974 fiel somit mit dem Beginn der „Sattva-Phase" zusammen.

Wegen seiner ausgesprochenen Faulheit dauerten Rajneeshs Studienzeiten in der Tat lange. So benötigte er für sein „Bachelor" an der Provinz-Universität von Jabalpur zwischen 1944 und 1951, für seinen „Masters degree" in Philosophie weitere sechs Jahre bis 1957. Es wird erzählt, daß er ein ausgesprochen guter Redner war, ein Maler, Amateurfotograf, ein Mann also, der sich in allen möglichen Bereichen tummelte. Außerdem experimentierte Rajneesh zu der Zeit mit „anderen Bewußtseinszuständen". Er beschrieb beispielsweise: „Wenn ich in der Badewanne saß und mich wusch, und plötzlich erkannte, daß es mir keinen Spaß machte, hörte ich damit auf, wozu denn weitermachen? Wenn ich aß, und plötzlich erkannte, daß es mir keinen Spaß machte, dann hörte ich einfach auf."[41]

Die „erleuchtende" Schlußfolgerung des jungen Mannes: Sollte einem etwas keinen Spaß machen, sollte man es lassen, weil sonst das Gleichgewicht verloren ging. Viel wichtiger sei es, Freude zu haben, so glaubte er, die eben der Ausdruck innerer Harmonie sei. Freude aus zwischenmenschlichen Beziehungen kannte Rajneesh nicht. Nur mit der Natur empfand er sich eins. Seine Lieblingsbeschäftigung als Student waren nächtliche Wanderungen unter dem Sternenhimmel.

Vorschriften oder Bedingungen, die ihm von der Gesellschaft, der Familie, der Religion oder der Universität vorgegeben waren, kümmerten ihn nicht. Statt an Übungen oder Seminaren teilzunehmen, war Rajneesh lieber im Lesesaal der Bibliothek. Allerdings mußte er wegen wirtschaftlicher Schwierigkeiten der Familie ein Jahr lang seine Studienzeiten unterbrechen. Er arbeitete als Reporter für eine kleine Zeitung mit dem Namen „Navabharat".

Dies waren allerdings seltene Monate in dem Leben Rajneeshs, in denen er seine Untätigkeit oder das von ihm beliebte Spiel, seine Untätigkeit zu beobachten, unterbrechen mußte. Sonst eiferte er in jener Zeit der auch von Lao Tzu praktizierten, sogenannten Tamas-Guna-Phase nach und tat hauptsächlich nichts. Unter Untätigkeit verstand Rajneesh natürlich eine spirituelle Stille. Er verglich sie mit der Stille der Untätigkeit eines Kindes im Mutterleib. Diese Stille bezeichnete er als reines Sein oder Dasein.

Kein Wunder, daß Rajneesh kein Prüfungsfan war. Stolz berichtete er, wie seine Professoren ihn vor angesetzten Prüfungen in ein Auto packten und ihn zur Universität fuhren. Identifizierte er sich schon nicht mit sich selbst, mochte er sich wohl auch nicht mit seinen Leistungen identifizeren. Rajneesh fand sich offenbar nirgends zurecht. In den von ihm selten besuchten Vorlesungen schlief er.

Sein Zimmer in einem Studentenwohnheim säuberte er zwei Jahre lang nicht. Der Abfall, der sich in dem Zimmer angesammelt hatte, ließ ihn völlig kalt. So kamen Schlangen ins Zimmer und ruhten sich aus. Rajneesh störte dies alles nicht.[42]

Rajneesh ging sogar so weit, Bewegen der Augenlider als Arbeit oder Tätigkeit zu betrachten, und selbst dies lehnte er ab. Er berichtete, daß er oft lange auf seinem Bett lag, einfach an die Decke starrte und sich glücklich wähnte, den Zustand des „Nichtdenkens" erreicht zu haben.

Wenn man seine Augen ohne Blinken offen hält, setzt in der Tat das Denken im Gehirn aus. In der offiziellen Biographie Rajneeshs heißt es, daß dieser „Zustand des

Nichtstuns und des Gedankenstillstandes ihm das Tor zur Herrlichkeit Gottes öffnete".[43]

Nach Einblick in die Herrlichkeit Gottes begann offenbar bei Rajneesh der zweite Guna-Zustand, genannt Rajas-Guna. Das ist die aktive Phase eines indischen Heiligen, sie dauerte bei Rajneesh von 1957 bis 1974.

Zu ihrem Beginn, im Jahre 1957, bewarb sich Rajneesh um eine Lehrtätigkeit und wurde um Referenzen und ein Charakterzeugnis gebeten. In einem Gespräch mit dem Rektor bedeutete er diesem, dieses Ansinnen sei unmöglich: da der Mensch Freiheit sei und der Charakter der Vergangenheit angehöre, könnte man nichts über den Charakter eines Menschen aussagen.[44] Rajneesh meinte, der Charakter eines Menschen ändere sich ständig.

Trotzdem erhielt er offenbar eine Anstellung als Lehrer und unterrichtete zwischen 1957 und 1960 am Raipur-Sanskrit-College. Als er den Posten antrat, war es Winter. Die Studenten mußten im öffentlichen Brunnen im kalten Wasser baden, bevor sie zur Universität kamen. Rajneesh nahm dies zum Anlaß, dem Rektor einen Streich zu spielen. Eines Morgens um 4 Uhr weckte er ihn und zog ihn aus dem Bett, um ihm den Brunnen zu zeigen, wo sich seine Studenten kalt waschen mußten. Dort angekommen, demonstrierte Rajneesh dem Rektor die kalte Waschung und lud ihn ebenfalls zu einem Bad ein. Darauf eröffnete er ihm zweierlei: Erstens lud er ihn nach erfolgter Reinigung zum Gebet ein. Zweitens gestand er ihm ein, kein Sanskrit zu können. Der Rektor drang daraufhin auf eine Versetzung von Rajneesh mit der Begründung: „Dieser Mann ist gefährlich. Er zerstört die Moral, den Charakter und die religiöse Haltung meiner Studenten."[46]

1960 wurde Rajneesh mit einer Lehrtätigkeit an der philosophischen Fakultät der Universität in Jabalpur, einer „anderen minderen indischen Lehranstalt",[47] beauftragt. Neben seinen leidenschaftlichen Vorträgen, in denen er sich gegen alles und jedes wandte, bereiste er das Land, sagt er, um seine lethargischen Landsleute aus ihrer Trance aufzurütteln.

Der indische Journalist und Maler Praful Davé berichtete, daß Rajneesh ein hervorragender Interpret der Veden und der Vedanta war: „Seine Auslegungen waren anspruchsvoll, aber auch klar und zeitgemäß in der Sprache. Ohne Schwierigkeiten versammelte er 2000 bis 3000 Leute um sich.“[47] Besonders die reichen Kreise von Bombay hörten ihm gerne zu. Dort traf er 1962 eine begüterte Frau, Laxmi T. Hirjee.

Laxmi war die Tochter eines reichen Bombayer Geschäftsmannes und Mitgliedes der Kongreß-Partei. Ihre erste Begegnung mit Rajneesh beschrieb sie in einem Interview[48] so: „Als ich ihn sah, fühlte ich, daß er nicht nur ein menschliches Wesen ist. Sein Körper war wie Musik, seine Bewegungen, selbst sein Atem waren rhythmisch. Als er zu sprechen begann, mußte ich meine Augen schließen. Mir liefen Schauer über den Rücken. Als er zu Ende kam, konnte ich mich nicht mehr bewegen. Irgend etwas hatte mich tief drinnen penetriert. Ich wußte zwar, wo ich war, und doch wußte ich, daß nichts mehr war. Ich saß einfach da. Nichts mehr spielte eine Rolle. Eine Freundin kam auf mich zu und fragte, was denn geschehen sei: ‚Ich habe dich noch nie so lethargisch gesehen‘, sagte sie. In diesem Augenblick öffnete ich meine Augen, es war eine reine Freude. Mein ganzer Körper war Licht, und ich sagte zu ihr: ‚Weißt du, was passiert ist? Liebe.‘“

In der Tat, Laxmi hatte sich in Rajneesh verliebt, und zwar so total, daß sie seither seine Gegenwart fühlte, gleichgültig, ob sie in seiner Nähe war oder nicht. Laxmi war unverheiratet, obwohl sie mehrfach von ihren Eltern unter die Haube gebracht werden sollte. Nun wählte sie selbst. Rajneesh wurde ihr Vertrauter. Wann immer er nach Bombay kam, wohnte er im Haus der Eltern. Schließlich wurde Laxmi von ihrem Vater Rajneesh anvertraut, was nach indischer Tradition einer Ehe gleichkam. Die Religion stimmte: die Hirjees waren ebenfalls Jainas. Diese Liebesaffäre war der Grundstein für die spätere Bhagwan-Bewegung.

Die ersten Jünger

Vorläufer der später weltweiten Bewegung waren sogenannte Meditations-Camps unter der Leitung Rajneeshs. Das erste fand vom 4. bis 8. Juni 1964 in Muchala Mahvir, in der Nähe von Ranakpur, in Rajastan statt. Rajneesh startete seine Experimentierphase mit Menschen auf breiter Front. Nicht nur durch Worte wollte er nun Menschen verändern. Er experimentierte jetzt auch mit traditionellen und mit selbsterfundenen Meditationstechniken.

In diesem ersten Camp sprach Rajneesh davon, daß die Wahrheit, die Liebe, die für das spirituelle Wachstum nötigen Erfahrungen nicht kommunizierbar seien. „Worte sind impotente Symbole", sagte er.[49] Nach dieser Feststellung redete er dann allerdings noch eine Stunde lang auf seine Schüler ein. Er kündigte eine spirituelle Regeneration der ganzen Welt an. Die dazu gehörende Botschaft könne aber lediglich in einer Kommunikation von Herz zu Herz vermittelt werden, sagte er.

Damit jedoch diese Herzenssache nicht aus dem Ruder lief, gab Rajneesh für dieses Meditationscamp folgende Maximen:

1. Lebe in der Gegenwart. Vergangenheit und Zukunft haben keine Existenz. Das erste besteht aus Gedächtnis, das letzte ist Einübung.[50]

2. Lebe natürlich, d. h., werde eins mit der Natur. Sei also ein menschliches Wesen ohne Name, ohne Status, ohne Klasse, ohne Familie, ohne Kaste. Verliere, so sagte er, vor allem deine Maske.

3. Lebe allein. Kümmere dich nicht um die anderen, um irgendwelche Beziehungen. Vergiß, daß du ein Vater, ein Ehemann, ein Freund oder ein Feind bist.

4. Wenn du dich finden willst, mußt du zuerst aufhören zu sein.

Rajneesh meinte, vielerlei Beziehungen hätten die Menschen dermaßen in Anspruch genommen, daß sie gar nicht mehr wüßten, wer sie sind. Wenn erst alle diese Beziehungen vergessen worden seien, und der einzelne in Stille und Einsamkeit verfallen sei, würde er die „wahre" Realität des Lebens finden. Um dorthin zu gelangen, müsse der Mensch meditieren.

Rajneeshs Verständnis von Meditation: „Meditation bedeutet, aktionslos zu werden."[51] Dies sei durch Gedankenlosigkeit zu erzielen. Da aber beim Menschen die Gedanken immer wieder unaufgefordert auftreten, versprach Rajneesh Abhilfe. Die Ursache des Denkens müsse zerstört werden, und dafür würde er sorgen.

Um die Zustimmung seiner Schüler dazu zu erhalten, definierte er erst einmal das Denken um. Denken sei lediglich eine Reaktion auf die äußere Welt und führe weg vom eigentlichen Sein. Dieses Sein sei, wie die Wahrheit, im Inneren eines Menschen angelegt, deswegen müsse „Geburtenkontrolle für Gedanken eingeführt werden".[52]

Rajneesh ging noch weiter. Er stellte seinen Schülern seine Sicht des Lebens dar: „Verrücktheit ist die natürliche Konsequenz der Zivilisation"[53], weil diese auf Traditionen oder Moralvorstellungen beruhe. Wahrheit hingegen „findet sich nur im vollen Bewußtsein, ein Zustand jenseits von Gut und Böse"[54], meinte er. Das ewige Leben könne man nur auf Kosten des Todes bekommen. Die Schüler des Camps in Nordindien sollten erkennen, daß ihre Identität nicht mit ihrem Körper verbunden sei. Rajneesh forderte sie auf, sich von allem zu lösen, mit dem sie sich bisher identifiziert hatten; sie mußten zum Wassertropfen werden: „Ein Wassertropfen wird zum Ozean, wenn es seine Identität im Ozean verliert".[55] Wenn der Mensch erst mit dem Ozean eins geworden sei, könne er zu seiner tiefen Erkenntnis zurückfinden und dadurch eine Manifestation der göttlich-universellen Energie werden.

Damals trat Rajneesh noch unter dem Titel „Acharya" auf, was Lehrer heißt. Er lehrte einen Pfad der Selbstverwirklichung durch Aufgabe der Identität.

Laxmi folgte seinen Worten. Sie berichtete aus diesen

Junitagen des Jahres 1964 folgende Erlebnisse: „Als ich mich nachts niederlegte, begann mein Körper automatisch rhythmisch zu atmen. Die Frage kam auf: „Wer bin ich, wer bin ich?“[56] Sie wiederholte sich diese Frage schneller und schneller bis schließlich ein Durchbruch geschah. „Ich lachte nur noch, es war ein verrücktes, verrücktes Lachen“,[57] so Laxmi. Sie erlebte einen neuen, vom Körper abgespaltenen Bewußtseinszustand.

Ihr Onkel, der im Nachbarzimmer schlief, ging durch die schrecklichsten Stunden seines Lebens. Laxmi, seine angesehene Nichte, die das Prestige einer reichen Familie zu verteidigen hatte, mußte verrückt geworden sein. Er stand auf, rannte in Laxmis Zimmer und schrie sie an: „Was ist passiert!“[58] Dies rief Rajneesh auf den Plan. Ihm gelang es, Laxmi von ihrer ungewöhnlichen Außer-Körper-Erfahrung zurückzuholen.

Schon in der darauffolgenden Nacht begann Laxmi wieder hemmungslos zu lachen. Das Lachen dauerte die ganze Nacht. Laxmi wurde nach eigenen Worten transformiert, verlor ihre frühere Identität und sprach seither von sich nur noch in der dritten Person.

Rajneesh empfahl ihr, sie solle ihrem Onkel mitteilen, daß er nichts zu befürchten habe, „da wir alle verrückt sind“. Die ganze Welt sei verrückt, die einen ein bißchen weniger, die anderen ein bißchen mehr. Mit dieser beschönigenden Erklärung konnten jedoch die anderen Camp-Teilnehmer wenig anfangen. Wie Laxmis Onkel, stellten sie etwas Absonderliches an Laxmi fest. Sie fragten: „Bist du verrückt geworden“, oder „was geht hier vor?“ „Ja“, sagte Laxmi, „man ist verrückt, total verrückt.“ (siehe Anhang, S. 234)

Ihrem Onkel erklärte Laxmi: „Laxmi ist tot, ein neues Wesen ist geboren.“ Der verdatterte Onkel versuchte eine letzte Rettungsaktion. Er startete den Wagen und forderte Laxmi auf, sofort mit ihm nach Hause zu fahren. Er hatte Angst davor, der Mutter eine verrückte Laxmi zurückzubringen. Doch Laxmi blieb bei Rajneesh. Sie wurde seine erste Sannyasin. Sannyasins waren in der indischen Tradition Menschen, die der Welt entsagt hatten. Sie zogen mit einer Reisschale durch die Lande, lebten asketisch und bereiteten sich meditierend auf ihren Tod vor.

Als Rajneesh diese traditionelle Bezeichnung für seine Jünger benutzte, zog er sich den Ärger indischer Gläubiger zu. Es war ein Sakrileg. Rajneesh kümmerte sich darum wenig. Noch im Jahr 1964 gründete er das Jeevan Jagruti Kendra, das Lebenserweckungszentrum in Bombay. Seine ersten Schüler brachten ein vierteljährliches Magazin heraus, „Jyoti Shikha" (die göttliche Flamme) und ein monatliches Magazin „Yukrand" (das Bulletin der rebellischen Jugendkräfte). Die Magazine druckten von nun an die Reden Rajneeshs.

Um seinen Unterhalt brauchte er sich nun nicht mehr zu kümmern, denn so Laxmi: „Alles was nötig war, stand zur Verfügung." Rajneesh hatte in seinen Schülern seine Ernährer gefunden.

Seit 1968 hielt Rajneesh nur noch geschlossene Veranstaltungen ab. Statt in der Öffentlichkeit vor der Crème de la Crème, den Politikern und den Geschäftsleuten zu reden, versammelte er jetzt deren Töchter und Ehefrauen. Jetzt sprach er über freien Sex und hielt in einsamen Ressorts Meditations-Seminare ab. Seinen hauptsächlich weiblichen indischen Teilnehmerinnen und den ersten Suchenden aus dem Westen empfahl er jetzt, sich von ihren Bindungen lösen und die Erfahrung ihres inneren „Selbst" machen.

Praful berichtete: „Indische Frauen, die sonst eher konservativ erzogen sind, rissen sich die Blusen vom Leib, wälzten sich auf dem Boden und schrien ekstatisch."[59] Damals wie heute war in Indien Sex tabu. Rajneesh hatte sich Tantra zugewandt, einer indischen Geheimwissenschaft sexueller Riten. Durch diese Riten, so verhieß er seinen Schülern, sei Erleuchtung möglich.

Rajneesh predigte nun nicht mehr über Veden oder traditionelle Meditationstechniken, er schrieb ein Buch: „Vom Sex zum Superbewußtsein." Für seine ehemaligen Anhänger war dies ein Affront. Sie, die politischen und wirtschaftlichen Machthaber, sandten ihm Drohbriefe. Rajneesh engagierte Leibwächter.

Jetzt sammelte er Menschen aus der indischen und westlichen Subkultur. Er fand Anhänger, die seine Erleuchtungserfahrung nicht etwa als geistige Verirrung, sondern für eine spirituelle Qualität akzeptierten. Er hatte gerade seine Lehrtätigkeit an der Jabalpur-Universität aufgeben müssen. Rajneesh begann eine neue Karriere: Er wurde Guru.

Doch bald lösten seine schonungslos geäußerten Ansichten über Politik, über sexuelles Verhalten und Religion heftige Diskussionen in den gesellschaftlichen Kreisen und in der damaligen Regierung aus. Indien, ein Land mit jahrhundertelangen religiösen Traditionen, hatte schon mehrere, zum Teil gewaltsame religiöse Auseinandersetzungen hinter sich. Sie mußte auch Rajneesh fürchten. Er hatte nicht nur seine eigene Jain-Religion verraten. Das Maß war voll, als er sich 1969 selbst zum „Bhagwan" ernannte, einer, „der sich als Gott erkannt hatte". Für indische Begriffe war dies eine Blasphemie. Hatten sich selbst die indischen Lieblingsgötter Krishna und Rama bescheidenerweise nur für ganz normale Menschen gehalten, die auch als Menschen starben und erst von Geschichtsschreibern als „Lord Krishna" oder „Lord Rama" bezeichnet wurden, wandte sich jetzt auch seine ihm verbliebene indische Anhängerschaft von ihm ab. Ihre religiöse und auch moralische Toleranz wäre einer zu großen Zerreißprobe unterworfen worden.

Hinzu kam wohl auch, daß im Sanskrit Bhagwan eine zweite Bedeutung hat. „Bhag" heißt dort Meister, „wan" Jungfrau oder Vagina. Rajneesh, der Meister der Vagina, hatte zwar eine neue Karriere, die eines Sex-Gurus begonnen, er hatte sich damit aber auch aus dem religiösen Establishment Indiens hinauskatapultiert.

Rajneesh und die New-Age-Bewegung

Ende der sechziger Jahre hatte eine neue Woge des Okkultismus, des Mystizismus und der Bewegungen fernöstlicher Weltanschauungen die westliche Welt erreicht und zusammen mit der humanistischen Psychologie und modernen naturwissenschaftlichen Theorien ein „neues religiöses Bewußtsein" angepriesen. Man sprach von einem neuen Zeitalter, dem Wassermannzeitalter.

Erstmals sang darüber die „Hair-Truppe" und kündigte in ihrem Musical eine epochale Wende an. Das christliche Fische-Zeitalter mit seiner Diesseitsorientierung war nach Ansicht dieser neuen Weltenkünder abgelaufen. Eine Gegenkultur brach im Westen mit sexueller Revolution, Drogen, Rock-Musik, Kommunen, Protest gegen Vietnam-Krieg und „zurück zur Natur" auf. Es sollte eine Rückkehr zur Unschuld werden. Es war eine Absage an die herrschende Kultur.

Erste Ansätze davon waren in den antiautoritären Bewegungen der sechziger Jahre zu verspüren: „Der Muff von 1000 Jahren unter den Talaren" und die sich dahinter verbergenden Autoritäten sollten einer neuen Generation weichen, die für Transparenz, direkte Demokratie und neue Überlebensentwürfe standen.

Die Jugend der sechziger Jahre war, wie Thoreau ein Jahrhundert vor ihnen, der Zivilisation überdrüssig. Der Marsch durch die Institutionen begann.

Einige erkundeten mit Hilfe von Drogen neue Bewußtseinszustände und die Hintergründe der eigenen Persönlichkeit. Tausende strömten aufs Land und erschufen eine ländliche Renaissance. Wenige suchten im gewalttätigen Kampf gegen die Herrschenden der Gesellschaft das schnelle Heil. Wieder andere zog es nach Indien zu Gurus, Sadhus und anderen Heiligen, um dort ein neues Glück, ein vollkommenes Leben zu suchen.

Die ewige Sehnsucht der Menschheit, die Rückkehr zur

Unschuld, zu einer Weisheit, die alles menschliche Leben erklärte, suchte neue Formen. Sie suchte jedoch in uralten Traditionen und mischte ein Konglomerat esoterisch-okkulter Traditionen der Gnosis, des Schamanentums, des Animismus, indianischer Geheimlehren mit moderner Psychologie.

Die Ziele der sogenannten „New-Age-Bewegung" faßte der Hair-Song „Aquarius" zusammen:

„Harmonie und Recht und Klarheit!
Sympathie und Licht und Wahrheit!
Niemand wird die Freiheit knebeln;
niemand mehr den Geist umnebeln!
Mystik wird uns Einsicht schenken,
und der Mensch lernt wieder denken!
Dank dem Wassermann, dem Wassermann!"

Es war die Suche nach einer ganzheitlichen Methode der Bewußtseinserweiterung, die gestreßte Konsumfiguren und desillusionierte Intellektuelle zu einem seelisch-geistigen Übermenschen transpersonalisieren sollte. Statt analytischer Rationalität, mechanistischem Denken und den herrschenden Bewußtseinsinhalten, die auf Leistung, Technik, Lebensstandard ausgerichtet waren, die aber auch Zerstörung der Natur, Depression, Krebs und andere Zivilisationskrankheiten brachten, statt einer Kultur der Krise wurde eine spirituelle ökologische Perspektive gesucht, die durch systematisches Ganzheitsdenken, in dem Geist und Materie untrennbar verbunden sind, nach einem kosmischen Grundmuster funktionieren sollte.

Später hat die mittlerweile zur Kultfigur der New-Age-Strömung gewordene Marylin Ferguson in ihrem Buch „Die sanfte Verschwörung", einem Bestseller in den USA und Europa, diesen Mischmasch aus altem in neuer Form zusammengetragen.

Ein neues Zeitalter – ein goldenes und spirituelles, optimistisches und sorgenfreies – eine neue Utopia sollte anbrechen, eine epochale Wende eingeleitet werden.

Ein neuer Mensch, eine neue Menschheit schien am

Horizont greifbar, ein neues Bewußtsein machbar. Ein Bewußtsein, das die Rationalität aufhebt, den Gefühlen breiteren Raum gibt, ein Gleichgewicht auf höherer Ebene versprach. Die Rationalität eines Descartes schien gescheitert zu sein. Die Mehrheit der einst rebellierenden Jugend begann ihren Marsch durch die Institutionen. Eine Minderheit verkündete jedoch, daß die Welt an der Schwelle eines neuen Quantensprungs stand, jenem vergleichbar, der nach der Evolutionstheorie aus Affen den Menschen hervorgebracht hat, wie der neue Guru „Bhagwan Shree Rajneesh" sagte.

Aus allen Himmelsrichtungen kamen Ende der sechziger und Anfang der siebziger Jahre die Adepten der neuen Spiritualität. Sie traten regelrecht in einen Wettbewerb zur Erlangung neuer Bewußtseinszustände ein. Timothy Leary, ehemals Harvard-Professor, schwärmte von LSD-Trips und den dadurch bewirkten Farblandschaften. John Lilly erfand den Lilly-Salzwassertank, in dem er Menschen eine Stunde lang in Dunkelheit durch verschiedene Bewußtseinszustände fließen ließ. Es waren, ähnlich wie bei Rajneesh, vom Körper losgelöste Geisteszustände, in denen der Mensch zu Erlebnissen fähig war, die vor seiner Geburt lagen, also in frühere Leben hineingriffen.

Der ehemalige Professor Richard Alpert nannte sich „Guru Ramdass" und entwickelte Meditationsformen, mit deren Hilfe man angeblich schnell zu den Gestirnen abheben konnte. Diese sogenannten Astro-Trips entsprachen den außersinnlichen und außerkörperlichen Wahrnehmungen, die auch Rajneesh durch seine verschiedenen grenzüberschreitenden Erlebnisse gefunden hatte.

Der Weg junger Westler, meist Intellektueller in indische Ashrams, japanische Zen-Klöster und nepalesische Schreine hatte der damals wieder gefeierte Hermann Hesse vorbereitet. Nicht nur er, auch der Berufspessimist Arthur Schopenhauer oder der Komponist tragikschwangerer und übersinnlicher Monumentalwerke Richard Wagner, auch manch zeitgenössischer Religiöser, wie der Jesuiten-Pater Enomya Lassalle, suchten die Brücke zur fernöstlichen Weisheit.

Den ersten Durchbruch hatte der ehemalige indische Schreiber Marahishi Mahesh Yogi, nachdem ihn die Beatles in Indien besuchten. Sie suchten nach ihren körperzehrenden Drogeneskapaden nach einer gesünderen Alternative. Krishnamurti, ein anderer Inder – von einigen als Inkarnation Jesu Christi angesehen –, kam nun regelmäßig nach Europa und füllte Säle mit Intellektuellen und Reichen oder beidem.

Neu war das alles nicht für die Deutschen. Sie hatten schon durch die für Deutschland abgewandelte Form der Theosophie Rudolf Steiners oder durch die okkultähnliche Gedankenverwirrungen eines Adolf Hitler Bekanntschaft mit dieser elitären indischen Weisheit gemacht. Wieder galt es, das Leben voll zu genießen, das Heil im „Hier und Jetzt" zu suchen, sei es durch Ausleben aller Sinnlichkeit oder durch die Vormachtstellung derer, die die wahre Erkenntnis, also den Zugang zur Göttlichkeit hatten, oder sei es, einen Ausweg zu suchen aus der immer komplexer werdenden nachindustriellen Zeit, die gerade für Sensible immer schwieriger zu ertragen war. Statt Logik, Verstand und Rationalität wurden nun wieder Triebe, Gefühle und Instinkte beschworen.

Es entstanden sowohl kommunistische Stadt-Kommunen, wie auch alternative Kommunen auf dem Lande. In Schottland gründeten spirituell Alternative eine ökologisch-spiritistisch orientierte „Findhorn-Gemeinschaft", besprachen ihre Pflanzen und Gemüsebeete und glaubten an Elfen und Gnome. In Indien versammelten sich Entschlossene in „Auroville", der Stadt des Zukunftsmenschen, die einst von Sri Aurobindo gegründet worden war. Im amerikanischen Tennessee sammelten sich Spät-Hippies, um bewußtes Leben in der von ihnen bezeichneten „Farm" zu realisieren; und in dem sonst eher konservativen Österreich gründeten Gläubige des spirituellen Aufbruchs die ökologische Landkommune „Licht-Heimat" in der Nähe von Dornbirn. Selbst in Neu-Mexiko versuchte eine Gemeinschaft mit dem Namen „Lama-Foundation" die botanisch-geistige Gelassenheit mit amerikanischem Fortschrittsglauben zu verwirklichen.

In dieser Welt der Renaissance fernöstlicher Mystik, himmelsstrebender Esoterik oder spiritueller Persönlichkeitserfahrungen in Yoga-Kursen, transzendentaler Meditation oder spiritistischer Gemeinschaften in Deutschland, in der Schweiz, in Holland und in Amerika startete der amerikanische Psychologe Abraham Maslow die „human potential"-Bewegung. Nun kehrten sich nicht mehr nur ein paar junge Sucher nach innen, sondern etablierte Kreise der westlichen Gesellschaft hielten es zunehmend für geboten, das spirituelle Erwachen zu einer Erlösungsphilosophie aus westlichen Sackgassen hoffähig zu machen. Der Mensch sollte zur Selbstverwirklichung fähig werden.

Eine neue Phase des modernen Narzißmus begann. Nicht mehr der Mitmensch, der andere, der Partner war notwendig, um im Leben zu wachsen, ganz zu schweigen von Gott. Durch eigene Anstrengung, durch das Durcharbeiten der eigenen Vergangenheit konnte sich der Mensch, wie einst Münchhausen, am eigenen Schopfe aus dem Sumpf ins Glück ziehen.

Die körperorientierten Therapieformen der Sexualtherapeuten Reich und Adler, die ihrerseits wieder auf die libidinösen Aussagen Freuds zurückgriffen, hielten die Sexualität für den Schlüssel zur Befreiung eines Menschen. Demzufolge war die sexuelle Verklemmung Ursache allen zivilisierten Leids.

An der Westküste Kaliforniens gründeten Michael Murphy und Richard Price das Esalen-Centrum, eines der ersten sogenannten Growth-Centers, die die von Fritz Perls entwickelte Gestalttherapie und die von Alexander Lowen entwickelte Bioenergetik umsetzten. Später gesellte sich zu ihnen Stanislav Groff, der durch LSD-Therapien bekannt geworden war. Ihr gemeinsamer Ausgangspunkt war die Einsicht, daß sich emotionale oder sexuelle Probleme als Körperverspannungen erkennen ließen. Therapie mußte also nichts anderes mehr tun, als jene Körperblocks aufzuspüren und sie mit bestimmten Techniken aufzulösen.

Damit war in den USA, als dem Land des „Instant Coffee", der „Instant Suppe" nun die „Instant Therapie" geboren. Durch rhythmisches Atmen oder extreme Körperübungen sollten die Körperblocks aufgebrochen werden, die damit verbundenen Schmerzen durch den „Urschrei" (Arthur Janov) oder hemmungsloses Weinen herausgelassen werden. Ziel war ein neues Körperbewußtsein, ein durchlässiges Erleben der Energie, die ungehindert von Kopf bis Fuß fließen sollte. Verkrampfungen und psychische Knoten sollten ebenso direkt angegangen werden wie der Persönlichkeitspanzer, wie Wilhelm Reich ihn nannte, damit das seelige Harmoniegefühl zwischen Geist, Leib und Seele wiederhergestellt werden konnte.

Gurus wie Rajneesh folgten diesem Trend und Rajneesh machte zudem Anleihen bei dem russischen Okkultisten Georgij Iwanowitsch Gurdjieff, der in den zwanziger Jahren in Europa große Anhängerscharen hinter sich her zog und herausgefunden hatte, wie Menschen so geschickt zu quälen sind, daß sie sich dabei auch noch glücklich fühlen.

Kernsatz des 1949 in Paris verstorbenen Wunderheilers: „Man muß eines Menschen Verstand gnadenlos durcheinanderschütteln." Er entwickelte dazu in Anlehnung an Sufi-Traditionen bestimmte Tanzübungen, die eher mit dem Veits-Tanz zu vergleichen sind. Allen Apologeten des New-Age-Humanismus war jene Denkrichtung gemeinsam, die wir auch bei Rajneesh finden. Allein die westliche Erziehung sei schuld an Neurosen, Schizophrenien oder sonstigen seelischen oder psychischen Abartigkeiten, da ja die Erziehung lediglich zum Funktionieren in der Gesellschaft hin orientiert sei und die Gefühle, die authentischen Äußerungen eines Menschen, unterdrückt. Auch sie meinten, daß durch schreiende Abreaktionen verdrängter Wut die Bahn freigemacht wird zum wahren Zentrum der eigenen Person.

Rajneesh nahm auch diese neuen Techniken in sein Repertoire auf. Er wollte sich nun, wie er selbst sagte, „zum Guru des weißen Mannes machen". Der Westen ebnete ihm den Weg.

In Indien bahnte ihm Laxmi die Straße. Eine Frau von 154 Zentimeter, mit dem Körper einer 13jährigen, intelligent, mit Organisationstalent, starkem Willen, „eine Manipulatorin und eine Traumverwirklicherin".[60]

Dieses verwöhnte Kind reicher Eltern hatte eine „schalkhafte und eigensinnige Persönlichkeit".[61] Ihre Liebesbeziehung zu Rajneesh wurde seit dem Sommercamp 1964 symbiotisch. Laxmi sagte, daß sie seither selbst verschwunden sei und sich völlig mit ihm eins fühle. Von nun an sprach sie nur noch per „wir". Sie gab die Order, die den Erleuchtungsexpreß des Rajneesh zum Fahren brachte.

Seit sie Rajneesh getroffen hatte, trug Laxmi hauptsächlich orange und rot. Diese Farben wurden dann später die Farben der Sannyasins. Ihre Liebe zu Rajneesh war so stark, daß sie ihn als Foto in einem kleinen Anhänger um den Hals trug. Die Mala, die Kette der 108 Holzperlen, an der in einem runden holzeingefaßten Amulett Rajneesh zu sehen war, war geboren. War Rajneesh für Laxmi der neue Übervater, in dem sie sich total verlieren konnte, wurde Laxmi für Rajneesh die Managerin seines Erfolges. Sie sorgte dafür, daß Rajneesh von nun an weder Geldsorgen noch Mangel an Bewunderern hatte.

In Ehrfurcht und Bewunderung war sie ihm von nun an total gehorsam. Selbst als „Versuchskaninchen"[62] hatte sie ihm gedient. Mit ihr gelang Rajneesh bei dem ersten Versuch seiner Meditation ein totaler Erfolg. Ein Mensch wie Laxmi schmiß ihr Leben hin und diente von nun an nur noch dem großen Meister. „Bhagwan der Spiegel", wie sie sagte, wurde von ihr zu einem Markenartikel entwickelt.

Die Schüler, die sie zunächst in Indien und dann in aller Welt sammelte, wurden gleichzeitig Wohltäter, wie sie selbst sagte, denn von nun an trugen sie zum wachsenden Reichtum des spirituellen Imperiums bei. Für den armen Rajneesh war die reiche Laxmi das „alter ego".

Zuerst lebte er im Haus der Eltern Laxmis, später in einem Bombayer Appartement im IV. Stock. Es war bald zu klein. Also besorgte Laxmi in Woodland, einer Gegend reicher Leute, ein größeres Appartement im Erdgeschoß, in dem sich bis zu 50 Jünger versammeln konnten. Der stets unter Minderwertigkeitskomplexen leidende Rajneesh fand in Laxmi die Macherin. Sie machte ihn zu einer gottähnlichen Kultfigur.

Rajneesh konnte nun ein Universum für sich selbst aufbauen.[63] Der Mann, dessen Leben sich ihm kurz zuvor noch so darstellte:

- „Mein Leben war voller Spannung, Unsicherheiten und Gefahren . . ., so daß die Leute glaubten, daß ich verrückt werden könnte."
- „Oft erwachte ich nachts von einem Traum, ich schwitzte wahnsinnig, ich fiel endlos tief, es gab keinen Grund, auch keinen Platz sich auszuruhen."
- „Ich war nie in der Lage, irgend jemandes anderen Gedanken anzuerkennen."
- „Ein religiöser Mensch kann niemals seine Botschaft aufschreiben. Er kann auch nicht das beschreiben, wie er sein Ziel erreicht hat."[64]

Der Mann hatte einen neuen Markt gefunden. Ende 1969 gab er seine öffentlichen Reden über Sexualität, orthodoxen Hinduismus („Aberglaube") und Sozialismus auf.

Rajneesh, der angab, mit Millionen von Menschen in seinem Land gesprochen zu haben und in 15 Jahren Missionsarbeit kreuz und quer durch sein Land gereist zu sein[65], verließ schließlich Jabalpur und damit seine indische Gemeinde, um am 1. Juli 1970 ganz nach Bombay überzusiedeln.

Er sah, daß es keinen Sinn hatte, in Indien Mahatma Gandhi („keine Ahnung von Meditation") und seine Lehren zu bekämpfen. Er mußte erfahren, daß seine Vorschläge gegen die Bevölkerungsexplosion und seine Fürsprache für Methoden der Geburtenkontrolle nicht akzeptiert wurden. Er scheiterte auch mit Aufforderungen an seine Landsleute, nicht „die Armut zu verherrlichen, weil man sonst arm bleiben wird."[66]

Rajneesh hatte den Indern nahebringen wollen, daß „Religion eine Kunst sei, die aufzeigt, wie schön das Leben sein kann". Vergeblich riet er seinen Landsleuten, „sich des Lebens, der Welt in ihrer ganzen Fülle zu erfreuen".[67]

Den Knockout versetzte ihm schließlich die Regierung von Gujarat, dem Heimatstaat Mahatma Gandhis. Sie zog eine Schenkung über 600 Morgen Land für seinen Ashram an Rajneesh zurück, als dieser in einem Vortrag über „Liebe“ die Sexualität mit Göttlichkeit gleichsetzte.

Der ewige Rebell wurde zum Feind seiner Klientel, der reichen konservativen Geschäftsleute. Rajneesh schaltete schnell um. Zusammen mit Laxmi entwickelte er einen Plan, zahlungskräftige Heilssucher aus dem Westen mit seinen Erleuchtungsideen zu beglücken.

Die Neo Sannyas-Bewegung

Der Aufbruch der Jugend im Westen

Ohnmacht gegenüber gesellschaftlichen Institutionen, der Zerfall rückwärtsgewandter Autoritäten und die mangelnde Transparenz wirtschaftlicher und politischer Hierarchien schufen an westlichen Universitäten und in intellektuellen Zirkeln Ende der sechziger Jahre, vor allem in Westeuropa und den Vereinigten Staaten, ein explosives Protestpotential. Der Gestaltungswille der akademischen Jugend prallte gegen festgefügte Formen des „Establishments". Der wirtschaftliche Aufschwung, das scheinbar unbegrenzt machbare Wachstum, schien demgegenüber Machern, Mächtigen und Markteroberern Recht zu geben.

Aus dieser Ohnmacht heraus versuchte ein großer Teil der Studentengeneration eine Kehrtwendung. Die in optimierten Produktionsprozessen, in zubetonierten Trabantenstädten oder in zunehmend zweckorientierten zwischenmenschlichen Beziehungen gebeutelte Menschlichkeit wurde als Preis des Fortschritts in Frage gestellt. Wortreiche Symposien und engagierte Demonstrationen brachten genausowenig wie blumenverteilende Hippies. Andere gingen radikaler vor; sie glaubten, nur noch durch das Motto „macht kaputt, was euch kaputtmacht" einen Neuanfang herbeizubomben oder -zuschießen. Sie wurden Terroristen. Das waren keine assozialen Elemente aus gescheiterten Familienverhältnissen. Sie kamen eher aus bürgerlichen Kreisen, oft aus gut behüteten oder pietistischen Familien.

Gesamtgesellschaftliche Überlebensentwürfe wurden von den Vordenkern akademischer Institute, allen voran der „Frankfurter Schule" erarbeitet. Auf internationalem Parkett versuchten sich die OECD, der „Club of Rome" und das Hudson-Institut des amerikanischen Futuristen Hermann Kahn. Allen gemeinsam war die Erkenntnis, daß man an Grenzen gestoßen war.

- Die Welt war nicht mehr beliebig ausbeutbar, erkannten die einen, d. h. das Wachstum mußte begrenzt werden.
- Die Komplexität der Wissenschaft und Technologie hatte ein Niveau erreicht, die für den einzelnen nicht mehr faßbar ist, mutmaßten andere. War es bislang stets die Aufgabe der Philosophie, nicht nur das Menschsein, sondern auch die Ergebnisse menschlichen Schaffens und die Folgen wissenschaftlicher Erkenntnisse zu erklären, schien sie dazu nun nicht mehr in der Lage zu sein.
- Eine dritte Gruppe - unter ihnen das renommierte amerikanische Stanford Research Institute[68] - plädierte für ein neues Weltbild, und damit für eine Neudefinition der Natur des Menschen. In ihren Analysen setzten sie sich mit den Grundsätzen auseinander, die die Welt zusammenhalten sollten.

Drei Weltbilder herrschten damals wie heute vor: der säkulare Materialismus, der christlich-jüdische Theismus und der östliche Mystizismus. Diese drei Weltbilder können vereinfacht wie folgt charakterisiert werden.

1. Der säkulare Materialismus

Nur was materiell, anfaßbar, sichtbar oder greifbar ist, hat Realität. Es ist ein Weltbild, das rationalen und mechanistischen Regeln folgt. Der Erfolg eines Menschen oder einer Gesellschaft drückt sich im Materiellen aus. Das Ziel ist, so viel Materielles wie möglich anzusammeln, oder die Macht über möglichst viel Materielles und die dazu notwendigen Produktionsfaktoren zu haben.

Jegliche Vorstellung oder Wertschätzung von immateriellen, irrationalen, spirituellen oder geistigen Inhalten wird als Gefährdung, als Verirrung des Menschen bezeichnet. Extreme Fälle des säkularen Materialismus sind ein Kapitalismus in Reinkultur oder der staatskapitalistische Kommunismus. Beide definieren sich ausschließlich durch Materielles. Der Mensch hat lediglich die Funktion eines

Produktionsfaktors, der in Mark und Pfennig aufgewogen werden kann.

Dieser Mensch hat nach Marx hierbei die Möglichkeit, seine eigene Bedeutung nicht nur durch das Erkennen von Machtstrukturen zu ermessen. Er soll auch erkennen, daß seine Fähigkeiten, und vor allen Dingen seine meßbare Arbeitskraft allein, das Maß aller Dinge ist. Der säkulare Materialismus lehnt jenseitige oder spirituelle Perspektiven ab. Ohne Bedeutung sind letztlich auch solche menschlichen Regungen wie Freude, Glück, Schmerz oder Trauer. Alles muß zählbar oder meßbar sein, muß einer vorgegebenen strukturierten Kontrolle unterliegen können.

2. Der christlich-jüdische Theismus

Im christlich-jüdischen Theismus herrscht eine Dualität. Gott ist der Schöpfer der ganzen Welt, der Menschen, der Tiere und all dem, was zur Schöpfung gehört. Der Mensch ist das Geschöpf, das zwar zu seinem Schöpfer in eine Beziehung treten kann, das aber nicht selbst Gott werden kann. In dieser Beziehung zwischen Schöpfer und Geschöpf erfährt der Mensch seine Bestimmung, seine Identität und somit das Leben.

Aufgabe dieses Lebens ist es, die Erde, in die dieser Mensch hineingeboren ist, urbar zu machen, zu pflegen und zu erhalten. Die Arbeit erfolgt in der Gemeinschaft, in der Beziehung von Menschen, die aufeinander angewiesen sind. Da die Beziehung zwischen Mensch und Gott in der Geschichte immer wieder abgerissen ist, setzte Gott immer wieder Mittler, wie Abraham, Isaak, Jakob, Moses und die Propheten ein. Gott suchte stets aufs neue eine Brücke zu schlagen zwischen ihm und seiner Schöpfung. Schließlich wurde Gott selbst Mensch und Mittler in einem. Er versöhnte durch sein Menschwerden die Menschheit endgültig mit ihm und erlöste damit den Menschen aus seiner selbstgewählten Isolation.

Ziel des Lebens ist das Leben in der Gemeinschaft, in

der Mitmenschlichkeit das oberste Gebot ist. Menschsein ist in diesem Weltbild nur durch andere Menschen erfahrbar. Ein allein auf einer Insel lebnder Mensch kann nicht wissen, was es bedeutet, ein Mensch zu sein.

3. Der östliche Mystizismus

Im östlichen Mystizismus ist der Urgrund allen Seins der Kosmos, die göttliche Energie, das Nirwana oder Brahman. Es ist eine Urenergie, die Gott vergleichbar aber unpersönlich ist. Alle Manifestationen dieser Energie tragen die Sehnsucht, zum Urgrund zurückzukehren. Der Mensch, Tiere, Pflanzen und die sonstige sichtbare Welt sind in diesem Weltbild Manifestation dieser kosmischen Energie. Sie alle sind auf der Erde, um sich durch mehrere Leben (Reinkarnation) auf den Weg zurück vorzubereiten. Das Schicksal des Menschen, sein Karma, ist durch sein Vorleben bestimmt. Durch eigene Anstrengung muß der Mensch dieses Karma solange abarbeiten, bis er ein für allemal das Rad des Lebens (der Reinkarnation oder dem stetigen Wiederkommen) verlassen kann.

Das Ziel dieses Lebens ist also, Bedingungen zu schaffen, um nicht wieder auf die Welt zu kommen. Der Schlüssel zu diesem „Weg ohne Wiederkehr" ist die Loslösung von allem Irdischen bis hin zum bewußten Sterben. Das heißt, der Mensch muß sich zuerst von weltlichen Bezügen trennen und dann lernen, seinen eigenen Tod vorzubereiten, um ihn dann „als Zeuge" zu erleben.

Der östliche Mystizismus war letztlich immer eine lebensfeindliche Weltanschauung, da dieses Leben tatsächlich nur als Quelle des Leidens gesehen wird. So wird auch die irdische Wirklichkeit nicht als die eigentliche Lebenswirklichkeit betrachtet, sondern als Durchgangsstation auf dem Weg zur Erleuchtung, d. h. einszuwerden mit der göttlichen Energie, als Tropfen im kosmischen Ozean zu verschwinden.

Diese drei Weltbilder sind trotz ihrer unterschiedlichen

Fundamente, Ziele und Inhalte immer wieder Koalitionen miteinander eingegangen, allerdings ohne Erfolg. So bekam es der christlichen Kirche genausowenig, gleichzeitig als Wirtschaftsunternehmen aufzutreten, wie es in strenggläubig fernöstlichen Kulturen nie gelang, den Hoffnungscharakter des Evangeliums oder das Wohlstandsdenken des Kapitalismus zu etablieren.

Diesmal ging es freilich um mehr. Einst gültige Grundwerte oder allgemein anerkannte ethische Grundprinzipien schienen ebensowenig zu greifen, wie aus Vergangenheitsanalysen fortgeschriebene Prognosen. Es war in der Geschichte der Menschheit nicht das erste Mal, daß ein Erklärungs- und/oder Wertvakuum entstand.

In diesem Erklärungsvakuum wird der Mensch entweder, wie wir von Werner Heisenberg, Carl-Friedrich von Weizsäcker oder Albert Einstein wissen, der nichtbegreifbaren Größe von Gott gewahr, oder er schafft sich ein eigenes Erklärungsmodell von Leben und Sein, vom Menschen schlechthin.

Die Formel Friedrich Nietzsches, daß „Gott tot" sei, wurde wiederentdeckt. Wenn schon die Alternative „mit Gott" nicht mehr tragbar war, hatte das menschliche Gehirn ausreichende Optionen entwickelt, die Welt sich selbst zu erklären. War im Descartschen Weltbild die Kernfrage: „Was kann man wissen?" stellte sich Ende der sechziger Jahre die Frage: „Was kann man machen?" So wurde also die Machbarkeit als neues Kriterium der Wahrheit begriffen. Als richtig wurde das erklärt, was machbar ist und funktioniert.

Der Mensch wurde zum Produzenten seiner eigenen Zukunft, und zwar nicht nur aus der Not, an alle Grenzen gestoßen zu sein, sondern auch aus der in der Geschichte so oft gehegten Sehnsucht nach seiner eigenen Unendlichkeit.

Eine Neuauflage der Evolutionstheorie war geboren. Hatte sich der Mensch – nach dieser Theorie – in einer ständigen Entwicklung Schritt für Schritt von seiner animalischen Einfachheit zu einer immer intelligenteren und perfektionierteren Lebensweise hochgehangelt, schien es nur logisch, daß er nun auch noch kosmische Dimensionen erreichen kann. Der Mensch hatte sich lediglich einer neuen Metamorphose zu unterziehen, hatte ein neues Bewußtsein zu erreichen, um das Weltall, den Kosmos nicht mehr nur zu verstehen, sondern auch in den Griff zu bekommen.

Ein neuer Humanismus, diesmal ein „kosmischer Humanismus“ mußte entworfen werden. Nun ging es nicht mehr um die Forderung: „Alle Macht den Räten!“, sondern um „alle Macht den Seelen“. Der Schritt von der humanistischen Selbstverwirklichung zur kosmischen Selbsterklärung des Menschen war folgerichtig.

Der detaillierte Ansatz, wie dieser „neue Mensch“ auszusehen hat, wird in einer Stanford-Studie auf 300 Seiten ausgebreitet. Danach soll der Mensch der Zukunft nach folgendem Strickmuster gestaltet sein:[69]

Er muß:

1. von einer *ganzheitlichen Perspektive,* von einem alles Leben umfassenden Verständnis geleitet sein. Dies soll durch die Integration der bestehenden Weltbilder auf der Ebene des größten gemeinsamen Nenners, der universellen Einheit, erreicht werden.
2. einer *ökologischen Ethik* folgen. Diese Ethik ist der Einheit der menschlichen Rassen verpflichtet, einer Einheits-Gemeinschaft, die sich als Partner und gleichzeitig als Teil der Natur versteht.
3. zu einer *evolutionären Entwicklung* seines Selbst bereit sein. Diese Selbstverwirklichung soll alle in Individuen schlummernden Fähigkeiten wecken und fördern. Die Individuen sollen dann, wie Zellen im Organismus, eine symbiotische Einheit mit der Gemeinschaft herstellen.
4. ein *neues Bewußtsein* erreichen, das auf verschiedenen Ebenen, in verschiedenen Dimensionen und in verschiedenen Kulturen gleichzeitig zu Hause ist und funktionieren kann.
5. verstehen, daß es in einem ökologisch geordneten Kosmos *keine einseitigen Bedürfnisse* des Menschen

als Priorität geben kann; und er muß akzeptieren lernen, seine egoistischen Bedürfnisse auf eine höhere und damit der Gemeinschaft eher dienliche Stufe zu transformieren. Mit anderen Worten, die Gemeinschaft entscheidet, welche Bedürfnisse dem einzelnen zugestanden werden können.

6. ein *experimentierfreudiger, offenherziger und entwicklungsbereiter Zeitgenosse* sein. Er muß vor allem die Alternative zur Revolution erlernen. Sie heißt „innere Revolution". Danach sind wirkliche Veränderungen auf dieser Welt nur durch die Einsicht und Bereitschaft der Menschen zur inneren Transformation zu erreichen.

Wir haben es Rajneesh, Lafayette Ron Hubbard (Begründer der Scientology) und Sun Myung Moon zu danken, daß wir Systeme solchen Geistes studieren können. Sie pervertierten in der Praxis den einst weltweit anerkannten Humanismus, der als kleinster gemeinsamer Nenner menschliches Zusammenleben auf der Welt ermöglichte, in einen weltweit zu verordnenden „kosmischen Humanismus".

Die geschichtliche Bedeutung des Humanismus lag in der Kunst, die Fähigkeiten, die einem Menschen gegeben waren, zu erlernen, zu beherrschen und zu benutzen. Der Angelpunkt war immer die Gemeinschaft, in die diese Fähigkeiten eingebracht werden mußten, weil ja der Mensch nur in der Gemeinschaft sich wiederfinden konnte.

Sprache also war das Bindeglied: die Kunst der Sprache und die von Cicero beschworenen rhetorischen Fähigkeiten. Mit Sprache konnten – in Verbindung mit Wissen, Lernen von historischen Bezügen und ethischen Grundprinzipien – die für die Gemeinschaft überlebensnotwendigen Brücken geschlagen werden. Keine Philosophie, so wußte man in allen Kulturen, konnte ohne klar definierte Fundamente, ohne ein klares Bild vom Menschen und ohne ein klares Weltbild jemals entwickelt werden. Philosophie war stets der Versuch, aus dem Vergangenen zu lernen und durch die Analyse der Vergangenheit Prognosen und Zielvorstellungen kritisch und historisch zu entwickeln, die Welt und ihre Bedingungen, Gesetzlichkeiten und Zusammenhänge zu erklären. Weil sich die Welt nun aber diese philosophischen Traditionen angeblich nicht mehr leisten konnte, verschrieben ihnen Leute wie Rajneesh, wie die Welt von morgen und der Mensch von morgen auszusehen hat.

Die Stanford-Forscher sagten Krisen bei der Entstehung des neuen Menschenbildes voraus. Es sei ja schließlich auch keine Lappalie, den Quantensprung in eine andere Dimension zu vollziehen. „Wenn wir erst erkannt haben, daß wir alle Gott sind, wird der Sinn menschlichen Lebens darin bestehen, unsere uns eigene Göttlichkeit wieder zu entdecken.“[70] Rajneeshs Bewegung ist ein Beispiel, wie dieser „kosmische Humanismus“ funktioniert.

Die kosmische Einheitslehre des Rajneesh

Rajneesh war nun nicht mehr gegen alles, sondern für alles. Er mischte sich einen spirituellen Cocktail aus den Religionen dieser Welt zusammen. Nun predigte er seinen Jüngern, „daß alle Religionen in ihrer jeweiligen typischen Individualität für mich akzeptabel sind“[71]. Rajneesh erläuterte ihnen, daß alle Religionen, obwohl sie getrennt marschieren, im tiefsten Urgrund eins sind, auch eins „in ihrer harmonischen Entwicklung zu dem einen Ziel hin“[72].

Für diese kosmische Einheitslehre benutzte er folgende Quellen:

1. Seinen Monismus, d. h. die Annahme einer Einheit, eines einzigen Prinzips als der Grundlage allen Seins, entnahm er den Upanishaden. Dort heißt es, daß das Selbst eines Menschen Teil des universellen Selbst ist, Brahman genannt. „Wenn wir unser eigenes Selbst kennen, d. h. wenn wir unser Selbst realisieren, wissen wir, was Wahrheit ist“, so heißt es dort. „Diese Seele in meinem Herzen, das ist Brahman“, sagen die Upanishaden. Rajneesh hatte eine Erklärung gefun-

den, wie seine ihm selbst verlorengegangene Identität in einer religiösen universellen Einheit zu finden war.

2. Von Georg Iwanowitsch Gurdjeff, dem russischen, 1865 in Kleinasien geborenen Okkultisten, bezog Rajneesh die Einsicht, daß der Mensch ignorant, nicht erweckt und nicht erleuchtet sei. Gurdjeff nahm den Menschen als eine Maschine wahr, die mit sich selbst im Konflikt liegt. Der denkende Geist sei im Krieg mit der fühlenden Erfahrung, meinte Gurdjeff. Er war ein Suchender, der in Tibet magische Fähigkeiten und Kenntnisse erworben haben will und glaubte, daß des Menschen Rettung in einer universellen Gefühlseinheit liege.

3. Die Vorstellung von der inneren Leere eines Menschen bezog Rajneesh aus dem Zen-Buddhismus, insbesondere aus den Büchern von D. T. Suzuki, einem japanischen Zen-Meister. Zen will eigentlich die Sehnsüchte eines Menschen und seines Bewußtseins zurückdrängen, damit er Demut üben und erkennen kann, daß das Leben Leiden ist. Zen will nicht erfahren, sondern vielmehr die eigentliche Erfahrung vermitteln, daß man nichts erfahren muß. Deshalb spricht Zen von der Notwendigkeit, „Achtsamkeit zu üben".

   Die Grundlage von Zen ist eine Wirklichkeit, die nur durch Meditation erfahren werden kann. Nur durch Meditation ist Allsein in einem Allsinn erlebbar. Deswegen ist Zen dem westlichen Verstand kaum zugänglich. Individualität oder Persönlichkeit sind dem Zen-Buddhismus fremd. Fremd sind ihm auch Menschen, die Beziehungen brauchen, in denen Liebe das Bindeglied ist.

4. Rajneeshs Haß gegenüber allem Konventionellen und Orthodoxen und sein Plädoyer für Spontaneität und Freiheit gehen auf die Lehren des 1895 in Indien

geborenen Jiddu Krishnamurti zurück. Er ist der einzige indische Meister, den Rajneesh respektierte.

5. Seine Lehre vom befreienden und selbst zur Erleuchtung führenden Sex entlehnte sich Rajneesh vom Tantrismus. Tantra lehrt sexuell magische Riten für die Vereinigung von Mann und Frau. Aus ihnen soll die Erkenntnis wachsen, daß gut und böse lediglich die zwei Seiten einer Medaille seien und letztlich von einem Ursprung stammen. Das Ziel ist, die sexuelle Kraft eines Menschen, auch Kundalinienergie genannt, zu wecken, und sie durch das Rückgrat in das menschliche Gehirn zu leiten. Dadurch soll eine Explosion im menschlichen Gehirn entstehen, die als Erleuchtung erlebt wird. Anleihen in freier Sexualität machte Rajneesh auch bei den körperorientierten westlichen Psychologen, wie Adler und Reich.

6. Die vielen Parabeln in den Vorlesungen Rajneeshs stammen aus chinesisch-buddhistischen Schriften, indischen Sagen und den Evangelien der Bibel.

7. Rajneeshs Einschätzung der politischen und ökonomischen Situation des heutigen Indien basierten im wesentlichen auf den Schriften von Arthur Koestler.

Die einzige Konsequenz seiner Philosophie ist die Inkonsequenz. „Glaube nicht daran, was ich gerade gesagt habe“, so Rajneesh. Er will nicht beim Wort genommen werden, und er will sich widersprechen können. „Was ich hier tue ist absurd, ist nicht logisch“[73], so entschuldigt sich der Gefühlsmystiker, um wenig später zu der Schlußfolgerung zu kommen, daß die Antworten auf alle Fragen beim Guru zu finden sind.

Damit propagierte Rajneesh eigentlich keinen neuen Lebensentwurf für andere. Er zimmerte vielmehr eine Überlebensphilosophie für sich selbst zusammen. Die Liebesbeziehung zwischen Meister und Schüler hatte so auszusehen: „Lade mich als Gast in dein Leben ein. Schritt für

Schritt übernehme ich dein Leben, du als Gastgeber wirst verschwinden, und ich kann meine Arbeit tun."

Damit das ganze Unternehmen nicht so eindeutig nach Ausbeutung aussehen sollte, deklarierte Rajneesh sein „Erleuchtungs-Unternehmen" als Spiel. Der „Spieler" (Rajneesh) fand zu seinem eigenen Erstaunen schnell viele Mit-Spieler und sich damit am Ziel seiner jugendlichen Sehnsüchte. Nun sah er sich in der historischen Reihe „lebender Meister". Er sah sich als ein Buddha oder Jesus. Er glaubte sich im Besitz der absoluten Wahrheit - „was ich sage, ist ewige Wahrheit"[74] - und forderte von seinen Sannyasins totale Hingabe. Wer sein Jünger werden wollte, mußte die letzte Entscheidung seines Lebens treffen - und für Rajneesh ganz und gar da sein.

Sannyas, so machte Rajneesh sehr klar, hatte nichts mit der Welt zu tun, sondern nur mit dem „kosmischen Selbst". Der Lohn war diese „Selbst"-Erkenntnis. Deswegen forderte er von seinen Jüngern, sie sollten die Illusion ihres bisherigen Lebens aufgeben. Diese Selbstaufgabe verbrämte er mit der aus spirituellen Gründen notwendigen Reinigung. „Alle Schichten menschlicher Einsicht und menschlichen Wissens müssen verschwinden."[75]

Konsequenterweise begrüßte er seine Schüler mit den Worten, daß sie nichts sind, eine „nonidentity"[76], verstandeslose und egolose Wesen.

Der ehemalige „Stern"-Reporter Jörg Andres Elten faßte das so zusammen: „Um Erleuchtung zu erreichen, muß also psychisch reiner Tisch gemacht werden."[77] „Um die Wahrheit zu finden, muß man seine Identität verlieren, muß man aufhören zu sein", heißt das im Rajneesh-Klartext[78]. Das zu betretende Neuland annoncierte Rajneesh als „ein großes Chaos, genauso wie die Welt, als sie vor der Schöpfung noch keine Form hatte"[79].

Seine Bewegung, seinen Ashram bezeichnete er als ein Laboratorium, in dem für diesen neuen, im Unbewußten Zuhause seienden Menschen geforscht werden konnte.

Die Formierung der ersten Gemeinde

Rajneesh sprach seit 1970 nun hauptsächlich zu westlichen Indienpilgern. Diese Gruppe bestand nach den Beobachtungen von Jörg Andres Elten zu rund 80 Prozent aus Drogenkonsumenten. Ihnen riet Rajneesh zunächst einmal, „nicht mehr zu beten“[80], „da es lediglich eine vaterorientierte oder autoritätsorientierte Übung sei, die aus Furcht geboren ist und Furcht begründet.“

Rajneesh verwies seine Schüler zweitens darauf, daß sich das „Unbewußte nicht den Gedanken erschließt, sondern nur der Beobachtung“[81].

Die in anderthalbstündigen Morgenvorträgen verfaßten Lebensregeln wurden nachmittags in Meditationsübungen erprobt. Der Meister selbst wies die Teilnehmer mit viel Überredungskunst in seine selbstgebastelten Meditationstechniken ein. Er versprach: „Beobachten, diese Aufmerksamkeit des Beobachtens führt euch schrittweise zum Frieden.“[82] Rajneesh übte mit seinen Schülern die Identifikation mit dem „Zeugen“, mit diesem gedachten, vom Körper losgelösten Zeugen ein, der allein das tief schlummernde wahre Wesen des Menschen erkennen könne.

Rajneesh bot den konfliktgebeutelten Westlern Erleichterung. Sie sollten nicht nur sich und ihre Erwartungen an das Leben („Ursache für Pessimismus, Depressionen und Frustationen“), sondern auch ihre ungelösten Konflikte und Widersprüche gleich mit über Bord werfen. Sein Ziel war die „meditative“ Hinführung der Menschen zur Gedankenlosigkeit: „Um aber ein für alle Mal die Gedanken bei der Wurzel auszureißen, müssen wir eine Geburtenkontrolle ausüben, die äußerste Destruktion des Denkprozesses.“[83]

Mit dieser Destruktion des Denkprozesses koppelte Rajneesh seine Anhänger von der Verbindung des Denkens mit der Erfahrung ab. Üblicherweise verarbeitet ein Mensch seine Erfahrungen durch Nach-Denken oder Selbst-Reflektion. Durch dieses Denken erhalten diese Erfahrungen eine Struktur. Denken dient so als Ordnungsfaktor und als Orientierung für den Menschen, aus dem Erfahrenen zu lernen und daraus für die Gegenwart und Zukunft Schlüsse zu ziehen. Dies wird gemeinhin als erstrebenswerte menschliche Tugend angesehen.

Ganz anders bei Rajneesh. Er entwickelte die „Dynamische Meditation“ als Mittel der Geburtenkontrolle für die Gedanken. Sie besteht aus Elementen des Yoga, des Sufismus und der Rebirthing-Methode des amerikanischen Psychologen Artur Janov. Es ist eine hektische Meditationsform, die durch Hyperventilation[84] den chemischen Haushalt des Körpers verändert und so vernebelte, vom Körper losgelöste Bewußtseinszustände erzeugt.

Die Mehrzahl der Anhänger von Rajneesh kannten diese unnatürlich erzeugten Bewußtseinszustände von ihren Drogenerfahrungen. Nun konnten sie die körperzerstörende chemische Droge durch eine nichtchemische Droge ersetzen.

Rajneesh machte diesen ausgestiegenen Intellektuellen der sechziger Ära von vornherein klar, daß „Diskutieren sinnlos ist“. Nun sollte es nicht mehr um nächtelange Diskussionen, nicht mehr um den Wettstreit über weltverbessernde Pläne gehen, jetzt ging es um die eigene Göttlichkeit, „du als Gott“[85].

Nachdem Laxmi schon 1964 diesen induzierten Schritt in den Wahnsinn erlebt hatte, geschah dies erneut in einem Meditationscamp zwischen dem 25. September und 4. Oktober 1970 in Manauli, einem zauberhaften Erholungsort in einem Himalaya-Tal. Sechs westliche Sucher erlebten den gleichen Etikettenschwindel und hielten die durch die Rajneesh-Meditation bewirkte Verrücktheit ebenfalls für eine spirituelle Qualität. Sie wurden nach Laxmi die nächsten Nachfolger.

Die Neo-Sannyas International Movement war geboren. Rajneesh hoffte nun, ein weltweites spirituelles Erwachen einzuleiten. Er verkündete, daß er „alle Unterschiede und Trennungen der Rasse, Nation, Kaste, Glaube und Religion aufheben“ werde, um „eine weltweite Familie derer zu begründen, die auf der Suche nach ihrer inneren Umwandlung sind“[86]. Seine Schüler sollten eine „radikale Wende“[87] vollziehen. Sie sollten „Menschen ohne Charakter werden“[88]. Dazu mußten sie sich von ihm in seine Neo-Sannyas-Bewegung initiieren lassen. Dies war mit folgenden Konsequenzen verbunden:

1. Die Änderung des Namens. Die Männer hießen von nun an Swami, die Frauen Ma, mit je zwei weiteren Namenszusätzen aus dem Sanskrit.
2. Das Tragen der Mala, einer Kette aus 108 Holzperlen, Symbol für die 108 Meditationstechniken, mit dem Bild des Meisters in einem Holzmedaillon.
3. Das Tragen von orangeroter oder ockerfarbener Roben. Ihnen gab Rajneesh die Bedeutung des Sonnenaufgangs.
4. Dem täglichen einstündigen Meditieren.

Rajneesh setzte sehr radikal auch seine Philosophie in praktische Handlungsanweisungen um. Er verlangte von seinen Jüngern die Zerstörung sämtlicher Bindungen an die alte Person und an andere Menschen: „Erst wenn alle diese Identifizierungen gebrochen sind, wirst du erfahren können, wer du bist: das Undefinierbare, das Namenlose, das Gestaltlose“[89].

In Briefen an seine ersten Sannyasins schrieb er nicht minder klar:

- An Ma Yoga Bhakti in New York am 27.10.1970, daß ihr Wille ihr nur im Wege sei, daß immer wenn sie ihren Verstand benutze, Skepsis und damit Konflikte entstehen würden. Sie solle sich vielmehr ihrer eigenen inneren Natur zuwenden[90].

Rajneesh liebäugelte gleichzeitig noch mit Anerkennungsgelüsten. So schrieb er ihr in einem PS, daß er nach den Vereinigten Staaten kommen würde, wenn Ma Yoga Bhakti ihn rufen sollte.

- An Ma Ananda Prema am 27.11.1970, daß er auf sie täglich warte, sie solle also nicht zögern und den großen Sprung machen, da „die Tür zum Göttlichen offen ist“[91].

- An Ma Atmananda in New York am 27.1.1971, daß sie zunächst in ihre tiefsten Schichten des Unbewußten vordringen müsse, bevor eine Veränderung ihrer Persönlichkeit möglich sei[92].

- An Bhakti am 25.2.1971, daß seine Meditation „endgültig den Selbstmord des Verstandes bedeute“[93].

- Einem Swami mit dem Namen Krishna Christ in New York am 14.4.1971: „Du bist ein Nichts, sei dir dessen bewußt, daß du weder ein Swami, noch ein Krishna, noch ein Christ bist.“[94]

- Einer Mrs. Kusum in Ludhjana in Punjab, Indien, am 17.4.1971, daß „das Leben jeden Moment dem Tod zusteuere“[95]. Es sei daher wichtig, sich des Todes bewußt zu sein, dann könne der Tod überwunden werden, der Tod als Höhepunkt des Lebens akzeptiert werden.

Diese Fähigkeit, den Tod zu transzendieren, nannte Rajneesh die „göttliche Trunkenheit“[96]. Da wahres Leben zeitlos sei, könne die Überwindung von Zeit und Raum nur durch die endgültige Transzendierung des Todes erreicht werden. „Ein Sannyasin zu sein, heißt meinen Kuß zuzulassen. Es ist ein Todeskuß“, ließ Rajneesh die Jünger wissen.

Der Durchbruch

Rajneesh hatte mit solchen lebensverneinenden Endlösungen vor allem bei Frauen Erfolg. Selbst seine Mutter verfiel den Lehren ihres Sohnes im Januar 1971 und erhielt den Namen Ma Amrit Saraswati. Sie erkannte, „daß er Gott ist“[97].

Wenig später initiierte Rajneesh die Engländerin Christine Woolf aus Frankfurt am Main als die Inkarnation seiner früheren Freundin Shashi. Sie starb 1947 und hatte ihm auf dem Totenbett versprochen, zurückzukommen. Jetzt heißt sie Ma Yoga Vivek und ist seine Gefährtin bis zum heutigen Tag.

Und so geschah diese Neugeburt: Christine Woolf nahm 1971 an einem Meditationscamp in Mount Abu teil. Erst hatte sie Probleme mit dem chaotischen Atmen bei der „Dynamischen Meditation“. Doch der Meister rief sie, legte seinen „göttlichen“ Arm um ihre Schulter und verhieß ihr: „Du wirst mit mir leben.“ Bei Christine machte es, nach eigenen Angaben in diesem Augenblick „Klick“. Also erzählte Rajneesh von ihrem früheren gemeinsamen Leben in Gadarwara, von dem Haus, das direkt neben dem Tempel stand. Und seither lebt Vivek als Shashi mit ihrem „Freund von damals“. Sie lieben sich und sie kümmert sich um sein körperliches Wohlergehen, und wenn sie nicht gestorben sind ...

Doch ganz so märchenhaft schien es zwischen diesem verliebten Paar nicht immer zugegangen zu sein. Rajneesh beschrieb den Alltag mit ihr so: „Vivek ist mir so nahe, daß sie ständig am Kreuz hängt, das muß so sein. Es ist schwierig, mir derart nahe zu sein, es ist fast nicht zu ertragen.“[98]. In einer Vorlesung bekannte Rajneesh auf die Frage: Was tust du mit Vivek?: „Es ist ein Kreuz, mit mir zu leben, und die Arbeit ist hart.“[99]

Diese beiden Ereignisse, die Jüngerschaft seiner Mutter und seiner ehemaligen Geliebten, waren für Rajneesh der psychologische Durchbruch. Nun hatte Rajneesh Kontrolle über die drei wichtigsten Frauen seines Lebens, seine Mutter, seine Jugendliebe und seine Gefährtin und Managerin Laxmi.

In dieser Zeit fragten ihn seine Jünger, warum er sich Bhagwan oder Gott nennt. Rajneeshs Antwort: „Weil ich es bin – und weil ihr es seid, und weil es nichts gibt als Gott.“[100] Rajneeshs Gotteskomplex war vollends durchgebrochen. Die östliche Vaterfigur, von der so viele Philosophen des Westens schwärmten, wurde zur Wirklichkeit. Die Westler konnten nun einen Gott besuchen, mit ihm sprechen und sogar bei ihm wohnen.

Die Rekrutierung in Poona

Bald waren die Räumlichkeiten in Bombay zu klein. Täglich kamen Hunderte, um dem „Bhagwan“ zu lauschen. Die morgendlichen Meditationen mit Urschrei und lauten „Hu“-Rufen waren Anlaß zu Beschwerden aus der Nachbarschaft. Überdies hatten die neuen Jünger immer größere Schwierigkeiten bei der Zimmersuche. Einige wohnten deswegen vorübergehend auf der Kailash-Farm, nahe des Wangana-Flusses. Sie mühten sich auf der „Lebenserwekkungs“-Farm des Meisters im Ackerbau. Rajneesh wollte jetzt einen Ashram bauen, in dem er mit seinen Anhängern – von der Außenwelt abgeschieden – zusammenleben konnte. Rajneesh zeigte im feuchten Klima von Bombay überdies Anzeichen schwindender Gesundheit. Er litt unter Asthma und Allergien. So zog Rajneesh mit seiner Entourage am 21. März 1974 nach Poona um, pünktlich zu seinem 21. Erleuchtungstag.

Poona ist eine Industriestadt mit 1,1 Millionen Einwohnern. Sie liegt 180 Kilometer südöstlich von Bombay auf einem 560 Meter hohen Plateau. Die Engländer hatten sie zu einer Garnisons- und Villenstadt ausgebaut, um sich dort in trockener Hochlandluft von der feuchten Hitze Bombays zu erholen.

„Poona hat den höchsten Anteil qualifizierter industrieller Arbeitsplätze in ganz Indien. In modernen Fabrikhallen auf gepflegtem Rasen werden Fernsehgeräte und Telefonanlagen produziert. Am Stadtrand baut der Tata-Konzern Mercedes-Laster in Lizenz.“[101] Poona hat eine Universität, eine psychiatrische Klinik, eine Nervenklinik und sogar ein Goethe-Institut.

Im Koregaon Park Nr. 17 bezog Rajneesh ein Villengelände mit Palmengärten und einer Mauer darum herum. Auf dem sechs Morgen großen Grundstück versammelte Rajneesh die Getreuen, für die angeblich er vor 700 Jahren gestorben war. Ma Yoga Laxmi gründete die gemeinnützige „Rajneesh Foundation International“.

Der Strom der Menschen aus dem Westen nahm zu. Hauptsächlich waren es Frauen (ca. 60 Prozent der Bewegung). Sie waren in der Mehrzahl der Typ der mittelgescheitelten, langhaarigen Maria Magdalena. Die Männer kamen aus hochgebildeten Berufen, wie Journalisten, Ärzte, Lehrer und Musiker. Sie alle ließen sich plötzlich einen langen Bart wachsen, wie der Meister ihn trug.

Vor allem Therapeuten der sogenannten „Growth"-Bewegung aus USA und Europa kamen zu ihrem Bilderbuch-Guru. Aus dem Engländer Paul Lowe, dem Begründer von Quaesitor, dem ersten europäischen Wachstums-Zentrums in London, wurde Swami Anand Teertha. Den Psycho-Autor des Buches „Menschen statt Psychiatrie", Michael Barnett, nannte Rajneesh Swami Anand Somendra. Ebenfalls aus England kam der Oxforder Alan Lowen, sein Sanskrit-Name: Swami Anand Rajen. Die promovierte amerikanische Erziehungswissenschaftlerin Wendy Wyatt hieß nun Ma Prem Karuna.

Das Esalen-Institut am sonnigen kalifornischen Big Sur schickte gar seine ganze Führungsschicht nach Indien. Unter ihnen Institutsgründer Richard Price und Laura Dillon. Der frühere klinische Psychologe Dr. Robert Birnbaum aus San Francisco nannte sich jetzt Swami Prem Amitabh und sein kalifornischer Kollege Leonard Zunin Swami Prem Siddha.

Es waren alles Therapeuten der „New-Age"-Bewegung. Sie galten in ihren Ländern als Vorreiter einer „Psychologie für Gesunde", einer Psychologie zur Hebung bisher ungenutzter Potentiale im Menschen. Sie lieferten Rajneesh das notwendige therapeutische Handwerkszeug, die Psychotechniken, die er für seine Experimente mit anderen Bewußtseinszuständen brauchte. Als Gegenleistung führte sie Rajneesh „über die Grenzen ihres bisherigen Verständnisses hinaus"[102], erklärte Rajen. Rajen und seine Therapeuten-Kollegen brauchten sich in Therapiegruppen mit Rajneesh-Jüngern nicht an die sonst üblichen Grenzen therapeutischer Sorgfaltspflicht zu halten. Der Guru-Gott erlaubte ihnen ein „Spiel ohne Grenzen".

Die ersten harten Therapiegruppen, genannt „Encounter", begannen im April 1975. Sie waren keine Therapien im herkömmlichen Sinne, die die Menschen durch emotionale oder sexuelle Probleme zur Heilung führen sollten. Die Therapien sollten direkt in unterdrückte Gefühle, wie Wut, Angst, Eifersucht und Habgier hineinstoßen, damit diese „westlichen Konditionierungen" durch Ausreagieren ein für allemal aus dem System verschwinden. „Und irgendwann wirst du dabei deinem Tod begegnen"[103], versprach Rajneesh.

Die Experimentierphase der Bhagwan-Bewegung begann. Rajneesh wurde zum „endgültigen" Therapeuten. „Es sind keine neuen Experimente"[104], sagte der Meister. Er hatte recht. Es waren alle jemals in der Geschichte erprobten psychischen, physischen und emotionalen Experimente, die ausprobiert wurden und die dereinst zur Erleuchtung führen sollten.

Rajneesh und seine Therapeuten nahmen in Kauf, daß es zu Knochenbrüchen, zu psychotischen Schüben und zu Vergewaltigungen kam. Die Therapien sollten im Schnellverfahren den gesamten Zivilisationsmüll beseitigen, den die Westler mitgebracht hatten und „mit dem ihr euch vollgestopft habt".[105]

In mit Matratzen ausstaffierten dunklen Räumen durften die Neu-Sannyasins ihre unterdrückte Sexualität ausagieren, damit „die Energie, die durch die Geschlechtsorgane verschleudert wird, aufsteigen kann, hinauf zum höchsten Chakra, dem Sahasrar, der Lotosblüte"[106], sagte Rajneesh. Das Motto des Meisters hieß: „Vom Sex zum Superbewußtsein." Es war ein Freibrief für totale Sexualität. Im Koregaon-Park 17 ward der „Sex-Guru" geboren.

Wenige Monate später, im Dezember 1975, hatte die Rajneesh Foundation International schon 24 Außenfilialen rund um die Welt. Die meisten, sechs in den Vereinigten Staaten von Amerika, drei in Großbritannien, zwei in Westdeutschland und jeweils eine in Kanada, Frankreich, Schweiz, Holland, Dänemark, Italien, den Philippinen, Japan, Brasilien, Kenia und Australien.

Rajneesh hörte auf, die Therapiegruppen nun selbst zu leiten. Er überließ dies seinen Chef-Therapeuten Theertha, Somendra, Siddha und Rajen. Machte Rajneesh früher mit sich selbst und seinen jugendlichen Freunden Grenzerfahrungen, durften nun seine Therapeuten mit anderen diese Grenzerfahrungen ausprobieren. Einer der Chef-Therapeuten, Swami Anand Rajen, schrieb darüber in einem Artikel mit der Überschrift „Unbecoming a Person": „Bei Rajneesh kommt es darauf an, mit Nachdruck verrückt zu werden. Dies ist der einzige Weg, sich seiner bewußt zu werden."[107] Der andere Chef-Therapeut, Swami Anand Teertha, sprach in mehreren Interviews stolz davon, daß er mit Rajneesh weit über die sonst üblichen Grenzen hinausging und Menschen durch ihre Verrücktheit zum anderen Ufer hindurchführen konnte.

Alle Jünger sollten durch Therapie und Meditation auf das „große Experiment" vorbereitet werden, das Rajneesh in einem sogenannten Buddhafeld vorhatte. Weit weg von der Welt wollte er später mit seinen Anhängern den Quantensprung zum neuen Menschengeschlecht proben.

Rajneeshs Erleuchtung schien nun machbar zu sein. Das Einswerden mit dem Nirwana mußte nun nicht mehr ein langer Weg mühsamer Meditation oder vieler Yogaübungen sein; die spirituelle Atomisierung, wie Rajneesh das Einswerden mit der göttlichen Energie verstand, konnte nun durch einen psychischen Durchbruch erreicht werden.

Rajneeshs Experiment in Poona wurde so zu einem Übungsplatz für Menschenversuche. Rajneesh ließ den „Zeugen" einüben, indem er seinen Schülern beibrachte, die in den Grenzerfahrungen auftretenden Schmerzen, die körperliche oder sexuelle Gewalt nicht zu empfinden, sondern einfach zu beobachten. Rajneeshs Logik: Wer erleuchtet werden will, also seinen Tod beobachtend erleben kann, mußte vorher lernen, zu seinem Leben auf Distanz zu gehen.

Waren es im März 1971 erst 162 Sannyasins, Suchende aus den unterschiedlichsten Religionen wie Hindus, Jains, Mohammedaner, Christen, Juden, Buddhisten und Sikhs[108], waren es 1975 schon Tausende geworden. „Suchende fast aus der ganzen Welt kommen scharenweise. Erst kommt einer, dann der nächste, und Ketten bilden sich. Bald ist die Zeit gekommen, wo ein Buddhafeld benötigt wird", sagte der Erleuchtete.

Die rund 300 Plätze im Ashram faßten den Ansturm nicht mehr. In den meisten Hotels Poonas waren nun rotgewandete Menschen deutscher, englischer, französischer und vereinzelt japanischer Sprache anzutreffen. Poonas Hotels und Rikscha-Fahrer erlebten einen Boom. Rajneesh hatte als „Gott“ Erfolg.

Rajneesh begann, an den Wahn der Rettung des „Selbst“ zu glauben. Dieser Wahn „ist ein Ausweg, fast eine Erlösung aus dem Gefühl des Zerfalls und der Leere“, sagt der Münchner Psychiater Werner Huth[109]. Huth beschreibt die Verwandlung der Identifikation, genauer der Neuinterpretation der eigenen Identität als den Beginn einer Krankheit. „Der Wahnkranke kann sich im Unterschied zum Gesunden nicht mehr vertrauend an den Mitmenschen orientieren.“[110]

Tatsächlich, Rajneesh zog sich mehr und mehr von seiner Gemeinde zurück. Er erschien nur noch zu seinem eineinhalbstündigen Vortrag am Morgen, benutzte für die 100 Meter von seinem Haus zu der Versammlungshalle, der Buddha-Halle, einen Luxuswagen; und er empfing abends ausgewählte Schüler zu einem Darshan, einem Treffen zwischen Meister und Schülern. Sonst saß er einfach in seinem Zimmer und tat nach eigenen Aussagen nichts.

Rajneesh hatte damit die eigentliche Rolle des Gurus aufgegeben. Im Hinduismus wird ein Guru als Lehrer bezeichnet, der nicht nur lehrt, „er lebt gleichzeitig auch vor“[111].

Von nun an saß Rajneesh nur noch in seinem vor ihm hergetragenen Thron und gab Anweisungen an seine Jünger. Die Rajneesh Foundation International hat die Worte gezählt: Es waren zwischen 1974 und 1980 33 Millionen. Hier einige Zitate:

Frau

„Es ist leichter, eine Sache oder einen Hund zu lieben. Ein Hund ist treuer als eine Frau je sein kann.“[112]

Ehe

„Alle Ehen zerstören die Liebe. Die ganze Idee der Ehe ist zerstörerisch.“[113]

„Ehe ist wie eine Plastikblume. Sie ist künstlich, legal, sozial."[114]

„Was ist Ehe - eine Institution. Nur verrückte Leute leben in Institutionen. Die Ehe ist tot."[115]

Familie
„Die Familie ist ein Fluch, Kinder Sonderabfall."[116]

Liebe
„Für Leute, die sich lieben, ist es gut, nicht zusammenzuleben."[117]

Juden
„Es gibt viele Homosexuelle hier und Lesbierinnen auch. Das ist ganz natürlich, denn es sind so viele Juden hier."[118]

Kinder
„Laß die Kinder zusehen und mitspielen, wenn sich ihre Eltern lieben. Laß sie dabei sein, laß sie ein Teil davon sein. Laß sie zusehen, wenn ihre Mutter Liebe macht, wenn ihr Gesicht ekstatisch wird... und ihr Vater orgiastisch schreit."[119]

Gurus
„Es gibt Theologen, Lehrer, Professoren, Gurus und all diesen ganzen Unsinn."[120]

Bibel
„Die ganze Bibel enthält kein einziges Wort zum Lobe der Intelligenz.
Sie enthält alle möglichen Dummheiten, aber nicht ein einziges Mal wird die Intelligenz gepriesen. Aberglaube wird gepriesen, Glaube wird gepriesen, jede erdenkliche Dummheit wird gepriesen."[121]

Priester
„Das sind eure Priester, eure Evangelisten, eure großen geistigen Führer!

Sie sind neurotisch, und sie treiben die Menschheit in die Neurose.

Meidet allen spirituellen Unsinn – und spiritueller Unsinn ist echter Unsinn, jeder andere Unsinn ist ganz gewöhnlich, ganz irdisch."[122]

„Eure Priester sind solche Klugscheißer, seit Jahrhunderten laden sie ihren klugen Scheiß auf euch ab! Ihr kriecht in heiligem Kuhmist herum! Es wird Zeit, da herauszukommen!"[123]

Papst

„Für Pollacks habe ich schon immer was übrig gehabt. Daß er Papst ist, ist sekundär, daß er Pollack ist, ist das Wesentliche.

Der Pollack ist der Elefant, und der Papst ist lediglich ein Anhängsel des Elefanten, der Schwanz!"[124]

Seifenblasen

„Vor ein paar Tagen brachte mir Sheela den Artikel eines christlichen Theologen – ein großer Report gegen mich ... Er sagt: ‚Im gleichen Moment, wo Bhagwan stirbt, wird seine ganze Bewegung platzen wie eine Seifenblase.' Das gefiel mir! Genau so sollte es sein! Warum sollte es weitergehen? Wozu? Es gibt keinen Grund. Ich lebe jetzt, ich bin an der Zukunft überhaupt nicht interessiert. Wie kann es etwas ausmachen, ob meine Bewegung verschwindet wie eine Seifenblase oder nicht? Ich liebe Seifenblasen!"[125]

Klodeckel

„Wenn ein buddhistischer Mönch aufs Klo geht, dann soll er den Klodeckel langsam und vorsichtig anheben, damit kein Geräusch entsteht. Warum? Weil es immer hungrige Geister gibt, die Scheiße essen."[126]

Sinnsuche

„Frage: Bhagwan, könntest du bitte etwas Verrücktes sagen, was keinen Sinn hat?

Antwort: Dhyan Maadia, was denkst du, was ich die ganze Zeit mache? Denkst du, da steckt irgendein Sinn dahinter? Kennst du einen verrückteren Menschen als mich? Ich bin absolut verrückt, und ich verfolge keinerlei Sinn.“[127]

Biologie

„Die Frau ist biologisch ausgeglichen, ihre Körperchemie ist im Gleichgewicht. Die Biologie des Mannes ist ein bißchen unausgeglichen: ein Teil ist schwerer und der andere Teil ein bißchen leichter, und das erzeugt eine Spannung in ihm. Deshalb werden mehr Männer als Frauen verrückt, begehen mehr Männer als Frauen Selbstmord, werden mehr Männer als Frauen zu Mördern.“[128]

Verwirrung

„Frage: Seit ich hier bin, bin ich ganz verwirrt. Im Westen ging es mir gut, und ich war nie auf der Suche nach einem Meister. Was ist mit mir passiert?

Antwort: Anneliese, *ich* bin dir passiert! Jetzt gibt’s kein Zurück mehr, und selbst wenn du gehst – ich komme mit dir. Ich werde dich überallhin verfolgen! Ich kann deine Verwirrung verstehen. Das ist meine ganze Freude: Menschen zu verwirren! Sind sie erst einmal verwirrt, sind sie gefangen.“[129]

Blödsinn

„Ihr könnt mich jeden Blödsinn fragen, und ich gebe euch noch größeren Blödsinn zurück. Darin bin ich ein großer Experte, das ist das einzige Expertentum, auf das ich Anspruch erhebe!“[130]

Titel

„Erst neulich habe ich gelesen: Was ist die Bedeutung eines akademischen Titels? Ich habe vier: Mag., Dipl., Dr., Prof. Nimm alle vier zusammen, was hast du dann? Einen Magdipldrprof.“[131]

Ausbeutung

„Ein Mensch wie ich kann euch nicht ausbeuten. Denn dieser ganze Platz hier ist mehr Kneipe als Kirche, er ist eher spielerisch als ernst. Wir spielen hier alle ein wunderbares Spiel!“[132]

Homosexualität
„Wenn Gott eine homosexuelle Welt gewollt hätte, hätte er Adam und Brutus geschaffen - so einfach ist das!“[133]

Verrücktenführer
„Meine Einladung gilt den Verrückten der ganzen Welt. Ich bin der Verrücktenführer zur Erleuchtung.“[134]

Über all dem machte er von vornherein klar, daß sein Ashram keine Demokratie ist: „Was auch immer hier passiert, geschieht nach meinem Willen“[135], sagte er.

Selbst seine Meisterschülerin, Ma Yoga Laxmi konnte nichts selbst entscheiden, da sie „lediglich ein Instrument“ ist. Nur Rajneesh allein wußte, was richtig oder falsch ist. Sollte es jemand besser wissen, sollte er wieder nach Hause gehen. Er wäre dann nämlich erleuchtet. Niemand sollte sich ein Urteil machen, was gerecht oder ungerecht ist. „Was ich sage, ist absolut“, resümierte er[136].

Sein ummauerter und umzäunter Ashram war von einer Garde, meist deutscher Sannyasins, streng bewacht. Sie stoppten jeden, der hereinkam. Wer ihnen nicht paßte oder nach Armut aussah, wurde, teilweise mit körperlicher Bedrohung, weggeschickt. Rajneesh machte klar, daß er nur an den Reichen interessiert sei. Sie hätten die Übersättigung mit dem Materiellen erlebt und seien deswegen allein in der Lage, nun den spirituellen Nektar zu kosten, den er auszugeben hatte. Und wenn auf diesem Weg jemand „eine Kopfnuß brauchte, oder eine Gardinenpredigt, bekommt er sie“, so der Meister[137].

Auf dem Weg zur Buddha-Halle, die damals jeden Morgen von 3000 Menschen besucht wurde, stand ein Schild: „Schuhe und Verstand hier abgeben.“ Keiner sollte sich dafür interessieren, was in seinem Ashram eigentlich passiert. Da das Leben sowieso ein Spiel sei, wolle er nur mit den „wirklichen Abenteurern“[138] zusammensein. Nur sie waren zum „allerhöchsten Einsatz in diesem Glücksspiel“ (Rajneesh) bereit.

Die Funktion der Therapie-Gruppen

In einer Presseveröffentlichung des Poona-Ashrams „Die Rolle der Therapie-Gruppen in dem großen Experiment von Bhagwan Shree Rajneesh“ hieß es: „In meiner Kommune habe ich es zur Bedingung gemacht, daß jeder durch die verschiedensten Therapien gehen muß.“[139]

Machte die westliche Therapie in Respekt vor der menschlichen Natur der Person Halt, durchbrach Rajneesh mit seinen Therapie-Gruppen genau jene Grenze, die wir als Identität bezeichnen. Diese Identität oder Persönlichkeit, so erklärte der Meister, „ist nichts weiter als eine Maske“[140], „die jedem Menschen vom Gesicht gerissen werden müsse“. Dann, so ließ Rajneesh wissen, blieben nur noch „zwei grundsätzliche Tabus auf der Welt, nämlich Sex und der Tod“[141]. Diese Tabus galt es nun ebenfalls zu durchbrechen. „Ich möchte, daß ihr eure Sexualität total erfahrt, und euren Tod total erfahrt“[142], verhieß Rajneesh seinen Jüngern.

Vor jeder Therapie-Gruppe mußte man einen Revers unterschreiben, daß man selbst die Verantwortung für all das trägt, was dabei passierte. Die Pressestelle des Poona-Ashrams schrieb dazu weiter: „Bhagwans Sannyasins wissen, daß der Prozeß der Auflösung des Ichs zwangsläufig eine ebenso tiefe wie schmerzhafte Erfahrung ist, und sie sind dem Meister dankbar, daß er in seinem Ashram eine liebevolle und sorgende Atmosphäre schafft, in der ihre Umwandlung so natürlich und fröhlich wie möglich stattfinden kann.“[143]

Das ganze heute bekannte Arsenal ego-zertrümmernder Therapie-Methoden wurde aufgeboten. Die indische Regierung wurde deshalb schon 1975 hellhörig. Nicht nur die Berichte über freie Sexualität und die für indische Verhältnisse ungewöhnliche Umarmung der Sannyasins auf offener Straße, auch Beschwerden westlicher Regierungen über die Vorkommnisse im Ashram beunruhigten die Verantwortlichen. Moraje Desai, der frühere Finanzminister, überzeugte die damalige Ministerpräsidentin Indira Gandhi, daß mit Rajneesh etwas geschehen müsse. Es wurde zweierlei beschlossen: Ein Untersuchungsausschuß des Kongresses wurde eingesetzt und die Rajneesh Foundation International auf ihren gemeinnützigen Status untersucht.

Auf breiter Front herrschte Irritation bezüglich der Macht Rajneeshs über Sprache und Menschen. Poona war in dieser Zeit für die indische Regierung noch eine andere Ursache des Ärgernisses. Dort wurde in Zigarettenhäuschen in Bombayer Laboratorien hergestelltes LSD angeboten. Auch konnte man ohne Schwierigkeiten an jeder Straßenecke für ein paar Paisa „Gansha-Zigaretten" kaufen.

Zu dieser Zeit bemühte sich der indische Journalist Praful Davé mehrmals erfolglos um ein Interview mit Rajneesh. Er wollte die Hintergründe des Erfolges seines Landsmannes erkunden. Doch im Ashram hatte auch er, wie jeder andere Besucher, nur Zugang zu bestimmten Räumlichkeiten. Die mit Matratzen ausstaffierten Kellerräume waren genauso tabu wie die Wohn- und Lebensräume von Rajneesh.

Rajneesh hatte Gründe, sich der Außenwelt gegenüber abzuschließen. Er mußte wissen, daß seine Form der Religionsausübung gerade in Poona, dem Zentrum der orthodoxen Hindus, einen Sturm fanatischer und hysterischer Gläubiger heraufbeschwören konnte. Die Opposition, die er zunehmend zu spüren bekam, kam also nicht nur aus politischen und wirtschaftlichen Kreisen. Er mußte auch damit rechnen, daß eines Tages Tausende von gläubigen Hindus seinen Ashram stürmten.

In dieser Situation kaufte die Rajneesh Foundation International in Ahmedabad, der Hauptstadt von Gujarat, einen Landsitz. Dort sollte das von der Außenwelt abgeschiedene Buddhafeld entstehen. Vermittler war der spätere Adoptivvater Rajneeshs, Ambalal Patel, der in Ahmedabad als rücksichtsloser Geschäftsmann galt. Desai war über diesen Kauf empört und verhängte einen Baustopp. Der erste Buddhafeld-Versuch scheiterte.

Also änderte Rajneesh die Zielsetzung seiner WorkShops im Koregaon-Park. Das sexuelle Ausleben hatte bislang nicht die erhofften Ergebnisse gebracht, vielmehr fanden nach Rajneeshs Geschmack viel zu viele Westler zu großen Spaß an den im Ashram stattfindenden Sexorgien. Die Therapie-Gruppen wurden verschärft. Physische und sexuelle Gewalt wurden nun sogar ermutigt. Statt sexueller Befreiung wollte er nun Befreiung von allen Limitierungen erreichen. Rajneesh begann, mit der Psyche seiner Jünger zu experimentieren.

Rajneesh nannte diese Experimente die „Psychologie der Buddhas", eine Transformationsmöglichkeit vom befreiten Menschen zum Supermenschen. Er wollte nun, wie er selbst sagte, noch die sieben verschiedenen Menschentypen studieren, um herauszufinden, wie sie zum Buddha werden. Da sich diese Veränderung laut Rajneesh, ein Quantensprung vom normalen Menschen zum Supermenschen, in einer Zehntel-Sekunde abspielen sollte, mußte mit den dafür einzusetzenden Therapietechniken noch experimentiert werden.[144]

Hatte Rajneesh erfahren, daß seine Jünger ihm dann schon hingebungsvoll nachfolgten, wenn er sie nur von ihren Zwängen befreite, konnte er nun diese totale Abhängigkeit für weitere Experimente nutzen. Da er für sie der Inbegriff des Göttlichen war, gestanden sie ihm alles zu, ohne zu hinterfragen.

Gott zu sein hieß für Rajneesh auch, Menschen zu schaffen. Einen „neuen Menschen" in einer bestehenden Schöpfung zu schaffen, mußte also heißen, den schon vorhandenen Menschen zu verändern. Gott der Neuzeit zu sein, konnte nur der für sich in Anspruch nehmen, dem das Experiment gelang, diesen neuen Menschen tatsächlich der staunenden Öffentlichkeit vorzuführen. Unter diesem Erfolgsdruck stand und steht Rajneesh.

Mein Leben mit Rajneesh

Von Margarethenried nach Poona

Auf die Empfehlung einer befreundeten Therapeutin nahm ich im Dezember 1978 an einer Rajneesh Encounter-Therapie im bayerischen Magarethenried teil. Die folgenden Seiten sind Auszüge aus meinem Tagebuch:

31. Dezember 1978, Silvesterabend. Ein verträumt verschneites Kuhdorf in Bayern. Im umgebauten Kuhstall eines der 21 Gehöfte liegen 52 nackte Leiber rücklings am Boden und atmen schwer. Ein Dutzend orangegewandeter Männer und Frauen gibt Kommandos.

„Weiteratmen, nicht nachlassen, gebt alles, atmet den Kanal durch.“ Sie schreien es heraus. Es ist kurz vor Mitternacht. Die 52 Nackten atmen, stöhnen, röcheln. Ihre Körper bewegen sich rhythmisch mit jedem Atemzug.

Draußen schlägt die Kirchturmuhr zwölfmal. Die Leiber beben, die Arme und Beine der 52 schlagen unkontrolliert um sich, aus ihren verzerrten Mündern dringen winselnde, ungestüme Laute. Wildes Geschrei bricht los. Schluchzen, Weinen, Lachen. Ein Hexenkessel. Die zwölf Orangenen klatschen in die Hände, lachen, rufen: „Bravo, das habt ihr gut gemacht . . . happy New Year.“ Die 52 am Boden liegenden Nackten haben das Neue Jahr mit einem Superorgasmus begonnen, jeder für sich.

So einen totalen, in jedem Körperteil pulsierend bebenden Orgasmus hatten die meisten, einschließlich mir, noch nie erlebt. In der Mitte des Raumes steht ein Tisch. Auf ihm ein Teller mit vielen Kerzen. Wir gruppieren uns um den Tisch; selig, mit Tränen in den Augen. Ich sehe in die Kerzen, Weihnachtsstimmung, sehe in entspannte, schöne Gesichter, in strahlend leuchtende Augen. Wir umarmen uns, schweißgebadet, können es noch gar nicht fassen. Wir rücken zusammen, suchen Körperkontakt, bilden einen Kreis, umfassen uns und singen AUM.

Das war der Höhepunkt einer einwöchigen Psycho-Encounter-Gruppe. Die 52 Teilnehmer haben in dieser Woche mehr über sich und ihre Vergangenheit erfahren, als je zuvor. Die Bauern in den umliegenden Gehöften mögen sich manchen Abend, und besonders in dieser Silvesternacht gewundert haben, was da bei und mit den verrückten Städtern so alles passiert.

Doch seit rund eineinhalb Jahren den Spektakel gewohnt, nahmen sie uns nicht sonderlich zur Kenntnis. Der „Guten-Tag"-Gruß wurde eher spärlich erwidert. Und Gespräche kamen erst gar nicht zustande. Der umgebaute Kuhstall ist ein Teil eines ehemaligen Bauernhofes, den orangebekleidete Sannyasin, Anhänger des indischen Meisters Shree Rajneesh, vor fast zwei Jahren zu einem Meditationszentrum umgebaut haben. Das Anwesen ist zwar noch immer eine Baustelle mit offenen Luken und Klo im Stall, doch trotz dieser Umstände halten die Bhagwan-Jünger hier regelmäßig Wochen- und Wochenendseminare ab. Die Seminare sind Erfindungen von Bhagwan, der in jedem Raum mit seinem abfotografierten Antlitz vertreten ist. Vor dem Bhagwan-Bild im Kuhstall stehen Blumen.

Noch lange liegen wir uns in den Armen, alle sind nackt. Unsere Augen suchen immer wieder die Kerzen mit ihrem warmen, flackernden Licht. Es ist Silvester, es ist Neujahr. Vom nahen Kirchturm läuten die Glocken das Neue Jahr ein. Jetzt wird gefeiert.

Das Seminar, Encounter genannt, ist zu Ende. Eine Woche waren wir zusammen, schliefen gemeinsam über dem ehemaligen Kuhstall auf dem Scheunenboden, Matratze neben Matratze, und verbrachten gemeinsam die Tage eine Etage tiefer.

„Im Encounter", so sagt Bhagwan, „sollst du dir selber in deiner Totalität begegnen. Du mußt alles, was du unterdrückst, aus dir rausholen, ohne irgendeine Bewertung, gut oder schlecht. Und wenn du alle diese Teile zum Ausdruck gebracht hast, kehrt eine große Ruhe ein. Die Stille nach dem Sturm."

In dieser Woche durchlebten wir vieles; was emotional unterdrückt war, wurde in Kämpfen, Veitstänzen und wilden Kissenschlachten ausgelebt. Was an Gedanken und Phantasien unterdrückt war, schrien wir heraus. Was wir willentlich unterdrückt hatten, weil es vielleicht nicht moralisch oder schicklich ist, weil es gegen Gebote und Gesetze verstößt, haben wir ausgelebt. Sex gab es in allen Variationen.

Das Essen war gut, Gesundheitskost. Nur die Trainer tranken Bier und rauchten. Der Leiter, Veresh, ein Amerikaner, ging mit 14 Jahren auf harte Drogen, war mehrmals kurz vor dem Abkratzen und ist jetzt beglaubigter Bhagwan-Trainer.

„Bhagwan hat mich gerettet." Veresh ist ein lustiger Vogel, klein, schwarz, Kraushaar und Kung-fu-tse-Schnurrbart. Seine Eingangssätze waren: „Ich bin hier der Boß; was ich sage, wird gemacht. Wer das nicht mag, kann gehen - jetzt, jederzeit. Also überlegt es euch. Solange ihr hier seid, macht ihr das, was ich will. Ich bin auf meinem Trip. Euer Trip ist mir egal. Ihr seid hier, um etwas über euch zu erfahren. Ich und meine Freunde" - er stellt sie einzeln vor (alle in orange und mit einer Holzperlenkette um den Hals, die in einem runden Holzrahmen Bhagwans Foto trägt) - „werden euch dabei helfen. Wir wissen, was ihr braucht."

Veresh brachte elf Freunde mit. Junge Frauen und Männer aus den unterschiedlichsten Berufen, aus Europa und den USA, alle ausgestiegen, um der Sache Bhagwans zu dienen.

Dieser Encounter war „ein Spiel ohne Grenzen", ohne Regeln, ohne Tagesordnung. Ich habe rausgeschrien, was ich mir sonst nie trauen würde, auch nur zu sagen, habe meine Wut rausgelassen (geschützte Atmosphäre war im Prospekt zugesichert) und habe die munteren Sexspiele, wenn auch teilweise mit schlechtem Gewissen, mitgemacht.

Das aufregendste Erlebnis gab es zwei Abende vor Silvester. Veresh nannte es die Hauptprobe. Hauptprobe für Silvester. Jeden Tag bereitete er uns darauf vor, mit Worten wie: „Ihr seid hier, um euch zu erfahren, so wie ihr seid. Ihr könnt das nur, wenn ihr euch alles erlaubt, alles ohne Schuldgefühle. Dann erst könnt ihr euch ganz kennenlernen, dann erst könnt ihr herausfinden, wer ihr seid. Bei allem was passiert, bei allem was ihr macht. Vergeßt eines nicht, es gibt keine Schuld. Schuld ist eine Erfindung der Gesellschaft, der Religionen, um euch zu unterdrücken. Was im einzelnen hier abläuft, kann ich euch nicht sagen. Wir haben keinen festen Tagesplan. Wir, meine Freunde und ich, gestalten diesen Encounter flexibel. Eins will ich euch jedoch verraten. Am letzten Tag, an Silvester, wird jeder von euch etwas erleben, was ihr nie vorher erlebt habt. Ihr werdet alle einen Orgasmus haben wie noch nie zuvor. Fünf Minuten vor Mitternacht macht es ‚binggg', und ihr werdet alle *den* Orgasmus eures Lebens erleben. Keine Angst, wir werden euch darauf vorbereiten."

Bange und erfreute Gesichter bei den 52 aus allen deutschen Landen. Was immer wir machten, ob angezogen, ob halbnackt, ob schreiend oder tobend, immer wieder erinnerte Veresh und daran: Silvester hat jeder von euch einen Super-Orgasmus.

Zwei Abende vor Silvester versammelten wir uns alle nach dem Gesundheitskost-Abendessen im ehemaligen Kuhstall. Veresh hieß uns die Augenbinde anlegen. „Wer sie abnimmt oder spickt, muß augenblicklich den Raum verlassen. Wir sorgen dafür." Wir sollten uns ausziehen bis auf die Unterhose. Ich dachte bei mir mit einigem Bangen: Na, das kann ja heiter werden. Phantasien sprießten.

Wir saßen alle an der weißgetünchten Wand an Kissen gelehnt, setzten uns die Augenbinde auf, zogen uns aus und setzten uns wieder gegen die Wand.

„Okay", sagte Veresh, „wer von jetzt an die Augenbinde abnimmt, wird augenblicklich hinausgeschickt. Wir sagen euch dann schon, wenn ihr die Binde wieder abnehmen könnt." Und nach einer Pause: „So, und jetzt zieht die Unterhose aus." Unruhiges Stöhnen, Geraschel, Bewegungen. Dann war es wieder still.

„So wie ihr jetzt seid", so Veresh, „so geht ihr auf allen Vieren auf die Mitte des Raumes zu. Ihr seid auf der Suche nach eurem Orgasmus. Und was immer ihr tut, tut das, was ihr für richtig haltet. Folgt euren Gefühlen. Trefft ihr auf jemand, tut das, was ihr für richtig haltet, tut das was ihr wollt. Will der andere nicht mitmachen, soll er oder sie es sagen. Jeder ist für sich selbst verantwortlich. Und vergeßt nicht, es gibt keine Schuld." Wir krabbelten los, auf allen Vieren, in einem ehemaligen Kuhstall im Bayerischen Wald, zwischen Weihnachten und Neujahr.

Ich will es kurz machen. Die Sinne spielten; alles, zu dem Sinne fähig sind, geschah. Erst geriet ich an ein paar Männerarme. Da ich mit denen nichts im Sinn hatte, krabbelte ich weiter. An einem Damenbein blieb ich hängen. Um sie war ein Mann ziemlich eindeutig bemüht. Ich nahm die Herausforderung an und verlegte mich aufs Betören. Mein Mitbewerber sah seine Felle schwimmen und zog von dannen. Ich sprach mit der Dame, dachte, von der Stimme her eine blonde, kühle Norddeutsche zu erkennen, machte sie an und tat das, was mittlerweile – den Lauten nach – alle im Raum taten, ich schlief mit ihr.

Von den 52 Kursteilnehmern waren 25 Damen und 27 Herren. Was mit den zwei übrig gebliebenen geschah, kümmerte mich in diesem Augenblick nicht.

Das also war die Hauptprobe. Einige Mädchen rannten vor der nahenden sexuellen Gefahr davon. Einige Jungs, so war später zu hören, bewegten sich erst gar nicht von der Wand weg, trotz aufmunternder Zurufe der Trainer. Der Rest, und ich mittendrin, suhlten sich im unsichtbaren Sex.

Als hinterher alle mehr oder weniger befriedigt im Raum herumlagen, teilweise die Augenbinde schon abgenommen – die Regeln wurden gegen Ende nicht mehr so peinlich eingehalten –, verschaffte sich Veresh wieder Gehör. „Das war schön, nicht. Habt ihr euren Orgasmus gefunden? Habt ihr ihn genossen?" Strahlende, entspannte Gesichter gaben ihm ausreichende Zustimmung.

Dann fing er an zu toben, schrie – wie ein Blitz aus heiterem Himmel: „Ihr seid einfältig, unkreativ und dumm. Meint ihr, Orgasmus sei nur durch Sex zu erreichen? Was habt ihr gemacht? Ich habe euch auf den Weg geschickt, damit ihr, ein jeder von euch, *seinen* Orgasmus findet. Was habt ihr gemacht? Ihr dachtet nur an Sex und habt Sex gemacht. Ist das euer ganzes Vorstellungsvermögen von Orgasmus?"

Ratlose Gesichter; er schimpfte und polterte noch lange. Immer wieder schrie er „einfältig, dumm und unkreativ" und schüttelte dabei den Kopf. Doch mir war das – wie wohl den meisten hier, glaube ich, – egal. Immerhin erreichte Veresh eines: Als wir uns nach oben zum Schlafen begaben und uns so notdürftig wie möglich an dem einzigen Waschbecken die Zähne putzten und etwas Wasser ins Gesicht und unter die Arme spritzten, fragte doch der eine den anderen:

„Was hat denn der gemeint mit ‚Ist das alles'? Von was für einem Orgasmus sprach der?"

„Ja, das habe ich auch nicht verstanden, ich hab' halt meinen normalen Orgasmus gehabt und fertig."

„Na, ich bin ja gespannt auf übermorgen."

So war's, und so kam der Silvesterabend. Wie jeden Abend tanzten wir vor dem Abendessen die Kundalini-Meditation, eine von Bhagwan entwickelte dynamische Meditationsform. Bhagwan rät, sie jeden Abend um 6 Uhr bei Sonnenuntergang zu tanzen. Sie wird in dem von seinen Anhängern in deutsch verlegten Buch „Psychologie der Buddhas"[145] so beschrieben:

„Kundalini Meditation": Wie der Name andeutet (Kundalini = Nerven- oder Schlangenkraft), bringt uns diese Übung mit unseren wesentlichsten Energien in Kontakt. Die geeignetste Tageszeit für diese Meditation ist Sonnenuntergang.

1. Phase: 15 Minuten (Musik)

Entspanne dich, horche in dich. Jetzt soll dein Körper anfangen, sich energisch zu schütteln. Wenn er sich nicht von selbst zu schütteln beginnt, schüttele du ihn. Letztlich sollte sich alles von dir schütteln, Beine, Arme, Bauch, Kopf, Kinnlade, Stimmbänder. Bleibe entspannt und locker. Werde selbst zum Schütteln. Fühle wie deine Energien von den Füßen her allmählich sich ausbreitend in dir emporsteigen. Gehe gänzlich mit und verschmelze mit der vibrierenden Bewegung. Schließe die Augen oder halte sie geöffnet, wie du es als günstig erfährst.

2. Phase: 15 Minuten (Musik)

Nun fange an zu tanzen. Tanze ganz so, wie du gerade fühlst und möchtest. Bring deinen ganzen Körper ein. Sei frei dafür und erlaube ihm, sich ganz zu bewegen, wie er will. Schließe die Augen oder halte sie offen, ganz wie du fühlst.

3. Phase: 15 Minuten (Musik)

Halte ein und sei augenblicklich ruhig und still. Du kannst stehen oder sitzen, nur liege nicht dabei. Sei völlig leer, damit du ganz und gar gelöst und aufgeschlossen sein kannst. Höre einfach nur der Musik zu und fange nichts mit ihr an. Halte die Augen geschlossen oder benutze eine geeignete Augenbinde.

4. Phase: 15 Minuten

Jetzt lege dich hin und versinke in den Zustand völli-

ger Ruhe. Unterdrücke nicht die aufkommenden Gedanken, sondern bleibe lediglich von ihnen unberührt."

Wie immer werden wir auch heute abend bei dieser Schüttelmeditation angefeuert, alle Verspannungen aus unserem Körper hinauszuschleudern, den Energiefluß in Bewegung zu bringen, um den Kanal freizumachen. Veresh beschrieb ihn als den lebenswichtigen Energiekanal zwischen Mund und den Genitalien, der offen sein muß, damit in uns die Energie von unten eindringen und bis oben durchfließen kann.

Wie üblich waren wir nach der Stunde außer Atem – aber mit Wohlbefinden. Danach gab's Abendessen – vegetarisch. Und an diesem Silvesterabend hatten wir unsere gemeinsame Solo-Orgasmus-Schlußvorstellung.

Nach diesen Tagen intensivster Begegnung waren wir uns alle sehr nahe gekommen. Wir kannten uns, wie manchen Kollegen nicht, mit dem man jahrelang zusammengearbeitet hat. Ein Gefühl wie bei einer großen Familie kam auf. Wir redeten über alles offen miteinander, halfen einander; zarte Bande wurden geschmiedet; Liebesaffären und Eifersuchtsszenen gab es, gemeinsames Wandern und Singen. Eine Mischung aus Schullandheim, Sexfreizeit und Sandkasten.

Alle wurden am Schluß von Veresh noch einmal darauf angesprochen, doch auch den Pfad der Liebe zu gehen und Bhagwan-Schüler zu werden. Veresh: „Bhagwan nimmt euch gern in seine Familie auf. Er gibt euch einen neuen Namen und hilft euch, den Weg, euren wahren Weg zu finden, euren Weg zum Glück. Nehmt ihn an, nehmt Bhagwan zum Meister, und ihr gehört zu der kleinen Gruppe von Menschen, die ein neues Leben beginnt. Ein Leben, in dem es nicht mehr Verzweiflung und Leid geben wird. Ein Leben, das euch frei macht von allen Abhängigkeiten,

Verspannungen und Verkrampfungen. Ein Leben in Harmonie. Ein Leben der Liebe. Ein Leben, das euch zur Erleuchtung führt."

Bevor ich zu diesem Encounter ins Purvodaya (so der Ashramname in Margarethenried) kam, kannte ich eine andere Wirklichkeit. Zehn bis zwölf Stunden im Büro, Hektik, Arbeit unter Zeitdruck. Entspannte Freizeit gab es kaum. Freundschaften verdorrten, weil keine Zeit für sie blieb. Hetze von einem Termin zum anderen. Selbst die Abende wurden zumeist mit Projekten und Sitzungen verbracht. Abschalten, zurücksitzen und mal nichts zu denken, so was kannte ich schon lange nicht mehr. Ganz zu schweigen vom Rumtollen, Spaß haben, Verrücktspielen, ja, unterdrückte Teile von mir kennenzulernen – und zu wachsen.

So dachte ich damals – und so endet meine Tagebucheintragung über diesen Encounter in Margarethenried.

Ich wußte noch nicht, daß diese Encounter-Gruppe von der Bhagwan-Bewegung in allen Teilen der westlichen Welt als psychische Manipulation zum Einstieg in den Orden gezielt eingesetzt wurde.[146] Ich wußte nur, mit mir und allen anderen Teilnehmern war etwas Tiefgreifendes passiert. Wir waren nicht mehr die „Alten". Was also war passiert?

Eine Erklärung

„Die tiefgreifendsten und am längsten andauernden Veränderungen im Verhalten eines Menschen werden unter zwei Voraussetzungen erzielt", stellte der kalifornische Psychologieprofessor Philip Zimbardo in Untersuchungen fest:[147]

„*Erstens,* wenn ein Mensch glaubt oder glauben gemacht wird, er könne eine ihm völlig fremde Verhaltensweise ausprobieren, Verhaltensweisen also oder Handlungen, die seinem eigenen Wertsystem, seinen eigenen Glaubensgrundsätzen oder seinen eigenen Motiven gegenläufig sind, ja sogar widersprechen. Und

zweitens, wenn diese Verhaltensweisen oder Handlungen gegen die eigene Natur von Außenstehenden ermutigt und gleichzeitig bewußt heruntergespielt werden, mit Worten wie, ‚wir machen hier nur ein Experiment' oder ‚tu mir doch diesen Gefallen' oder ‚sei kein Spielverderber'."

Solche gegen die eigene Überzeugung gehenden Verhaltensweisen können auch mit Motiven begründet werden, sie dienten einem gemeinsamen Ziel, einem guten Zweck oder dem Wohl der Gemeinschaft. Für den solchermaßen manipulierten Menschen gibt es, so fand Zimbardo heraus, kaum ein Entrinnen.

Ist es dann passiert, erlebt er den Zustand der „kognitiven Dissonanz". Es ist ein Spannungszustand zwischen den eigenen bisher für richtig erachteten oder gültigen Standards und den von außen geforderten „Grenzüberschreitungen". Diesen Spannungszustand versucht der Mensch aufzulösen.

Weil er annimmt, freiwillig gehandelt zu haben, wird er sich selbst zu überzeugen suchen, er „müsse es ja unbewußt gemocht haben, da er dieses Verhalten ohne Strafe oder Belohnung gewählt hat".[148] Er wird sich einreden, es sei zum Wohl der Gruppe oder der Gemeinschaft sogar notwendig gewesen, bisher gültige Wertmaßstäbe über Bord zu werfen. Die empfohlene perverse Verhaltensweise ist gerechtfertigt.

So ging es mir und den anderen Teilnehmern dieses Encounters. Wir kauften uns die Bücher des Meisters und saugten seine Lehre als Rechtfertigung für unsere Encounter-Erlebnisse geradezu auf. In den Tagen danach las ich in einem der Standardwerke Rajneeshs, „Mein Weg, der Weg der weißen Wolke". Hier einige Zitate:

„Ekstase ist die größte Revolution. Wenn die Menschen ekstatisch werden, wird die Gesellschaft verändert."

Na also! Etwas weiter hieß es dort:

„Seligkeit ist: Einszusein, dahinzufließen mit allem was das Leben uns bringt, so völlig total darin versunken zu sein, daß man nicht mehr ist, daß man sich völlig vergißt."

Ein paar Seiten weiter stand:

„Es gibt ein altes Sprichwort, das sagt: ‚Weine und du weinst allein, lache und die ganze Welt lacht mit dir! Selbst die Bäume und die Steine, die Wolken werden mit dir lachen'. Wenn du die Wirkung herstellst und ekstatisch bist, werden alle mit dir tanzen. Die gesamte Existenz wird zum Tanz, zum Fest."

Auf die Frage einer Sannyasin:

„Wie können wir die Überbetonung des Intellekts überwinden? Was für Techniken sollen wir praktizieren? Kann uns dabei Willenskraft weiterhelfen?", antwortete Rajneesh:

„Nein, Willenskraft kann euch nicht helfen. In Wirklichkeit ist Willenskraft überhaupt keine Kraft, weil sie vom Ego abhängig ist. Der menschliche Wille ist ein winziges Phänomen. Er hat keine große Macht: Wenn man willenlos ist, ist man mächtig, denn man ist eins mit dem Ganzen. Eigentlich ist Willensstärke eine Art von Impotenz. Wir haben einen Willen, um zu verbergen, daß wir schwach sind."

So also ist es. Später sprach Rajneesh davon, daß wir alle Buddhas seien. *„Jeder von euch kann erleuchtet werden"*, sagte er. *„Es kann jeden Moment geschehen."*

Und dies, so schrieb Rajneesh, sind die Wahlmöglichkeiten:

„Es gibt zwei Lebensweisen: eine ist angstorientiert, die andere liebesorientiert. Eine angstorientierte Lebenshaltung kann euch niemals in eine tiefe Beziehung führen. Ein liebesorientierter Mensch ist ein religiöser Mensch. Er hat keine Angst vor der Zukunft, er fürchtet sich nicht vor den Konsequenzen. Er lebt im ‚Hier und Jetzt'."

Was es bedeutet, im „Hier und Jetzt" zu leben, erklärte Rajneesh so:

„Das Ego ist die Eierschale – es schützt dich. Wenn du bereit bist, zerbrich die Schale, und du kommst zum Vorschein. Um Egolosigkeit zu erreichen, ist zunächst Hingabe an den Meister nötig. Gebt euch hin – und der Rest wird von mir getan."

Rückschauend muß ich zu meinem eigenen Erstaunen feststellen, daß ich diese Sätze völlig unkritisch las. Ich nahm an, daß diese Hingabe das Selbstverständlichste der Welt sein mußte, um über ein anderes Bewußtsein zur Erleuchtung zu kommen. Es war, als ob ich von einem Autopiloten in mir gesteuert würde. Anderen Encounter-Teilnehmern ging es ebenso. Ich hielt, wie sie, diese Sprüche für tiefe Einsichten in die Wahrheit des Lebens.

Seiten später hieß es:

„Ja, ihr sollt dem Meister voll und ganz folgen." Dies mußte aber rasch geschehen. Rajneesh verwies auf die einmalige Chance „hier und jetzt":

„Es gibt Zeiten, in denen ihr mich nicht mehr persönlich um Rat fragen könnt – und bald verschwindet der Meister ganz aus seinem Körper. Dann könnt ihr ihn nicht mehr körperlich besuchen. Mein Körper kann jeden Augenblick von mir abfallen, ich brauche ihn jetzt wirklich nicht mehr mit mir herumschleppen – ich behalte ihn nur für euch."

Erst machte er Druck, dann versuchte er es mit Verführung:

„Ein Sannyasin ist kein Mensch, der seine Wünsche abgetötet hat. Ein Sannyasin lebt in der Realität, nicht im Traum. Er genießt die Wirklichkeit. Ein Sannyasin ist echt. Wenn er lächelt, kommt es aus seinem Wesen. Wenn er wütend ist, kommt es auch aus seinem Wesen. Werdet Sannyasins – unschuldige, wiedergeborene Menschen. Unschuldig sein heißt göttlich sein. In eurer Unschuld seid ihr zu Göttern geworden", hieß es am Ende des Buches.

Meine Reaktion

Schon im Februar schmiedete ich Pläne, nach Poona zu gehen. Die Initialzündung der Encounter-Gruppe hatte bei mir, wie bei allen anderen 51 Teilnehmern, ihre Wirkung getan. Ich traf sie alle ohne Ausnahme wenig später im indischen Ashram des Meisters wieder.

Mit einer deutschen Bekannten erreichte ich Poona am 1. März. Unsere Stimmung war so erwartungsfroh, als sei es kurz vor Weihnachten. Nachdem wir ein Hotel gefunden hatten, fuhren wir sofort in den Ashram. Je näher wir unserem Ziel kamen, desto mehr häufte sich die Farbe orange im Stadtbild. Zu Fuß, auf Fahrrädern, in Rikschas strömten Hunderte zum gleichen Ort, kaum registriert von den vielen Indern auf den Straßen. Mit unseren Rikschas verließen wir die graue, laute, geschäftige Stadt und näherten uns einem Villen-Vorort.

Mit glühenden Wangen standen wir vor diesem Sandkasten-Eldorado für Erwachsene. Am schweren hölzernen Tor mit Messingbeschlägen geboten uns großgewachsene, deutsche Wachen Einhalt. Wir wurden erst dann herzlich willkommen geheißen, nachdem wir uns als potentielle Jünger mit dem nötigen Kleingeld ausweisen konnten.

Der Ashram war ein Paradiesgarten mit den schönsten tropischen Pflanzen und Blumen, die ich je auf einem Platz gesehen hatte. Kleine Kieswege durchzogen den Garten, dazwischen Häuser. In der Mitte das zweistöckige Verwaltungsgebäude. Daneben Kantine und Gruppenraum-Haus. Mehr zum Rand, zur Mauer hin, einstöckige Wohnhäuschen. Überall zwitscherten exotische Vögel. Tausende fröhlicher Menschen schienen durch den Garten zu schweben, plauderten auf Steinen sitzend, umarmten sich lange und liebevoll. Manche tanzten in der zentral gelegenen etwa 100 Meter langen und 40 Meter breiten Halle. Diese sogenannte Buddha-Halle bestand aus einem Steinfußboden, in den Holzstangen eingelassen waren. Sie trugen ein riesiges Blechdach, das innen von einem weißen Baumwolltuch abgedeckt war.

Im Verwaltungszentrum ging es geschäftsmäßig zu. Ma Prem Arup, eine derbe Holländerin und Sekretärin von Ma Yoga Laxmi, empfing uns wie alte Bekannte. Sie fragte, wieviel Zeit und Geld wir hätten und sagte uns, daß wir am allerbesten in den Gruppen-Therapien die Ziele des Ashrams und des Meisters kennenlernen könnten. Eine Auswahl von 35 Gruppen stand uns zur Verfügung. Ein richtiger Supermarkt für Erleuchtungssuchende.

Ich buchte Centering. In dem Prospekt wurde angekündigt: *„Diese siebentägige Gruppe, teils intensiv, teils* *spielerisch, verwendet Gruppenspiele, Meditations- und Konzentrationstechniken. Die Betonung liegt nicht auf Konfrontation und Katharsis, sondern auf der Bewußtheit des einzelnen.“*[149]

Arup gab mir noch einen Vorbereitungszettel (vgl. Anmeldeformular im Anhang). Ich wurde darin unterwiesen, daß ich keine ansteckenden, vor allem Geschlechtskrankheiten, haben dürfe, auch nicht Läuse oder sonstiges Ungeziefer.

Am nächsten Morgen wollten wir den Meister „live“ erleben. Dabei machte Julia, meine Bekannte, ihre erste Enttäuschung.

Vor jeder morgendlichen Vorlesung des Meisters mußte jeder Heilsuchende einen Schnüffeltest bestehen. Zwei weibliche Sannyasins beschnüffelten das Haupthaar und den Körper der Eingangswilligen. Da Rajneesh an Asthma litt, durfte keiner einen Parfüm- oder Shampoo-Geruch mit sich bringen. Meine Bekannte wurde nicht durchgelassen.

Ich hatte Glück und saß mit den fast 3000 Leuten in der Buddha-Halle. Gespannt und schweigend warteten wir auf den Augenblick der Gottes-Begegnung. Irgendwo knarrten Kieselsteine. Eine schwere Limousine näherte sich langsam dem Hintereingang zur Buddha-Halle. Der Meister, Bhagwan Shree Rajneesh, entstieg einem Rolls Royce. Ma Yoga Laxmi saß am Steuer.

Langsam, fast über der Erde schwebend, betrat „Bhagwan“ mit zum Gruß aneinandergelegten Handflächen die Halle. Er lächelte. Alle Zuhörer hielten ihm ebenfalls ihre Hände zum fernöstlichen Gruß entgegen. Er setzte sich.

Langsam fing er an zu reden: „Wenn du Liebe suchst, hältst du eigentlich Ausschau nach Schwierigkeiten. Wenn du eine Partnerschaft anstrebst, suchst du eigentlich ein Problem“, sagte er. „Jede Beziehung“, so fuhr er fort, „ist im Grunde lediglich ein Schritt zur letzten und eigentlichen Beziehung: Zur Beziehung zum Meister.“ Mit lauter Stimme rief Bhagwan in die staunende Menge: „Sucht euer Heil nicht mehr in zwischenmenschlichen Beziehungen, sucht die endgültige Beziehung.“ Dafür waren wir hierher gekommen.

Der Abend im Ashram: Rajneesh hielt jeweils um 18.30 Uhr, im Vorhof seiner Wohnung, einen abendlichen Empfang für seine Jünger ab. Eine Stunde vorher mußten sie durch einen ganz besonderen Schnüffel-Test gehen. Nun durften sie nach nichts anderem mehr riechen als menschlichem Fleisch. Dem Meister schienen also schon damals Gerüche seiner Leute ein Greuel zu sein.

An diesen abendlichen Meister-Jünger-Begegnungen wurden jeweils zehn Menschen aus dem Westen in die neue Jüngerschaft eingeweiht. Rajneesh sagte ihnen, Sannyas zu nehmen bedeute, das Tal des Todes zu beschreiten. Er tat dies lächelnd und mit der Geste eines freundlichen Onkels, der seine Nichten und Neffen in eine Trance versetzen mußte, um sie vor der schrecklichen Welt zu bewahren. Mit seinem Daumen drückte er seinen neuen Jüngern in die Mitte der Stirn. Die Inder vermuten hier den Sitz der Seele.

Sannyasins, die nach Hause fuhren, fragte er, wann sie wiederkommen. Sannyasins, die aus der Heimat kamen, fragte er, wie lange sie blieben. Am Ende der abendlichen Veranstaltung bekamen all jene, die durch die spirituelle Lebensweise im Ashram erschöpft waren, einen sogenannten Energiepush. Bei amelodischen Rhythmen der Band und geschickt eingespielten Licht-Blackouts, rieb Rajneesh an der Stirn der Erschöpften herum. Vor und hinter den Bedürftigen knieten Rajneesh-Bräute. Die anwesende 100köpfige Menge seliger Besucher machten „HMMMM", und der solchermaßen Behandelte flippte kreischend aus.

Die Assistentin von Vereesh, Ma Prem Samadhi, erklärte mir dieses Schauspiel: „Bhagwan is blowing their minds." Dieser Energie-Darshan, wie es hieß, sollte die Menschen aus ihrer trostlosen Welt in die Glückseligkeit des Universums hinausschleudern.

Ich war erstaunt über die Menschen im Ashram. Es waren Menschen aus der Kriegs- oder Nachkriegsgeneration. Es waren entweder Menschen, die nie erwachsen werden konnten, weil sie auch nicht wußten, was Kindsein bedeutet. Sie alle sehnten sich danach, einmal wirklich Kind zu sein, oder wirkliche Geborgenheit zu erfahren. Was sie früh gelernt hatten, waren Disziplin und Pflichten. Hier bei Rajneesh konnten sie endlich frei sein und spielen, oder sie durchlebten eine Krise und suchten eine neue Heimat. Die häufigsten Krisenauslöser waren:

- *Schwierigkeiten* im Beruf, den Verlust des Partners. Sexuelle oder emotionale Probleme. Plötzliche Arbeitslosigkeit oder Anpassungsschwierigkeiten und Einsamkeit nach einem Ortswechsel.
- *Autoritätsprobleme.* Als Kinder waren sie entweder sehr starken oder sehr schwachen Eltern ausgesetzt. Sie erlebten entweder einen Mangel oder ein Zuviel an Autorität. Sie hatten weder eine unverkrampfte Beziehung zur Autorität, noch fanden sie ihre eigene Autonomie. Sie suchten die Autorität, die ihnen den Weg aus der Sackgasse weisen konnte.
- *Desillusionierung* mit der Gesellschaft. Sie machten Erfahrungen mit einseitig profit- oder machtorientierten gesellschaftlichen Gruppen, litten unter mangelnder Mit-Menschlichkeit oder suchten Alternativen für eine von Luftverschmutzung und Waldsterben gebeutelten Gesellschaft. Das Fehlen von Solidarität und Gemeinschaftsdenken veranlaßte sie zum Ausstieg.[150]

Immer also war es die Suche nach einem Ausweg aus emotionaler, intellektueller oder moralischer Verwirrung, nach einer neuen Lebensform und nach einer besseren Perspektive. Ihnen predigte Rajneesh nicht, wie einst die aufmüpfige Studentengeneration in gesellschaftspolitischen Aufrufen oder Demonstrationen, Gewaltakte gegen das Establishment. Er lehrte im sonnigen Indien, in einem paradiesischen Garten, daß das Gefühl der wahre Lebensinhalt sei. Ma Yoga Laxmi stellte dazu den entsprechenden Lebensraum zur Verfügung. Das war dann für die meisten die wundersame Erlösung. Vom steinigen Weg eines Lebens mit Konflikten, Mißverständnissen und Enttäuschungen erschöpft, wurden sie hier mit offenen Armen empfangen und in ein fröhliches Leben aufgenommen.

Die Saat der Gewalt

Das probate Rezept, den Alltag zu vergessen, gab Rajneesh am 16. März 1979: *„Wissen ist häßlich, weil es aus zweiter Hand kommt. Verstehen ist einzigartig. Wahrheit ist nichts Festes, Statisches. Wahrheit ist ein Fluß. Wissen ist Vergangenheit: Verstehen ist Zukunft, Wahrheit ist Gegenwart.“*

Schon nach drei Wochen schien mir mein Alltag wie ein Alptraum aus vergangenen Zeiten. Drei Wochen nach meiner Ankunft ließ auch ich mich zum Sannyasin initiieren. Ich war dem Charisma, der Faszination des hypnotischen Meisters erlegen, und ich hatte das Gefühl, einem Programm zu folgen, das nicht von mir kam.

Am 17. März 1979 übergab mir Rajneesh die 108 Perlen zählende Kette mit seinem Bild und sprach zu mir:

„Dies ist dein neuer Name, Swami Anand Virendra. Anand heißt Glückseligkeit, Virendra heißt Gott des Mutes; der ganze Name heißt: Gott der Glückseligkeit und des Mutes.“ (s. Initiationsurkunde im Anhang).

Und dies waren seine interpretierenden Worte: *„Glück und Mut sind zwei Aspekte des gleichen Phänomens. Nur der Mutige kann glücklich sein, und nur der Glückselige kann mutig sein. Es ist komisch, daß nur der Mutige glückselig sein kann, aber es ist so. Es ist überhaupt nicht komisch, es hat eine innere Logik. Elend braucht keinen Mut, Elend braucht kein Risiko. Glückselig zu sein heißt, allein zu sein. Glückselig zu sein heißt, nicht mehr ein Teil der Masse zu sein.“*

Er lobte meine Entscheidung für ihn: *„Beträchtliche Intelligenz ist dafür vonnöten, denn jeder dumme Mensch kann irgendeine Philosophie glauben oder an eine Ideologie, die ihm von der Gesellschaft beigebracht worden ist. Nur intelligente Menschen revoltieren. Sie wollen die Wahrheit aus erster Hand. Und Wahrheit kann nur aus erster Hand kommen, kommt sie aus zweiter Hand, ist sie eine Lüge.“*

Natürlich konnte diese Wahrheit nur aus seiner Hand kommen.

Zwei Tage später wurde Julia auf einem fahrbaren Bett aus dem Aufzug eines Hospitals gefahren. Sie schlief friedlich. Ihr blondes Haar fiel wie Sonnenstrahlen auf ihre Stirn. Die Narkose hatte sie in eine andere Welt getragen. In eine Welt, weit, weit weg von dieser Realität. Ich half der Schwester, Julia von der Bahre zu heben. Vorsichtig legten wir sie ins Bett. Das Zimmer lag im Erdgeschoß, Durchgangszimmer für Frauen nach erfolgter Abtreibung. Am Bettende war ein Korb befestigt, wie an jedem Bett dieser Klinik. Der Chefarzt dieser Entbindungsklinik war Sannyasin und Gynäkologe. Rajneesh hatte Julia die Abtreibung durch sein Sprachrohr Arup mit der Begründung empfohlen, „sie sei noch nicht reif für die Mutterrolle".

Eine halbe Stunde später begann sich Julia zu bewegen. Ganz langsam kam sie zu sich. Sie schlug ihre Augen auf und sah die hellblau gestrichenen, hohen Wände und erschrak: „Wo bin ich", fragte sie mit ängstlicher Stimme. Ihre Augen schweiften suchend durchs Zimmer. Sie hielt inne, hob ihren Kopf, starrte auf den leeren Korb an ihrem Bettende. Sie stieß einen entsetzlichen Schrei aus, starrte immer wieder auf den leeren Korb. Ihr Körper krümmte sich. Sie fing an zu weinen, zu schluchzen, zu schreien. Es war der Schrei eines tödlich getroffenen Tieres, das entsetzt dem Tod ins Auge sah. Ihr Körper bäumte sich auf. Sie heulte ohne Tränen. „Warum ist der Korb leer?" fragte sie mit entsetzten Augen.

Ma Prem Arup hatte ihr im Namen „Bhagwans" eine Woche zuvor mitteilen lassen: „Ein Kind nimmt dir viel zu viel Energie weg. Energie, die du für dein eigenes Wachstum brauchst."

Eine Schwester bat mich hinaus. Der Chefarzt wollte mich sprechen. „Die Abtreibung verlief ohne Komplikationen", sagte er zu mir. „Es kann allerdings sein, daß sie noch etwas blutet. Das ist normal." Er verabschiedete sich mit den Worten: „Dir, Swami, und deiner Ma wünsche ich eine gute Zeit in Poona." Er war in Eile und meinte im Gehen:

„Vielleicht sehen wir uns einmal im Ashram." Julia hatte sich bald wieder gefangen. Gefaßt sagte sie: „Wir können jetzt gehen."

Wenige Tage später begann ich meine zweite Therapie-Gruppe. Sie hatte den Namen „Intensive Erleuchtung". In der Gruppe traf ich einen Mit-Encounter-Teilnehmer aus Margarethenried, einen Lehrer. Die Aufgabe der Gruppe bestand darin, im Stundentakt jeweils einem anderen Gegenüber in die Augen zu schauen und ihn zu fragen: „Sage mir, wer du bist."

Wir empfanden diese als Reinigungsprozeß deklarierte Übung, in der „Schicht um Schicht unsere oberflächliche Identifikation" gereinigt werden sollte, als einen schlechten Scherz und fingen an zu lachen, wann immer wir uns begegneten. Anfänglich wurde dies von den Gruppenleitern als Teil des für die Hingabe nötigen Läuterungsprozesses goutiert. Als dieses Lachen offenbar zu einem Ärgernis wurde, bedeutete man uns sanft, aber bestimmt, die Gruppe zu verlassen, und zwar augenblicklich.

Julia und ich sahen uns bald kaum noch. Das Ashram-Programm hielt uns in Atem. Sie entschloß sich spontan, für immer im Ashram zu bleiben. Ich war mir dessen noch nicht so sicher.

Ich schwankte zwischen Faszination und Vorsicht hin und her. Am meisten störte mich, daß der Meister für den gewöhnlichen Jünger nicht zugänglich war.

Mit spirituellen Meistern hatte ich andere Erfahrungen gemacht. Drei Jahre zuvor, im Jahre 1976, besuchte ich einen Monat lang ein japanisches Zen-Kloster, nahe Kyoto. Dort war der Meister täglich für seine Handvoll Schüler zu sprechen. Er gab ihnen Ratschläge, antwortete auf Fragen – und machte vor allem keinen Hehl daraus, daß wirkliche Erleuchtung vielleicht, und wenn überhaupt, etwa nach 12 oder 13 Jahren disziplinierter, täglicher mehrstündiger Meditation erlebt werden könne. In Poona waren solche Gespräche verpönt. Er sei ja, so hieß es, durch seine Energie überall präsent.

„Warum bist du hier?“ fragte ich viele Sannyasins und blickte in fragende Augen. „Was hast du früher gemacht?“, fragte ich und erntete verständnislose Blicke. Fragte ich: „Was machst du hier?“, begannen die Augen zu leuchten. „Ich bin jetzt zu Hause“, hörte ich. „Bhagwan ist mein Meister, und ich bin bei ihm“, antwortete man mir.

Eine Begegnung mit einer deutschen Stewardeß ließ mir die Nackenhaare zu Berge stehen. Ich traf Sanjana in einer kleinen Hütte im Garten einer Villa. In der Villa fanden Therapie-Gruppen statt. Im Kerzenschein saß sie mit nacktem Oberkörper, wiegte mit erwartungsvollen Augen ihren Oberkörper hin und her und streichelte eine Katze. „Ah, aha ha ha, wie gut, daß du da bist“, fing sie an zu reden. „Warst du vorgestern bei der Celebration? Die Energie, die da floß. Ahh, ich habe lange Zeit im Ashram geputzt.“

Diese zusammenhanglosen Worte sagte sie in einem Tonfall ohne eine Betonung. „Das war gut, so richtig Hingabe. Ahh. Jetzt mache ich eine leichte Arbeit. Ahh, und Bhagwan spricht so viel von der neuen Community, für die wir jetzt alle vorbereitet werden sollen. Ahh, und du weißt ja, wir haben die Wahl: entweder geht die Menschheit im Jahre 2000 unter, oder wir kehren um, ahh.“ So fuhr sie fort mit ihren Ahhs. Ich brachte kein Wort heraus.

Nach einer Weile: „Übrigens, übermorgen lasse ich mich sterilisieren. Ahh, Bhagwan will es so.“ – Pause. – Ich fragte sie: „Hast du keine Angst?“ – „Natürlich habe ich Angst. Ich habe gehört, daß gerade in der letzten Woche bei Sterilisationen zwei Mädchen die Gedärme geplatzt sein sollen. Doch für Bhagwan tue ich alles.“ Sanjana verabschiedete sich mit einem langen „A h h h“.

Meine nächste Gruppe hieß Samarpan, das heißt in Sanskrit „Selbstaufgabe“. Mit Selbstaufgabe war zweierlei gemeint, so hieß es im Prospekt:

Erstens: *„Das wahrhafte Öffnen meiner Selbst“*, also das Überwinden meiner Schutzmechanismen.

Zweitens: *„Die totale Öffnung zum Meister.“*

Da ein Mensch unzulänglich sei, hieß es dort, also seine

Hingabe auch nicht vollkommen sein könne, müsse seine Hingabe bis zur Selbstaufgabe geübt werden.

Die Umstände schienen günstig. Der Rahmen: Geschlossene Gesellschaft in einem mit grünen Matratzen ausgelegten Raum mit Leuten, denen ich wahrscheinlich nie wieder begegnen werde. Wieder wurde ich nach Läusen oder Geschlechtskrankheiten befragt. Ich konnte erneut verneinen.

Am Nachmittag bevor die Gruppe begann, traf ich Samadhi, Vereeshs Freundin. Sie zeigte mir ein Fotoalbum mit Sex-Szenen vom Encounter in Margarethenried. Am Abend bei ihrer Audienz mit dem Meister wollte sie es ihm zum Geschenk machen. Ich war perplex. Schaut sich also dieser Onkel hinter seinen Mauern in klimatisierten Räumen und umgeben von schönen Mädchen etwa Porno-Alben an?

Julia hatte inzwischen einen Sannyasin-Freund gefunden. Ihre Mutter schickte Geld für den weiteren Aufenthalt. Ich selbst war zwischenzeitlich in Deutschland und verkaufte mein gesamtes Hab und Gut. Freunde und Verwandte mochten mich wohl für verrückt erklärt haben. Doch ich war, wie mittlerweile alle anderen 51 aus Margarethenried, voll und ganz auf dem Erleuchtungstrip.

Rajneesh war auch in diesem Gruppenraum anwesend, wenn auch nur als Foto. Er lächelte freundlich. Mittlerweile schrieben wir den 26. Juli 1979, und ich war als Doktorand der Rajneesh Universität Poona eingeschrieben. Meine erste Übung in diesem akademischen Studium war Samarpan: „Selbstaufgabe“.

Am Abend vor Gruppenbeginn traf ich eine junge Frau aus Kanada. Sie war von zartem Wuchs, hatte ein klassisches Gesicht, hohe Backenknochen mit klaren Linien und trug ihre Haare im Afro-Look. Sie fing an zu schluchzen. Tränen. Sie weinte, zitterte, legte sich an meine Schulter. Ein Bündel Leben von Schauern durchschüttelt. Stockend fing sie an zu erzählen. Ihre Eltern waren gerade in einem

Unfall ums Leben gekommen, und sie hatte erfahren, daß ihr Bruder unheilbaren Krebs hatte. Das war zuviel für sie. Sie fuhr nach Poona, um Trost zu finden und einen neuen Lebenssinn. Ich nahm sie in den Arm und tröstete sie. Langsam faßte sie sich wieder.

Am nächsten Morgen kam der Therapeut. Swami Anand Rajen, ehemals Allen Lowen. Über einer hellroten Hose trug er ein dunkelrotes Jacket. Der Engländer war nicht zu verkennen. Über dem Arm trug er einen schwarzen Schirm. In Indien war Regenzeit. Er zog sich gelassen nackt aus und setzte sich vor die Gruppe. Rajen schwieg.

Die Gruppe schwieg auch. Draußen ein warmer, sonniger Sommertag. Drinnen unerträgliche Spannung. Die Kanadierin fing an zu schluchzen. Sie schluchzte und schrie ihre Traurigkeit heraus. Rajen zeigte keine Reaktion. Im Raum Hochspannung. Verzweifelt suchte die Kanadierin bei Rajen Geborgenheit, kroch auf allen Vieren zu ihm hin. Er nahm sie in den Arm, streichelte sie. Dann fing er an, mit seiner linken Hand sie sexuell anzumachen und schlief mit ihr auf offener Szene.

Nach zwei Minuten ließ er von ihr ab und sagte zu ihr: „Du mußt wissen, Mädchen, Sex ist Leben, Energie. Leid ist Tod. Was du brauchst, ist Sex, sonst gar nichts.“ Nach einer Pause: „Im übrigen, es hat überhaupt keinen Spaß gemacht. Du bist eine kalte Hexe. Bums dich durch den Ashram.“

Die Kanadierin lag am Boden und wimmerte. Rajen zitierte Rajneesh: „Der größte Feind unserer Lebensweise sind unsere sexuellen Bedürfnisse“, und fuhr fort: „Ihr müßt eure Sexualität total erfahren.“ Drei Tage später schlief in der Samarpan-Gruppe jeder mit jedem.

Frühmorgens um 5.30 Uhr wurden wir geweckt. Teilnahme an der „Dynamischen Meditation“ war Pflicht. Wir standen auf, wußten nicht, wo wir sind. Es war eine Auflösung ins Leere. Die Gruppe, die gerade noch eine Gemeinschaft, die Liebe selbst war, trottete im Gänsemarsch zur Buddha-Halle. Wir mußten ausgesehen haben wie ein Zug von Waisenkindern mit viel Angst in den Augen. Wir zogen mit unseren Taschen und unseren roten Gewändern in einen neuen Tag. Was mochte er bringen, außer Hoffnung, Zweifeln, Ängsten?

Der Meister hielt wieder eine Rede. Sie war in Hindi und nicht zu verstehen. Nach der Rede zottelten wir wieder in den Gruppenraum zurück. Es ging wieder um Sex. Frauen kämpften miteinander, rauften sich die Haare, bespuckten sich, nannten sich gegenseitig Huren, rasten plötzlich von ihrem Sitz hoch in Richtung eines ihrer Verführer, keiften und spuckten sie an.

Plötzlich überfielen zwei Männer eine Australierin. Sie versuchte, sich mit zwei deftigen Fausthieben ihren gewalttätigen Verführern zu entziehen. Doch mit brüllendem Geheul, einem Balzgebrüll gleich, vergewaltigten sie die Australierin. Sie wehrte sich wie ein waidwundes Tier, wehrte sich verzweifelt. Der eine strangulierte sie, der andere vergewaltigte sie.

Ich war wie gelähmt. Zwei sich widerstrebende Gefühle hielten sich gegenseitig in Schach. Einerseits war ich wütend über das Unrecht, das hier diesem wehrlosen Mädchen angetan wurde. Andererseits genoß ich diese grausame Szene als Voyeur. Zusammen mit einem Schweizer ging ich dazwischen. Es gab einen Kampf. Rajen und seine Getreuen stießen uns mit den Worten beiseite: „Mind your own shit“, was soviel heißt wie: „Kümmere dich um deine eigene Scheiße.“ Die Australierin lag anschließend wie ein winselndes Kind da. Sie war gebrochen. Auf allen Vieren kroch sie zum Gruppenleiter. Er streichelte sie und sagte nichts. Drei Tage später, am Ende der Gruppe, ließ uns Rajen wissen, daß wir alle das Ziel der Gruppe verfehlt hätten.

Wir waren tatsächlich glimpflich davongekommen. Aus anderen Gruppen wurden mir Rippen-, Arm- und Beinbrüche berichtet.

Drei Wochen vor dieser Gruppe gab die Ashram-Leitung eine Presseveröffentlichung mit der Überschrift heraus: „Keine Gewalt mehr in den Rajneesh-Therapien.“[151] Gewalt habe nun ihren Zweck erfüllt, hieß es da. Es wurde eine therapiefreie Zeit in der Zukunft angekündigt, mit der Begründung, daß dann „Liebe und Intelligenz die Wunden öffnen werden". Eine nicht näher definierte Sonne sollte dann diese Wunden heilen. Alles Quatsch. Nichts hatte sich geändert.

Am Ende von Samarpan las ich wieder in Rajneeshs Buch „Mein Weg, der Weg der weißen Wolke". Rajneesh beschrieb Hitler als eine Persönlichkeit von hypnotischer Anziehungskraft. Die Menge, die ihn umgab, war „ein wogendes Meer", sie konnten sich wie eine Welle im Ozean fühlen: „Da fühlt man sich gut, erfrischt, glücklich, man vergißt seine Sorgen, sein Elend, seine Einsamkeit und Entfremdung." Mir schwante, daß Rajneeshs System nach dem gleichen Muster ablief.

Der Sannyas-Lebensstil in Poona

Mittlerweile schrieb der Ashram in Poona den 31. Juli 1979. Im Ashram herrschte Hochalarm. Einige weibliche Sannyasins, die in Bombay in totaler Selbstaufgabe auf den Strich gingen, um hier im Ashram ihr Leben zu fristen, ihre Therapien zu bezahlen, hatten eine völlig neuartige Geschlechtskrankheit eingeschleppt. Zuerst wurden ihre Augen weiß, danach erblindeten sie. Es gab eine Woche Sex-Verbot.

Der Strom der Erleuchtungshungrigen nahm täglich zu. Der Ashram platzte aus allen Nähten. Mittlerweile wohnten rund 600 auserwählte Jünger im Ashram. Sie alle hatten ihr Eintrittsgeld bezahlt oder sich durch besonders nützliche Fähigkeiten als ashrameigene Arbeiter – ohne Anspruch auf Entlohnung – qualifiziert. Umliegende Gebäude mußten für den Zustrom der inzwischen 5000 aus aller Welt anreisenden Therapiewilligen angemietet werden. Die Ashram-Leitung gab bekannt, der „einzig lebende Meister unserer Zeit hat mittlerweile 250 000 wahrheitssuchende Menschen in seinen Orden initiiert." In Poona war kein Hotelzimmer mehr frei. Man rückte zusammen, schlief zu dritt oder viert in kleinen Mansarden. Manche bauten am nahegelegenen Fluß eine Bambushütte oder ihr Zelt auf.

Morgens wurden in dem ashrameigenen Gemeinschafts-Dusch- und Toilettenraum Schichten eingelegt. Jeweils 50 Mas und Swamis waren zugelassen. Auf der einen Seite des Raumes waren etwa zehn bis zwölf Duschen, auf der anderen Seite ebenso viele Toiletten angebracht. Ich sah in angstvolle und verzweifelte Augen. Es waren Augen von Kindern, die in irgend etwas hineingeraten waren und darüber traurig waren, die aber alles nachmachten, genauso wie man es ihnen vorsagte. Die Reihe der duschenden und scheißenden Damen und Herren aus aller Welt sah eher wie eine dalihafte Darstellung von „Warten auf Godot" aus. Sie waren nur noch erwartungsvoll in die Leere starrende Augen. Für sie hatte die Managerin Ma Yoga Laxmi folgenden Tagesablauf organisiert:

Um 6 Uhr morgens eine Stunde verrückt spielen, Dynamische Meditation genannt. Danach ohne Frühstück anstellen zur Vorlesung.

Um 8 Uhr sprach der Meister in seiner eineinhalbstündigen Vorlesung über „Gott und die Welt".

9.30 Uhr vegetarisches Frühstück.

Um 10.15 Uhr Volkstanz in der Buddha-Halle. Gleichzeitig wurden Heilungsgruppen abgehalten. Die Rajneesh-Energie sollte Menschen von ihren Krankheiten heilen.

Um 12 Uhr Mittagessen, Gemüse, Süßigkeiten, Tee und Wasser.

Um 14 Uhr die Tonband-Vorlesung Rajneeshs über den Lautsprecher in der Buddha-Halle.

Um 18 Uhr Kundalini-Meditation.

Zum Abendessen wieder Gemüse und zum Nachtisch Süßigkeiten.

Den Darshan mit dem Meister um 19 Uhr gab es für wenige Erwählte.

Der Rest versammelte sich um 20 Uhr in der Buddha-Halle, um den Meister in Gesängen zu lobpreisen. In einer sogenannten Musikgruppe tanzten Tausende von Menschen mit „oh Bhagwan, Halleluja Bhagwan" auf ihren Lippen.

Um 22 Uhr war Zapfenstreich.

An dieser strikten Lebensordnung fanden nur jene Gefallen, für die Rajneeshs Ashram die „letzte Instanz“ war, zur Verschmelzung bereit. Die noch emotional, intellektuell oder materiell Begüterten trafen sich im nahegelegenen Luxushotel „Blue Diamond“. Über einem Imbiß oder Cocktail plauderte man über Rajneeshs letzte Rede, oder man traf sich zum Schwimmen im hoteleigenen Pool oder zum „date“ in hoteleigenen Zimmern.

Wirklich eingeweihte Schickeria-Sannyasins feierten abends Feste. Angeheuerte indische Zeremonienmeister kredenzten Marihuana-Zigaretten oder boten in einem Shilum ein Gemisch von Haschisch oder Opium an. Erwachsene und Kinder genossen diese Fluchthilfen als Trostpflästerchen nach den schweren Stunden in den Therapien.

Am 4. August 1979 war ich zu einer dieser Parties eingeladen. Auszug aus meinem Tagebuch:

> Oliver, ein australischer Rinderfarmer, gab sein Abschiedsfest. Er wohnte in einem hochherrschaftlichen Haus. Auf dem Boden des 40 Quadratmeter großen Wohnraumes standen auf Bastmatten Salate, Obst, Käse, Brot und Tee. Die Wände waren mit Bhagwan-Bildern geschmückt. Der süßliche Duft eines Joints gab dem Raum eine besondere Würze. Der Rinderzüchter thronte mit erhabenem Lächeln, vornehm in alle Richtungen schauend, auf einem Sessel. Er sah aus wie König Lear aus Shakespeares Drama: würdig, hoheitsvoll, wenig Gesten.
>
> Zu seinem Abschied fanden sich bisher vielleicht 30 Sannyasins ein, darunter fünf Kinder. Ständig kamen neue Partygäste. Oliver begrüßte sie sitzend. Egal, wer kam, er hieß sie willkommen. Man setzte sich und aß, reichte sich Schalen hin- und herüber, war guter Dinge, plauschte. Dann ein Joint, ein Schluck Whisky. Man teilte sich alles. Dann ein Joint von der linken Seite. Völlig aufgelöst rannten die fünf

sieben- bis zwölfjährigen Kinder hinter den sitzenden Gästen hin und her. Sie hatten es vor allem auf den Joint abgesehen. Einige Eltern fanden das großartig.

Draußen auf der Veranda saß eine Gruppe diskutierender Leute. Sie redeten ohne Worte. In einem Shilom kreiste eine besonders starke Haschisch-Mischung. Ein hagerer, langhaariger Inder, der Rauch-Zeremonienmeister des Abends, stopfte ihn mit Profihand. Mit seinen schwarzen Augen schaute er vielversprechend in die Runde. Jeder hielt bei sich Einkehr und blieb dort stehen, wo er festgefahren war.

Drinnen wurde getanzt. Ich ging ins Wohnzimmer und setzte mich zu Nayana, einer deutschen Sannyasin. Sie hat die lebendigsten Augen, die ich je sah. Wir kannten uns aus Margarethenried. Es sah so aus, als ob sie den für ihre Bewußtseinsstufe passenden Spielgefährten auch hier auf dieser Party nicht finden konnte. „Wenn das meine Mutter wüßte, wo ich hingeraten bin", sagte sie verstohlen zu mir. Eine kraftvolle Frau. Mit ihrer Energie wird sie es im Ashram bestimmt noch weit bringen. Sie wird sicher bald eine verläßliche Gruppenleiterin abgeben.

Sie klagte über Verstopfung, wie die meisten Leute hier. Inzwischen wurde die Bastmattentafel auf dem Boden neu gedeckt: Quark, Reis, Pudding, Linsensuppe, Süßigkeiten und frischgebackenes Brot. Ein Festschmaus. Fröhliche Stimmung bei den Essenden.

Eine ältere Amerikanerin mit wenig Busen, Hängebauch und herausforderndem Lachen tanzte dazu eher gequält mit einer Banane in der Hand. Sie verspeiste sie langsam und eindeutig gestenreich. Die Kinder tanzten im Stil „Saturday-night-fever". Eine recht unbewegliche Mutter ließ sich von ihnen anlernen. Sonst tanzte niemand.

Oliver thronte auf seinem Sessel, und seine Gäste hingen in allen apathischen Schattierungen in irgendwelchen Ecken herum. Nur noch die Kinder verlangten nach Rauschgift.

Endlich hatte ich einen Stuhl ergattert und beobachtete die sterbende Party. Ein indischer Filmstar, fett, feist, selbstbewußt und Whisky-trinkend, hatte auch die Ehre, mit dabei zu sein. Er thronte im zweiten vorhandenen Sessel. Er sah wie ein leicht angefetteter Buddha aus.

Der vielleicht 60jährige Sannyasin-Großvater aus USA sorgte zum Schluß der Party noch für Abwechslung. Es war gegen 2 Uhr nachts. Seine vielleicht dreijährige Enkelin hatte ihre Hosen verloren. Sie stand da mit wilden Haaren, grünen Augen, gähnte und hielt sich mit der rechten Hand an ihrem Großvater fest. Mit der linken zeigte sie auf ihren nackten Bauch. Der total benebelte Opa rief barsch in den sich auflösenden Haufen, ob denn vielleicht einer die Hosen seiner Enkelin gesehen habe oder sogar anhabe, dann möge er sie doch endlich hergeben. Von der Menge keine Resonanz. Schließlich meinte er zu seiner Enkelin: „Such dir doch deine Hosen selber. Aber schnell.“ Schon war die Kleine in Richtung auf eine Tür unterwegs, da herrschte er sie an: „Ach nein, komm laß, wir gehen jetzt nach Hause, schön schlafi, schlafi, schlafi machen.“ Wiederum barsch: „Deine Scheißhosen können wir ja auch noch morgen früh suchen.“ Der Opa aus USA zog mit seiner nacktarschigen Enkelin ab.

Vom indischen Zeremonienmeister verabschiedeten sich alle respektvoll. Er saß im Lotussitz auf einem Kissen. Jedesmal nahm er seine Handflächen zusammen und verbeugte sich langsam. Er lächelte süffisant und sagte „Namaste“, was soviel heißt wie „ich grüße das Göttliche in dir“.

Auf dem Heimweg kam ich an einer Fruchtbar vorbei. Ich setzte mich und bestellte einen Früchtebecher. Dort saß Justus, ein Berliner Soziologe. „Wo kommst du denn her?“ fragte er mich. „Von einer kunterbunten Sannyasin-Abschiedsfete. Und du?“

„Mir ist heute nachmittag ein Zusammenhang klargeworden“, fing er in seiner leicht dozierenden Art an zu erzählen: „Niemals kamen Menschen auf verrücktere Ideen, als auf der Suche nach Liebe, nach Liebe, mit der sie ihre Verzweiflung zu überwinden erhofften. Ihre Versuche, der Liebe auf konventionelle oder vernünftige Weise näherzukommen, sind alle gescheitert. Es bleibt also nur noch übrig, Verrücktes auszuprobieren, um vielleicht so das Land der Liebe zu finden. Verrücktheit ist immer der Versuch, der Verzweiflung zu entrinnen. Und je verrückter Menschen handeln, desto größer ist oder war ihre Verzweiflung. In einer solchen Situation hilft aber nur eine radikale Kehrtwendung, oder das totale Desaster ist unausweichlich. Und die, die zur Kehrtwendung nicht mehr fähig oder in der Lage sind, gehen entweder auf Drogen oder schließen sich Religionen à la Bhagwan an.

Soviel aus meinem Tagebuch.

Am nächsten Morgen, dem 5. August 1979, waren bei einem Flugzeugabsturz auf dem Weg von Poona nach Bombay zwei Sannyasins tödlich verunglückt. Die Gruppenleiterin der sogenannten „Satori-Gruppe“, in die ich mittlerweile hineingeraten war, fragte uns: „Der Tod wartet neben euch, auf was also wartet ihr, auf was? Wann endlich bekennt ihr euch zu eurem Selbst? Wann hört ihr auf, jemand anderes sein zu wollen? Wann endlich hört ihr mit Spielen auf? Wann endlich öffnet ihr euch für Bhagwan?“

In dieser als Erleuchtungs-Therapie deklarierten Gruppe sollte ich wieder einmal herausfinden, „wer ich bin“. Ich war nur noch mäßig interessiert. Am meisten machte mir die Apathie meiner einstigen Freunde aus Margarethenried zu schaffen, in die sie hier so unversehens gefallen waren. Verändert, kaum ansprechbar und verschlossen waren sie. Das übliche, selige Lächeln bei der Begrüßung erstarb schon nach Sekunden. Die Umarmungen waren saft- und kraftlos. Offenbar waren nur wenige stark genug, diesem „Spiel“ noch spielerische Züge abzugewinnen.

Alles oder Nichts

Diese Alternative schien auch in Poona zu gelten. Die Begegnungen mit Charles, Ingeborg, Anneliese und Rupen in der letzten Augustwoche waren symptomatisch für viele andere.

Charles, einen australischen Pferdezüchter, traf ich in einem Lokal in Poona. Er war deprimiert. „Sannyas nehme ich nie", meinte er, „dann verliere ich doch nur meine Selbstbestimmung." Charles wollte in der darauffolgenden Woche abreisen. Zwei Tage später trafen wir uns wieder. Seine Augen leuchteten. Eine ungeheure Ausstrahlung ging von ihm aus. Er war Sannyasin geworden. Strahlend erzählte er: „Bhagwan hat mir alles angeboten. Von ihm bekomme ich alles. Zum ersten Mal in meinem Leben bekomme ich alles, ohne mich anzustrengen."

Charles berichtete, was seinen Sinneswandel ausgemacht hatte: „Gestern nachmittag lag ich entspannt in der Buddha-Halle und schaute auf das Foto von Bhagwan. Plötzlich löste er sich aus dem Bild, kam direkt auf mich zu und brach meinen Brustkorb auf. Kannst du dir das vorstellen? Er nahm einfach seine beiden Hände und brach meinen Brustkorb etwas oberhalb des Sonnengeflechtes auf, riß mir mein Herz heraus und fraß es. Ich starrte ihn entsetzt an und war nahe daran, ohnmächtig zu werden. Auf Bhagwans Gesicht war ein grinsendes Lachen. Das Blut lief ihm rechts und links von seinem Mund in seine weißen Barthaare. Er drehte sich um und ging zu seinem Bild zurück. Er spuckte mein Herz aus und wurde wieder das Bild."

Charles saß da, schien plötzlich müde zu sein. Er hatte seinen Kopf auf seine auf dem Tisch liegenden Arme gelegt und sagte stotternd und mit erschrockenen Augen: „Seither ist mein Herz verwandelt. Seither bin ich Bhagwan verfallen." Er änderte seine Stimmlage und sagte triumphierend: „Alles steht mir nun zur Verfügung. Denn Bhagwan ist doch Gott. Er kann alles. Ich werde jetzt alles kriegen, was ich will, alles. Vor allem Sex und so viel ich will. Vergiß nicht, durch Sex wird man erleuchtet." Charles stand auf und ging grußlos zur Tür.

Einen Tag später traf ich eine alte Bekannte aus Hamburg. Ingeborg war eine ehemalige Krankenschwester. Seit einigen Jahren war sie Sannyasin. Ich suchte gerade ein anderes Zimmer. Sie lud mich ein, bei ihr zu wohnen. Sie hieß jetzt Ma Prem Ingeborg. Sie war völlig fertig. Vor zwei Tagen mußte sie eine junge Deutsche zum Flughafen begleiten, die in einer Encounter-Gruppe verrückt geworden war. Das Mädchen wollte ständig abhauen. Die Ashram-Leitung befürchtete, daß die Polizei sie dann aufgreifen würde. Also wurde Ingeborg beauftragt, auf sie aufzupassen und sie ordnungsgemäß am Flughafen abzusetzen. Über diese Begegnung schrieb ich in mein Tagebuch:

> Ingeborg empfängt mich in einem kleinen schäbigen Zimmer in der Sonal-Lodge. Wir unterhielten uns lange, und nach einiger Zeit fing sie stockend an zu erzählen: „Ich habe Angst, ich habe Angst, ja sehr große Angst." „Wovor?" fragte ich sie. Ingeborg rückte etwas weiter weg von mir, rollte sich ein und fing stockend an zu erzählen: „Weißt du, ich hatte doch immer Schwierigkeiten mit dem Sex. Ich bekam so selten einen Orgasmus, das übliche, und ich kam schließlich hierher, und eines Tages passierte es.
>
> Wie oft am Nachmittag lag ich in der Buddha-Halle und hörte mir die Band-Vorlesung von Bhagwan an. An einem solchen Nachmittag lag ich mit geschlossenen Augen da, schwebte fast in den Worten von Bhagwan, schlage meine Augen auf und sehe Bhagwan vor mir stehen. Er lachte mit diesem lasziven Lächeln. Mir war unbehaglich zumute. Ohne zu fragen legte sich Bhagwan auf mich. Ich war noch ganz verschlafen, und er drang in mich ein. Ich hatte eine Riesenangst, und doch war es schön. Ich muß zugeben", sagte Ingeborg, „seither ist auch Sex für mich der Himmel auf Erden; aber seither habe ich auch Angst."
>
> Ingeborg hielt inne. Nach einer langen Pause – sie hatte sich mittlerweile in ihrem Bett aufgesetzt und

senkte ihren Kopf –, stieß sie erschrocken hervor: „Verstehst du nicht, ich habe Angst." Ich saß ihr im Schneidersitz gegenüber. Ich spürte diese Angst, diese existentielle Angst. Sie fürchtete sich vor etwas. „Vor was hast du Angst?" fragte ich sie. „Ich weiß es nicht, nur eins weiß ich", so Ingeborg: „Seither habe ich meine seelische Unschuld verloren." Danach wurde auch Ingeborg von einem Rajneesh-Therapeuten empfohlen, sich ‚durch den Ashram zu bumsen'.

Soviel aus meinem Tagebuch.

Zwei Tage später kam im Ashram Anneliese auf mich zu. Eine fränkische, schwarzhaarige Schönheit aus Nürnberg, die einst in Margarethenried die Blicke der Swamis auf sich zog, eine jungfräulich schüchterne Frau. Ihre Augen waren leer. Sie schaute mich an, ohne mich anzuschauen. „Woher kommst du", fragte ich sie. „Aus der Tantra-Gruppe", sagte sie gleichgültig. „Was hast du dort erlebt", fragte ich. „Ich kann dir das nicht sagen. Es war furchtbar", erwiderte sie. Die einst schüchtern schöne junge Frau wollte sich von ihrem übermächtigen Vater lösen und damit von einer engstirnigen, lebensfeindlichen Welt. Statt einer neuen Lebensperspektive erlebte sie ihren Zusammenbruch.

Die Tantra-Gruppe war in Rajneeshs Poona Ashram die Gruppe ohne Wiederkehr. „Tantra betrachtet das Leben als ein Gift"[152], weiß der Philosophieprofessor und Indienkenner Johannes Aagaard aus Dänemark. Die Tantra-Philosophie nimmt an, „daß das Böse durch Böses, Gift durch Gift überwunden werden müsse." In der ashrameigenen Presse-Erklärung wurde die Tantra-Gruppe so beschrieben: *„Ein liebender, akzeptierender Raum wird geschaffen, in dem in drei Tagen die Teilnehmer die ihnen anerzogenen Tabus erkennen und erfahren können, die ihren Körpern und ihrer körperlichen Beziehung mit anderen angetan worden sind. Das Ziel der Gruppe ist dem Fluß des Körpers und seiner Energie zu folgen."*[153]

Rajneesh hatte dafür ein 7-Stufen-Programm entwickelt, in dem der Mensch von Stufe eins, einem „animalischen Dasein", zum wahren Menschen einer höheren, spirituellen Ordnung der Stufe sieben durchmarschieren konnte.[154]

Die Tantra-Gruppe sollte das Tier im Menschen endgültig niederkämpfen und die Bahn zum „Heiligen“ frei machen.

Anneliese hatte bei diesem Treppensteigen zum Übermenschen nur das Tier in sich entdeckt. Die anderen offenbar auch. Diese Tiere wurden aufeinander losgelassen. Anneliese hatte mit allen geschlafen, mit Männern, mit Frauen, mit Jungen, mit Alten. Sie hatte sich dabei als Mensch verloren. Anneliese war eine alte, gebrochene Frau von 22 Jahren.

Wieder anders ging es einem der ersten Sannyasin aus der Zeit von Rajasthan, Swami Deva Rupen, einem Zimmernachbarn von mir.

Deva Rupen war seit über zehn Jahren ein Jünger Rajneeshs. Davor war er Millionär. Zum Schluß lebte er nur noch von Opium und Milch. Sein Schatz war eine Blechkiste, gefüllt mit schwarzen Steinen, knochengeschnitzten Totenköpfen, Schlangenzähnen und Schnitzereien aus menschlichen Schädeln. Rupen konnte den Gedankenfluß seines Verstandes nicht stoppen. Er verzweifelte daran, daß für ihn Bhagwans Lehre gedanklich nie nachvollziehbar war. Nachdem er sein Geld verloren hatte, arbeitete er als Goldschmied. Er machte Ringe und verkaufte sie. Doch auch diese Fertigkeit verlor er. Wenig später stürzte er sich vom Balkon des Poonaer Mobos-Hotels und brach sich das Rückgrat.

Rajneeshs Paradiesgarten entpuppte sich für mich zunehmend als eine Fassade.

Statt neuem Bewußtsein oder spiritueller Freiheit erlebte ich totale Abhängigkeit und menschliche Zerstörung. Der Ashram, der das Tor zu Wahrheit und Wachstum sein sollte, war in Wirklichkeit ein Experimentierfeld für Menschenversuche. Menschen, die ihre oder die Probleme der Welt lösen wollten, fühlten sich hinauskatapultiert in eine Welt, die sie nicht kannten, und in der sie sich nicht mehr zurechtfinden konnten.

Entpersönlichung durch Psychomutation

Ich versuchte nach meinem Ausscheiden aus der Rajneesh-Bewegung diese erschreckenden Phänomene zu ergründen. Friedrich Wilhelm Haack nennt diese Auflösung der Persönlichkeit „Psychomutation“.[155] Dieser Begriff beschreibt den Prozeß der Entpersönlichung eines Menschen.

Erster Schritt:

Wenn sich bei einem Menschen die Lebensumstände ändern, sei es durch das Lösen vom Elternhaus, sei es durch einen Wechsel aus einer vertrauten in eine fremde Umgebung, sei es durch den Verlust des Partners oder des Arbeitsplatzes, erlebt er eine Krise, kommen Angst oder Unsicherheit, Fragen oder Zweifel auf. Durch den Verlust der emotionalen Geborgenheit, der sozialen Einbindung und der damit zusammenhängenden Sicherheit in sich und sein Verhalten, stellt sich der Mensch in Frage.

Zweiter Schritt:

In dieser Situation begegnet diesem Menschen eine Heilslehre, ein Guru, eine neue Therapieform, oder ihm begegnen Menschen, die sich seiner besonders liebenswert annehmen, ihn mit „Liebe“ bombardieren, oder die ihm eine auffallende Lebensfreude vorlegen. Dieser erste Kontakt weckt die Neugierde des Einsamen. Dann kommt es zu einem persönlichen Kennenlernen. Begeistert von der liebenden Gemeinschaft, motiviert von der äußerlich gelebten Solidarität, bucht er eine Ferienwoche, nimmt an einem Therapie-Wochenende teil, oder zieht gar in die sekteneigene Wohngemeinschaft, dem Vorhof des Ashrams ein.

Den dritten Schritt beschreibt Haack so:

„Nach und nach, jedoch in ziemlich kurzer Zeit, werden die bisherigen Beschwernisse gelöscht und umfunktioniert. Aus der ursprünglichen Angst wird eine Angst, mit den bisherigen Kontakten weiter verknüpft zu sein. Konflikte werden umgekehrt in Konflikte gegenüber der eigenen Herkunft, gegenüber dem noch ‚im Alten verhafteten' Elternhaus und den bisherigen Lebensbezügen. Freundschaften werden gelöst, Berufsausbildungen aufgegeben. Die Zweifel an der eigenen Situation werden umgepolt in Zweifel an der Familie."

Mit anderen Worten, die ursprünglichen Unsicherheiten, Ängste oder Zweifel, werden über Bord geworfen. Jetzt hat man eingesehen, daß an allem Elend die Familie, die Gesellschaft und ihre Institutionen schuld sind. Wenn dieser Schritt vollzogen ist, hat die Werbung der Sekte Erfolg gehabt.

Der vierte Schritt:

Nachdem die familiären und beruflichen Bindungen abgebrochen wurden, wird dem Neugeworbenen eine neue Identität, ein neuer Name, eine neue Kleidung gegeben. Der Lebenssinn wird jetzt in der spirituellen Bewegung gesehen. „Diese zeigt sich im totalen Engagement für die neue Gruppe, bei der allein nun Geborgenheit, Sinn fürs Leben und der Zukunft gesehen werden", beschreibt Haack. Durch Organisationsanweisungen und Literatur, durch Lehrdarbietungen, Meditation und vertiefende Therapie wird die Bindung an die Gruppe verstärkt. Diese physische und psychische Vereinnahmung sowie die ständig präsente Organisation schaffen gegenüber der Außenwelt unüberwindliche Mauern. Die Außenwelt und ihre andersartigen Botschaften werden kaum oder nur noch selektiv wahrgenommen.

Beim solchermaßen Bekehrten entsteht eine Euphorie, den Konflikt, die Angst, die Unsicherheit überwunden zu haben. Eine Euphorie, einer Elite anzugehören, die das

„rettende Konzept“ für alle Probleme des Lebens und der Welt besitzt. Diese Euphorie zeigt sich in einem ständigen Lächeln, einer „freundlichen Überheblichkeit“. Man hat den Eindruck, als ob diese Menschen ständig 20 Zentimeter über dem Erdboden schweben.

Die Psyche dieser Menschen und ihre Persönlichkeit ist somit verändert. Sie beziehen ihren Lebensinhalt nun aus der Gruppe, können sich eine Zukunft nur noch mit dem Guru vorstellen und leben aus der und für die in der Gemeinschaft herrschende Lehre.

Zwei amerikanische Kommunikations-Wissenschaftler, Flo Conway und Jim Siegelman, haben in ihrem Buch „Snapping“[156] diesen Vorgang der Persönlichkeitsveränderung sehr ähnlich beschrieben. Snapping kann mit „herausschnappen“ oder „ausklinken“ aus der alten Identität übersetzt werden. Ihre Untersuchungsergebnisse decken sich mit denen von John C. Clark[157] und Margret Thaler-Singer[158].

Diese Autoren beschreiben, wie ein Mensch in einer persönlichen oder emotionalen Krise, also zu einem Zeitpunkt innerer Instabilität, nicht über die nötigen Abwehrmechanismen gegen das „rettende Konzept“ eines Gurus verfügt.

Je nach Intensität und Dauer der Beeinflussung, so Conway und Siegelman, kommt es zu einer Persönlichkeitsveränderung in drei Stufen.

1. Veränderter Bewußtseinszustand

Durch den Entzug des alten Bezugssystems und der gewohnten Denkkategorien sowie durch den Wegfall der vertrauten Strukturen wird die Fähigkeit zu denken, zu hinterfragen und zu agieren erheblich eingeschränkt: die eigene Wahrnehmungsfähigkeit wird vermindert.

In diesem Zustand der „Hilflosigkeit“ wird dem so Behandelten durch einen „heiligen Meister“, eine „Heilslehre“ oder eine „religiöse Gemeinschaft“, ein neues Beziehungssystem, ein neues Weltbild angeboten. Durch das Fehlen der alten Strukturen, mit den Abwehrmechanismen und Prüfungsinstanzen, wird das „Neue“ ungeprüft aufgenommen. Die geistige Indoktrinierung oder Seelenwäsche kann ungehindert erfolgen, ohne daß, wie Conway und Siegelman schreiben, der Betroffene merkt, was und wie ihm geschieht. Er gleitet in einen Bewußtseinszustand, der statt auf Abwehr auf Empfang gepolt ist.

Diese Empfänglichkeit kann durch Schlafentzug oder proteinarme und karge Kost zu einer totalen psychischen Offenheit und damit Beeinflußbarkeit gesteigert werden.

Der so Konvertierte erhält in Lehrveranstaltungen, Diskussionen und Therapie-Gruppen dieses neue System von Werten, Denkweisen und Glaubensinhalten ständig bestätigt und wird so abhängig von der Gruppe und seinem Guru. Sie werden seine neuen Verbündeten.

Dieser Zustand wird beibehalten und vertieft durch (fast) ausschließlichen Kontakt mit der Gruppe, d. h., der Kontakt mit der Außenwelt (Freunde und Familie) wird eingeschränkt. „Die Kontrolle über den eigenen Verstand und die eigenen Handlungen setzen teilweise oder vollkommen aus“ (Clark). Dadurch setzt die Fähigkeit zur Selbst-Reflektion aus. Die Fähigkeit eines Menschen zur Selbst-Reflektion ist eine Art „mentaler Verdauungsprozeß“. Er ordnet die täglich auf ihn einströmenden Erlebnisse und Eindrücke, Gedanken und Sehnsüchte. Jene Teile, die für das eigene Leben hilfreich oder konstruktiv sind, werden übernommen, die anderen als unbrauchbar oder „unverdaulich“ ausgeschieden.

Wenn ein Mensch diese kritische Instanz an einen Guru oder an eine Heilslehre delegiert, entfällt die Notwendigkeit des Hinterfragens. Selbst-Reflektion wird überflüssig.

Wenn dieser Bewußtseinszustand erst etabliert ist, erhält er sich von selbst. Er wird als Euphorie empfunden. Verbunden ist damit oft eine Veränderung der Augen (leerer Blick), der Physiognomie (kichern, aufgesetztes Lächeln). Man hat das Gefühl, der Betroffene schaut einen gar nicht an oder ist nicht richtig „da“.

Dieser veränderte Bewußtseinszustand ist verbunden

mit einer erheblich eingeschränkten Fähigkeit wahrzunehmen, aufzunehmen, also „in der Welt“ zu sein und mit ihr zu kommunizieren. Auch die Fähigkeit, Beziehungen einzugehen oder zu erhalten, nimmt ab. Mehr und mehr wechselt dieser Mensch von seiner alten Persönlichkeit, seinen früheren Gefühlen, Gedanken in die Denk-, Glaubens- und Lebensgewohnheiten des Kultes. Er übernimmt und wiederholt die Doktrin der Gruppe. Die Entfremdung von der Außenwelt erreicht einen Höhepunkt, wenn die Außenkontakte (entweder auf Drängen der Gruppe oder des Betroffenen) abgebrochen werden. Die Identifikation mit der Gruppe wird vollkommen.

2. Die Illusionsphase

Nach längerem Aufenthalt (dies kann nach Wochen, bei stabileren Menschen erst nach Monaten der Fall sein) nimmt das Unterscheidungsvermögen zwischen der Außenwelt und der Kultwelt ab. „Mit diesem Zustand der passiven, eingeengten Aufmerksamkeit fängt die wahre Arbeit der Bekehrung an“ (Clark). Das Gehirn produziert nun eigene Einbildungen (Imaginationen, Tagträumen vergleichbar) von Erleuchtung, andere spirituelle Zustände (altered states), die als „real“ wahrgenommen werden. Was als gnadenvolle Vision wahrgenommen wird, ist in Realität nur eine Halluzination.

Dies ist der entscheidende Schritt. Der Betroffene nimmt nun die „Heilslehre“ als bare Münze, erlebt sie als „Wahrheit“ und ist im Zweifel bereit, für sie zu kämpfen oder gar zu sterben.

Wenn in der vorangegangenen Stufe die Fähigkeit zur Selbst-Reflektion verlorenging, verliert der Betroffene in dieser Stufe die Fähigkeit, für sich (authentisch) zu fühlen. Er fühlt nur noch, was innerhalb der Gruppe erlaubt und genehm ist zu fühlen. Es ist der Verlust des Gemüts.

Conway und Siegelman fanden in ihrer Studie heraus, daß der Gemütsverlust eng mit dem Verlust der Fähigkeit verbunden ist, zwischen Realität und Einbildung zu unterscheiden. Die beiden Kommunikations-Wissenschaftler sehen im „Gemüt" die höchstentwickelte der menschlichen Fähigkeiten. Ein Mensch hat nur dann Gemüt, wenn Körper, Verstand und Seele (Geist) wirklich integriert sind. Doch so kompliziert die Fähigkeit des gemütvollen Fühlens ist, so erstaunlich einfach kann sie zerstört werden.

Schon außergewöhnliche Ereignisse im alltäglichen Leben, wie Tod, Verlust eines Partners etc., beeinträchtigen das Gemütsleben eines Menschen beträchtlich. Wenn jedoch ein andauerndes „Sperrfeuer" auf das Gemütsleben, ein systematisches Auseinanderdividieren von Körper und Verstand erfolgt, rettet sich der Betroffene in eine als Glücksgefühl empfundene Resignation, die mit einem totalen Aufgehen in der Gruppe zusammenfällt. Die ausschließliche Autorität der Bewegung und seines Führers wird anerkannt.

Hier also wird die Fähigkeit, zwischen Wirklichkeit und Phantasie zu unterscheiden, zerstört. Hier kommt es zur Gedanken-Umerziehung. So wirken tagelange oder wochenlange „Clear-Programme" von Scientology genauso, wie das abgestufte Therapie- und Meditationsprogramm von Rajneesh als ständiger Angriff auf die „Einheit" der Person. Ist diese erst gebrochen, kann der Betroffene nicht mehr unterscheiden, ob etwas gerade wirklich passiert oder ob er es nur halluziniert. Er glaubt, durch Türen gehen zu können, glaubt, fliegen zu können oder begibt sich auf „eingebildete Astralreisen".

In dieser Phase „erleben" Menschen Ereignisse aus früherem Leben, sehen sich auf anderen Planeten und sehen so die These der Reinkarnation (Wiedergeburt) bestätigt. Der Bezug zu Raum und Zeit geht verloren.

Verbunden mit diesen Einbildungen ist die (irrige) Annahme, daß ein Mensch sein jetziges Leben sowieso nicht beeinflussen kann, da alles, was ihm zustößt, eine direkte Auswirkung der Taten seines Vorlebens (Karma) ist.

In diesem Stadium ist der Mensch vollkommen von der Gruppe steuerbar. Nur eine Krise (Krankheit, Rausschmiß aus der Gruppe) oder eine längere Trennung von der Gruppe kann Betroffene von dieser tiefen, psychischen Abhängigkeit lösen.

3. Denkverlust

Können Betroffene in der zweiten Stufe noch (wenn auch nur innerhalb der Gruppennormen) denken, beruflich tätig sein, also eigene Gedanken formulieren, nimmt diese Fähigkeit bei Menschen, die über einen längeren Zeitraum in der „Illusionsphase" lebten, ab und verschwindet schließlich ganz.

Mit dem Denkverlust geht eine völlige Auflösung der alten Persönlichkeit einher. Es gehört zum Wesen des Menschen, sich selbst ein Bild, ein Urteil von den Erlebnissen, Gesprächen, Begegnungen zu machen. Wird ihm durch Gedankenkontrolle, durch Hypnose, durch stundenlanges rhythmisches Singen das Denken systematisch abtrainiert, kommt sein Denken immer häufiger zum Stehen. Schließlich bricht die autonome Informationsverarbeitung des Gehirns völlig zusammen. Das Denken hört auf (s. a. Clark-Interview im Anhang).

„Wirklich intelligente, redegewandte und schöpferische junge Menschen verlieren jegliche sprachliche Differenzierungsmöglichkeit. Sie sprechen mit einem (...) beschränkten Vokabular voller Klischees und eingefahrener Gedankengänge" (Clark). Sie bewegen sich wie in Trance. Desorientierung, innere Zurückgezogenheit, Apathie sind die äußeren Kennzeichen dieses Zustandes. „Dieser Zustand kann mit dem eines unbehandelten Schizophrenen verglichen werden" (Clark).

Menschen in diesem Zustand machen auf Befehl jede Arbeit, sie führen alles roboterhaft aus, was ihre Leitfigur (Guru, Meister oder seine Beauftragten) ihnen auftragen. Dies kann – wie wir aus den Fällen um Charles Manson oder Pat Hearst wissen – kriminelle Handlungen, Tötung und Mord mit einschließen.

Diese Menschen können ohne fremde Hilfe aus diesem Zustand nicht befreit werden. Sie scheuen sich, die Gruppe auch nur Momente zu verlassen, da sich ihre Identität ausschließlich aus der Gruppe heraus definieren läßt. Eine Rückkehr zur ursprünglichen Persönlichkeit ist nur nach langer psychologischer und körperlicher Rehabilitation möglich. Soziales Verhalten, selbständiges Denken, ja, Lernen muß mit ihnen wieder (wie bei einem Kind) neu eingeübt werden. „Die Reifung zum Erwachsenen kann für immer behindert werden" (Clark).

In extremen Fällen ist keine Hilfe mehr möglich. Diese Personen haben sich total verloren, unempfänglich und unfähig für eine echte zwischenmenschliche Begegnung.

Mein Ausstieg

Ganz gewiß hatten viele, wie Prema, die Kanadierin, Anneliese, die Deutsche oder Rupen, der Australier, Friedlicheres, zumindest Konstruktiveres im Sinn, als sie nach Indien reisten.

Sie erlebten wie ich beim Versuch, die Grenzen des Herkömmlichen zu überschreiten, die Faszination, einer Elite anzugehören. Wir erlebten aber auch Abgründe menschlicher Grausamkeit, die sich immer dann einstellen, wenn sich der Mensch zum Gott erheben will.

Was ich in Poona fand, war die perfekte Maschinerie der psychischen Versklavung des Menschen mit Public-Relation-Abteilung. Diese hatte das Ganze, plus den schlagzeilenmachenden Werbeträger „Rajneesh", in aller Welt als Paradies zu vermarkten.

„Seine Botschaft ist Liebe, und das ist das erste, was der Neuankömmling im Ashram spürt. Die Atmosphäre, die Aura, das Fluidum von Liebe, die Luft ist davon erfüllt, von Harmonie und Glück, Offenheit und Verständnis, Gelächter und Festlichkeit, und es ist die unmittelbare Ausstrahlung von Bhagwans eigenstem Wesen", hieß es da. Ich hätte kotzen können.

Als ich diese Presseerklärung las, war es nicht mal eine

Stunde her, seit ich mit Anneliese sprach. Weiter hieß es in einem Zitat des Meisters: *„Ich möchte mit euch die unendliche Liebe teilen, die die Gegenwart Gottes in mir geweckt hat. Ich überschütte euch damit, nehmt mein Geschenk an."*

Diese Falle erkannten nahezu zwei Drittel der einst Initiierten. Sie verließen nach wenigen Tagen oder Wochen das Erleuchtungs-KZ. Eine stabile Psyche oder ihre intakte Intuition ließ sie erkennen, daß wirklich autonomes Leben anders aussehen mußte. Die Mehrzahl der damals 5000 bis 6000 täglich in den Ashram kommenden Menschen aus dem Westen suchten, wie ich, eine menschlichere Gemeinschaft. Wir waren nicht bereit, freiwillig, auf ein eigenes Leben, unser Recht, uns ein eigenes Bild, ein Urteil von den Erlebnissen, Gesprächen und Begegnungen zu machen, zu verzichten. Wir waren nicht nach Indien gereist, um die neuesten geistigen oder sexuellen Verirrungen eines Rajneesh mitzumachen. Auch hatten wir keine wirklich existentiellen Probleme in unserem persönlichen Leben[159], wie die Vertreter von Guru-Bewegungen oft glauben machen wollen. Wir waren gekommen, um vielleicht aus der Distanz zu unserer Gesellschaft Lösungen für ihre widersprüchliche Lebenswirklichkeit zu finden.

Sicherlich, wir beherzigten nicht die alte Weisheit: „Warum in die Ferne schweifen, sieh, das Gute liegt so nah." Wir erkannten allerdings den schönen Schein der sich äußerlich liebenden Gemeinde im Koregaon Park 17 zu Poona als eine, wenn auch glänzend arrangierte, Fassade. Und wir nahmen den Meister gelegentlich einmal ernst. Zum Beispiel als er sagte: „Sannyasin zu sein, ist ein Sprung ins Tal des Todes." Uns waren nicht die Sprünge unserer Freunde von dem ashrameigenen Dachgarten in den Tod entgangen, die Rajneesh dann in seiner nächstmorgendlichen Rede als „Alternative, die Erleuchtung zu erlangen" zu beschönigen suchte.

Für mich war neben all diesen Einsichten ein Ereignis nötig, um dem Rajneesh-Ashram endgültig den Rücken zu kehren. Ich war vier Monate Sannyasin und lebte davon sechs Wochen in Poona. In mein Tagebuch schrieb ich:

Heute nacht passierte etwas, passierte etwas, was ich mir in meinen kühnsten Träumen niemals ausgemalt hätte. Ich erlebte etwas, was alles bisher Erlebte relativierte, was auf einen Schlag alles anders machte.

Alles, was ich bisher erlebt hatte, machte Sinn. Kein Jahr, kein Tag, keine Sekunde meines Lebens war umsonst gelebt. Jedes Ereignis meines Lebens bekam eine Bedeutung.

Auch jede Sorge war überflüssig, ich könnte etwas versäumt haben. Was bisher gegensätzlich, unwichtig, nebensächlich war, eine unrühmliche Phase meiner Vergangenheit, bekam in diesem Augenblick Gewicht. Alles was ich je erlebt hatte war so, wie es geschah, notwendig. Ein wichtiger Schritt, mich dahin zu bringen, wo ich jetzt gelandet bin. Wäre all das in meinem Leben nicht so geschehen wie es passierte, wäre ich nicht hier, hätte mir das heute nacht nicht passieren können.

Es war eine dieser heißen, feuchten indischen Nächte, mit vielen Moskitos. Die Klimaanlage funktionierte nicht. Ich konnte nicht schlafen. Also bestellte ich mir Tee und las. Ich las das Buch „Der Tod eines Guru“. Ein ehemaliger indischer Guru beschreibt darin, welche Erfahrungen er als Yogi in tiefer Meditation gemacht hatte. Erfahrungen, die andere Menschen unter harten Drogen machten. Der Yogi, Rabindranath Maharaj, erlebte eine Welt der Geister und Dämonen. Ihm begegneten Krishna und Shiva. Ich legte das Buch beiseite.

Plötzlich war dieser schäbige Raum für mich von einem gleißend hellen, weißen Licht erfüllt. Ich war geblendet und sah in der linken Ecke des Raumes eine schemenhafte Gestalt. Ich hörte eine gewaltige Stimme, so daß ich für einen Moment dachte, das ganze Hotel falle zusammen. Sieben Worte waren es, die ich hörte: „Ich möchte, daß du mein Jünger wirst.“

Da saß ich in diesem kleinen indischen Hotel, das vielleicht zum letzten Mal vor 15 Jahren geweißt worden war.

Risse in den Wänden, die Fenster kaputt, und plötzlich, wie ein Blitz aus heiterem Himmel sieben Worte:

„Ich möchte, daß du mein Jünger wirst."

Natürlich wußte ich nicht, was ich damit anfangen sollte. Ich weiß auch nicht, wie die Gewißheit entstand: Jesus hatte zu mir gesprochen.

Zunächst nahm ich Kontakt mit Christen auf. Sie konnten aber mit meinem Erlebnis nichts anfangen. Also ging ich zu Rajneesh. Ich nahm mir vor, ihn zu fragen, was ich von dieser Begegnung halten sollte. Schließlich war ich ja zu ihm gepilgert und hatte nicht Jesus gesucht.

In dem Augenblick aber, in dem ich vor meinem Guru saß, geschah wieder etwas Merkwürdiges. Statt meiner vorbereiteten Rede sprudelte es nur so aus mir heraus, daß mich Jesus gerufen habe, daß er jetzt mein Meister sei, und daß ich ihm (Bhagwan) natürlich nicht weiter nachfolgen konnte. Rajneesh, der üblicherweise gütig lächelnd in seinem Stuhl saß, fiel die Kinnlade herunter. Er riß die Augen auf und erhob abwehrend seine Hände gegen mich. Ihm hatte es die Sprache verschlagen.

Da saß kein Gott, nicht einmal ein echter Guru. Ich sah hinter seiner aufgesetzten Entrücktheit einen machthungrigen, häßlichen Menschen. Hungrig nach Macht über Menschen. Ich sah ihn und er sah mich. Unsere Begegnung wurde zu einem „Power-Encounter". Zwei Welten prallten aufeinander. Ich ging, noch ehe Rajneesh seine Sprache wiedergefunden hatte. Von weitem hörte ich ihn noch sagen: „Enjoy it." (Zitat Ende)

In den darauffolgenden sechs Wochen, von Mitte Juli bis Ende August, sammelte ich Informationen über den Ashram, sprach mit Behörden, Journalisten und Christen. Vor allem sprach ich mit den ehemaligen Mit-Sannyasins aus Margarethenried.

Deva, eine hübsche, dunkelhaarige Schweizerin, hörte sich die Gründe für meine Abreise teilnahmslos an. Sie schwieg lange. „Auch ich habe manchmal meine Zweifel", sagte sie zögernd. „Weißt du, früher, da konnte ich mich einfach auf meine Intuition verlassen. Ich wußte einfach

Bescheid. Ich wußte, wo ich dran war, wenn ich einen Menschen traf oder in eine Situation kam. Heute weiß ich nicht, was passiert, was mit mir passiert, und was um mich herum passiert. Ich kann das überhaupt nicht verstehen." Sie schüttelte bei diesen Worten den Kopf. Plötzlich, ihre Stimme war klar, sagte sie sehr eindringlich: „Mensch, geh weg hier, du kommst sonst in Teufels Küche, und kommst nicht mehr raus." Nach einer langen Pause: „Weißt du, Virendra, oder wie du jetzt heißt, du hast dich für etwas entschieden, mach's. Laß mich aber auch machen, zu was ich mich entschieden habe."

Nicht alle Gespräche verliefen so. „Wenn du hier abhaust, gehe ich auch", entschlossen sich spontan 17 oder 18 meiner ehemaligen Sannyas-Freunde.

Justus, der Soziologe aus Berlin, beglückwünschte mich zu meiner Entscheidung. Er war ebenfalls dabei, seine Koffer zu packen. Er hatte, im Gegensatz zu mir, die Schriften des Meisters gründlich gelesen. „Meinst du, ich bleibe bei diesem Verrückten? Der ist ja genauso frech wie Hitler und kündigt öffentlich sein Zerstörungswerk an", sagte Justus. „Seine Masche muß er bei Orwell abgekupfert haben.

Du kennst doch den Dialog aus ‚1984' zwischen O'Brian und Winston: ‚Wie versichert sich ein Mensch seiner Macht über einen anderen, Winston?', fragte O'Brian. Winston überlegt und antwortet: ‚Indem er ihn leiden läßt.' ‚Ganz recht. Indem er ihn leiden läßt. Gehorsam ist nicht genug (. . .). Macht heißt, einen menschlichen Geist in Stücke zu reißen, und ihn nach eigenem Gutdünken wieder in neuer Form zusammenzusetzen . . . .'"

Justus fuhr nach Berlin zurück. Ich wollte herausfinden, wer Gott wirklich ist, und studierte Theologie.

Countdown einer Flucht

Kein Land für den Guru

Eigentlich wollte Rajneesh in seinem Heimatland bleiben. Ende 1979 gab es in Indien 220 Rajneesh-Zentren, dazu weitere 250 rund um die Welt. Noch ehe in Poona die Banken öffneten, kassierte der wortreiche Guru durch seine Vorlesung jeden Morgen 30 000 Rupies. Einige hundert Privilegierte hatten sich für eine Spende von 15 000 Dollar in den Ashram auf Lebenszeit eingekauft. Dafür bekamen sie Wohnrecht, „kostenloses Kantinen-Essen, Pillen gegen Durchfall und die tägliche Dosis Energie bei den Meditationen. Sie wurden im ashrameigenen Medical-Center behandelt und gingen in die ashrameigene Sauna."[160]

Natürlich wurden diese Gelder auf ausländischen Konten deponiert. Auch der Umsatz mit Ashram-Büchern, Kassetten, T-Shirts, Roben und Tragetaschen florierte. Waren es 1979 rund sechs Millionen Mark (Ashram-Angaben), verdoppelte sich der Umsatz im Jahre 1980 auf rund 13 Millionen Mark.

Rajneesh genoß den Reichtum. Jetzt fuhr er, obwohl er nie den Ashram verließ, drei Mercedes-Benz Limousinen und einen gepanzerten Rolls-Royce. Nutznießer des Rajneesh-Booms waren auch die Rikscha-Fahrer, Häuser-Makler, Zimmer-Vermieter und Boutiquen-Eigner. Sie setzten nach offiziellen Schätzungen monatlich rund zwei Millionen Mark um. Im bürgerlichen Poona war ein religiöser Massenbetrieb entstanden.

1980 reisten 50 000 Besucher aus aller Welt zum „Erleuchteten" nach Poona. „Besucher (...) wurden mit elektronischen Geräten nach Waffen abgetastet und von Wächtern durchsucht, Journalisten, wie vom Erkennungsdienst, fotografiert."[161]

Immer mehr blieben nicht nur für einen Urlaub, sondern entschieden sich, für immer bei ihrem Meister zu bleiben. Der Ashram ermutigte sie, Sannyasins aus dem britischen Commonwealth zu heiraten, um die Visa-Probleme zu umgehen.[162] Abhilfe wurde jedoch auch für jene geboten, die keinen Commonwealth-Partner zur Zweck-Heirat fanden. Für rund DM 30,– konnte man in den Hotels von Poona offizielle Einwanderungs-Visen für jede Gültigkeitsdauer regelrecht kaufen.

Das Rajneesh-Imperium wuchs. Nun war Koregaon-Park Nr. 17 endgültig zu klein. Rajneesh beauftragte Laxmi, ein Gelände für mindestens 10 000 Jünger zu kaufen. Laxmi hatte Erfolg. Nur 20 Kilometer von Poona entfernt, in Jadhavwadi, fand sie das historische Fort von Saswed, in dem einst Shiva-Ji, eine Art indischer Robin Hood, residiert hatte. Dazu kaufte sie ein 400 Morgen großes Stück Land. Es sollte den Namen Rajneesh-Dham Neo Sannyas International Commune tragen. Ein ehrgeiziges Projekt: Neben Therapie-Zentren, Wohnräumen und Meditations-Hallen sollte dort ein 5-Sterne-Hotel, ein Hospital, eine Universität, eine Bank, eine Post, eine Bibliothek, Einkaufszentren, ein Theater, Swimmingpools, Orchideengarten und Wälder entstehen.

Pünktlich zum 49. Geburtstag des Meisters, am 11. Dezember 1980, wurde das Gelände mit einer großen Feier von 5000 Jüngern eingeweiht. 500 Jünger hatten sich schon für den Betrag von 20 000 Dollar auf Lebenszeit in den neuen Ashram eingekauft (Werbeprospekt für diese Kommune, siehe Anhang).

Es wurde jedoch in Jadhavwadi weder eine Mauer hochgezogen noch ein Baum gepflanzt. Die Janata-Regierung hatte der Rajneesh-Foundation keine Bauerlaubnis erteilt.[163]

Bald darauf wurde Laxmi wieder fündig. In ihrem Heimatstaat Gujarat kaufte sie den großen Besitz eines ehemaligen Maharadschas. Mandwi hieß der Nobelort, herrlich gelegen in Kutch, am offenen Meer. Kutch liegt nahe zur pakistanischen Grenze, an einer Meerenge mit dem Namen „Rann of Kutch“. Im Verwaltungsgebäude des Ashrams in Poona tauchten Bilder von sonnigen Stränden und schäumenden Wellen auf. In der ashrameigenen Schneiderei wurden Strandkleider entworfen.

Diesmal war es das indische Verteidigungsministerium, das Einspruch gegen Rajneeshs Expansionsgelüste erhob. Sie erklärten die Gegend im Grenzgebiet zum Erbfeind Pakistan für strategisch sensibel. Die vielen Ausländer unter den Rajneesh-Jüngern seien dort ein Sicherheitsrisiko. Der Fall wurde der indischen Ministerpräsidentin vorgelegt. Doch die von Rajneesh stark umworbene Indira Gandhi sah keinen Grund, ihr Verteidigungsministerium zu korrigieren.[164]

Laxmi verbrachte fünf Monate in der Hauptstadt Neu-Delhi, um für diesen herrlichen Urlaubsplatz zu kämpfen. Rajneeshs Ankündigungen: „Seid bereit, ich komme (nach Kutch) mit zunächst 10 000, in fünf Jahren 50 000 und in zehn Jahren mit 100 000 Sannyasins",[165] blieben eine Fata-Morgana.

Erneut wurde Laxmi auf Landsuche geschickt, und sie wurde erneut fündig. Diesmal in Nord-Indien am Fuße des Himalaya. In Chail, südlich von Simla, kaufte die Rajneesh Foundation den Patiala-Palast mit 40 Morgen Land. Für weitere 2000 Morgen idyllischer Berghänge wurde eine Kaufoption abgeschlossen. Nun tauchten im Ashram Fotos vom Himalaya am schwarzen Brett auf. Alles dachte an warme Kleidung, Ski-Ausrüstung und Après-Ski-Restaurants. Die Sannyasins kauften Wolle für Winterpullis. „Stricken war plötzlich in", schrieb die Times of India.

Doch auch dieses, einst vom Maharadscha von Patiala errichtete Urlaubsgebiet mit Cricket-Platz in Himachal-Pradesh, konnte nicht das Rajneesh-Buddhafeld werden. Rajneesh war empört. Er erhoffte sich nach der Machtübernahme von Indira Gandhi im Januar 1980 mehr Entgegenkommen als von Moraje Desai, für den Rajneesh ein Scharlatan war.

Indira Gandhis Lieblingssohn, Sanjay, soll ein Sympathisant von Rajneeshs Bewegung gewesen sein. Dieser kam jedoch am 23. Juni 1980 bei einem Flugzeugabsturz ums Leben. Rajneeshs Karten stachen im Spiel ums „verheißene Land" in Indien nie.

Entzug der Steuer-Privilegien

Rajneeshs ursprüngliche „Lebenserweckungs-Gesellschaft", Jeevan Jagruti Kendra, war am 11. Juni 1969 als gemeinnützige und wohltätige Organisation anerkannt worden. Die damit verbundene Steuerbefreiung bezog sich auf das Ziel der Organisation: die Philosophie Rajneeshs und anderer Philosophen zu propagieren. Als 1974 die Rajneesh Foundation an die Stelle der Lebenserweckungsbewegung trat, wurde auch diese als gemeinnützig anerkannt. Der indische Einkommens-Steuerakt von 1922 sieht diesen steuerfreien Status für solche Organisationen vor, die der Gemeinschaft dienen oder einen sonstigen wohltätigen Zweck verfolgen.

Bei einer Überprüfung der Rajneesh Foundation im Jahre 1977 kamen jedoch die indischen Steuerbehörden zu dem Schluß, daß nicht die Gemeinschaft, sondern letztlich nur Rajneesh von dieser Organisation profitierte. Die Millionenbeträge wurden nicht etwa wohltätigen Zwecken zugeführt, so fanden die Steuerprüfer, sondern auf Banken der Rajneesh Foundation im In-und Ausland angesammelt.

Rajneesh hatte für diese Eventualität vorgesorgt. Er hatte „drei seiner indischen Jünger in strategisch wichtige Steuerpositionen untergebracht".[166] Der Steuerbeamte Jayantilal M. Thakkar, genannt Swami Satya Bodhisattva, ließ sich auf Weisung des Meisters schon 1976 von Ahmedabad nach Poona transferieren. Dort nahm er die Position eines Steuerkommissars der Berufungsinstanz ein und war damit höchster Steuerbeamter im Distrikt.

Auch die Assistentin des Kommissars für Einkommenssteuer in Poona trug einen Sannyas-Namen: Ma Anand Pratibha, bürgerlich: Pratibha Alwan. Ein dritter hingebungsvoller Jünger Rajneeshs, ein Mister Chadha, war sogar Mitglied des „Zentralrates der Aufsichtsbehörde für direkte Steuern", der obersten indischen Steuerbehörde.

Als die ermittelnden Steuerbeamten 1977 den gemeinnützigen Status der Rajneesh Foundation aberkannten, verschickten sie an den Rajneesh-Ashram Einkommenssteuerbescheide für die Jahre 1974 bis 1977. Sie waren zu dem Schluß gekommen, daß die Rajneesh Foundation nicht einmal ihren eigenen, in den Statuten niedergelegten Zielen gerecht wurde. Dort hieß es unter anderem:

- der Aufbau von Schulen, Universitäten und Lehranstalten;
- Aufbau eines medizinischen Zentrums mit Beratungsstellen und eines Krankenhauses für die Volksgesundheit;
- Einrichtung einer Hilfs- und Beratungsstelle für arme Leute;
- Errichtung eines Kindergartens und Erholungsheimes für Bedürftige und Kranke.

Steuerkommissar Thakkar begann, seine Untergebenen zu stoppen. Ein Beamter wurde versetzt, ein anderer gezwungen, einen unbefristeten Urlaub zu nehmen.[167]

Gegen die schon ergangenen Steuerbescheide legte die Rajneesh Foundation Berufung ein. Jetzt wurde Rajneesh-Jünger Chadha tätig. Doch auch seine Bemühungen, Rajneesh und seine Organisation von der lästigen Steuerschuld in Millionenhöhe zu befreien, schlugen fehl. Höchstrichterlich wurde schließlich am 21. Januar 1983 vom indischen Einkommenssteuer-Tribunal, dem deutschen Bundesfinanzgericht vergleichbar, entschieden:

> „Die Rajneesh-Organisation, selbst die sogenannte Rajneesh International University, hatte keinen erzieherischen Wert. (...) Die Aktivitäten des Ashrams konnten nicht als hilfreich für die Gemeinschaft angesehen werden. Sie erfüllten weder einen wohltätigen Zweck, noch waren sie gemeinnützig. (...) Nicht einmal eine öffentlich zugängliche Bibliothek sei geschaffen worden“, bemängelten die Richter.

Ihr Urteil über die Philosophie des Meisters:

> „Selbst wenn Rajneesh für sich in Anspruch

nimmt, daß seine Bewegung religiösen Charakter hat, wurde das von der Gesellschaft nicht akzeptiert. (...)

Seine Philosophie kann lediglich als ein Ausdruck eines individuellen Lebensstils angesehen werden, wenn nicht sogar als der Ausdruck eines krankhaften Wesens."[168]

Schließlich wurde Rajneesh bescheinigt, daß seine Organisation nicht einmal „eine Parodie einer Religion" sei. Die, bis heute nicht beglichene, Steuerschuld: 5,1 Millionen Dollar.

Zweifelhafte Geschäftspraktiken werden ruchbar

Die Anhänger des unorthodoxen Meisters von Poona setzten auch in anderen geschäftlichen Kontakten etwas unorthodoxe Methoden ein. „Die bevorzugte Technik war sexuelle Erpressung."[169] (siehe Anhang: „Activities of Indian Guru ...", S. 242)

Um einflußreiche Persönlichkeiten von den Zielen des Meisters zu überzeugen oder sonstwie willfährig zu machen, so heißt es in einem Bericht des Amerikanischen Generalkonsulates in Bombay, wurden sie von einer schönen Ashram-Jüngerin in eine Falle gelockt. Die betörende und bald entblößte Dame schrie nach kurzem Techtelmechtel um Hilfe: „Sie sei belästigt, ja, vergewaltigt worden", gab sie den am Platz des Geschehens überraschenderweise sofort präsenten Ashram-Vertretern zu Protokoll. Diese Hintermänner waren bestens, mit Kamera und Tonbandgerät, ausgerüstet.

„Kurze Zeit später erschien ein Bevollmächtigter des Ashrams und offerierte großzügig, von einer Klage wegen dieses Sexualvergehens abzusehen, wenn der Betroffene dem Ashram den gewünschten Gefallen tun würde,"[170] so der Bericht.

Eine Variante dieses Geschäftsgebarens erlebte der Eigner des Amarsingh Forts in Saswed, Amarsingh Jadhavrao. Dieses Fort hatte ja Laxmi als erweitertes Buddhafeld ausersehen. Verdutzt war Amarsingh Jadhavrao, als die im 1979 geschlossenen Kaufvertrag vereinbarte und inzwischen geleistete Anzahlung vom Ashram im Oktober 1980 als „Miete" deklariert worden war. Überrascht wurde Amarsingh im April 1981, als ashrameigene bewaffnete Wächter seinen, auf dem Grundstück liegenden, Wasserbrunnen umstellten, während die Verhandlungen über diese Wasserquelle noch im Gang waren.

Über diesen Zwischenfall kam es zu einer Verhandlung vor dem Zivilgericht in Poona. Ergebnis: Die Parteien wollten sich gütlich einigen.

Ma Anand Sheela, damals Assistentin von Laxmi, schrieb ein Friedensangebot und eine Einladung zur Versöhnungs-Verhandlung über die Wasserrechte an Amarsingh. Diesen Brief überbrachte Ma Prem Gatha, eine junge, hübsche Sannyasin, persönlich in die Residenz von Amarsingh. Man schrieb den 24. Mai 1981.

Sogleich fuhren die beiden gemeinsam in den Ashram. Dort angekommen, rannte Gatha schreiend aus Amarsinghs Auto und gab den sofort anwesenden 25 bewaffneten Sicherheitskräften unter theatralischen Tränen bekannt, sie sei von Amarsingh sexuell belästigt worden. Schon Minuten später erschien Sheela, begleitet von zwei ebenfalls bewaffneten Sannyasins, am Platz des Geschehens. Sie unterbreitete Amarsingh diese Alternativen: Klage oder sofortige Unterzeichnung der von ihr mitgebrachten Dokumente.

Mit einem beherzten Sprung in sein Auto entzog sich Amarsingh dieser fatalen Lage. Er startete seinen Wagen und fuhr davon. Ein Wächter sprang auf die Motorhaube und versuchte Amarsingh die Sicht zu versperren. Durch ein Schleudermanöver konnte sich Amarsingh jedoch auch dieses Mannes entledigen. Er entkam seinem „Geschäftspartner" unversehrt und erstattete Strafanzeige gegen Rajneesh, Sheela, Gatha und andere.[171]

Ganz anderen Geschäften, wenn auch ähnlich dubioser Natur, gingen einige Jünger des Meisters nach. Die Schwedin Kristina Koppel kam am 22. Januar 1979 nach Poona. Einen Monat später war sie Sannyasin. Jetzt hieß sie Ma Deva Albina, was soviel wie „göttliche Zeugin" heißt. Sie durchlief eine Gruppe nach der anderen und schrieb ihren Eltern merkwürdige Briefe. Zitat: „Der Tod kann ein großer Sieg sein. Der letzte Sieg ist nicht eines natürlichen Todes zu sterben, sondern der freiwillige Tod der Persönlichkeit."

Merkwürdig waren auch ihre Bekanntschaften. Im Ashram freundete sie sich mit einem Sannyasin namens Sandesh an. Sie kannte ihn aus einem früheren Leben, berichtete sie. Damals sei er ein Buddha in Form eines weißen Hundes gewesen. Doch bald brachten Geldschwierigkeiten Kristina in die reale Welt zurück.

Der ehemalige weiße Buddha-Hund wußte Abhilfe. 2000 englische Pfund könne sie verdienen, wenn sie ihm einen Freundschaftsdienst leistete. Sandesh gab ihr einen Aktenkoffer für einen Freund in London. 1000 Pfund sollte sie von diesem Engländer erhalten und weitere 1000 nach ihrer Rückkehr nach Poona von ihm.

Im Sommer 1979 wurde Kristina Koppel am Londoner Airport Heathrow mit sieben Kilogramm Haschisch in Polizeigewahrsam genommen. Schwarzmarktwert des Kofferinhalts: 20 000 englische Pfund.

Eine andere Engländerin, die 25jährige Schauspielerin Margot Gordon, wurde im September 1979 auf dem Flughafen „Charles De Gaulle" in Paris mit fünf Kilogramm Haschisch in einem ähnlichen Aktenkoffer von der Polizei festgenommen. Paris war nur als Zwischenlandung gedacht. Reiseziel: Toronto. Auch sie war von dem freundlichen jungen Mann und angeblichen früheren Buddha um einen Freundschaftsdienst gebeten worden.

Margot Gordon kam 1977 nach Poona. Ihre Ersparnisse waren von den kostspieligen Therapie-Gruppen in Rajneeshs Ashram schnell aufgezehrt. Vor ihrer Reise ins Gefängnis verbrachte sie, nach eigenen Angaben, drei Sitzungen von jeweils sechs Stunden in dem ashrameigenen sogenannten Samadhi-Tank. In dem mit warmen Salzwasser gefüllten Tank verliert ein Mensch jeden Kontakt zu sich und seiner Wirklichkeit. Nach dieser „Tortur im Nazi-Stil" (so ihr Anwalt), wurde ihr der „Deal" schmackhaft gemacht.

Margot wurde zu einer zweijährigen Gefängnisstrafe und einer Geldstrafe von 10 000 englischen Pfund verurteilt. 16 Monate der Gefängnisstrafe wurden auf Bewährung ausgesetzt. Psychologische Gutachter vor Gericht konnten die Richter davon überzeugen, daß Margot nicht voll schuldfähig war, da sie als Folge der Rajneesh-Therapien nur noch die Intelligenz eines 12jährigen Kindes habe.

Ebenfalls mit fünf Kilogramm Haschisch kam die Engländerin Ann Kurland aus Moreton im November 1979 auf dem Flughafen von Paris aus Poona an. Auch sie erhielt ihr Köfferchen in Poona.

Judith Ashton, eine 25jährige Universitätsabsolventin aus Warwick, hatte gar 15 Kilogramm Haschisch in ihrem Koffer. Auch sie wurde im gleichen Monat in Paris-Orly festgenommen.

Ann und Judith wurden im Januar 1980 zu 18 Monaten Gefängnis und einer Geldstrafe in Höhe von 6700 Pfund verurteilt. Zwölf Monate dieser Strafen setzten die Richter zur Bewährung aus. Sie glaubten den jungen Damen, daß sie nicht aus eigenen Stücken das Rauschgift nach Europa oder Nordamerika bringen wollten.[172]

In einer Presse-Erklärung vom 24. Februar 1980 ließ die Rajneesh Foundation wissen: „Bhagwans Jünger werden nicht unter Druck gesetzt, Drogen zu schmuggeln." Vielmehr, so hieß es dort: „... lehrt Bhagwan Liebe und Bewußtheit zugleich, er macht seine Jünger frei, damit sie für sich selbst denken und handeln können."[173]

Wenig später, im März 1980, wurde die 25jährige Amerikanerin Marilyn C. auf dem Rhein-Main-Flughafen in Frankfurt verhaftet. Auch sie hatte „selbständig gehandelt" und fünf Kilogramm Haschisch im Koffer. Aus Poona kommend war sie mit ihrer vierjährigen Tochter auf dem Weg nach Oslo. Auch ihre Richter glaubten ihr die Pressionen von Poona: Ihre Freiheitsstrafe von zwei Jahren wurde zur Bewährung ausgesetzt.[174]

Das Muster war immer das gleiche. Aus der Reihe fiel lediglich das von einem 15jährigen Münchner gewählte Versteck. Der junge Rajneesh-Jünger kam im August 1981 mit einem gerahmten Rajneesh-Bild in München Riem an. Doch die Zöllner am Flughafen hatten wenig Ehrfurcht vor dem Meister-Bild. Aus dem Rahmen förderten sie 750 Gramm Haschisch zutage.[175]

Im Februar 1982 erwischte es erneut einen Sannyasin. Er brachte 6,2 Kilogramm Haschisch aus Indien mit nach München Riem. Schwarzmarktwert: 100 000 DM.

Natürlich wurde von der Rajneesh Foundation auch in diesen Fällen jede Mitwisserschaft oder Mitverantwortung abgelehnt.

Die Vorboten

In den ersten Monaten des Jahres 1980 veränderte sich die Atmosphäre im Ashram beträchtlich. Äußere Kennzeichen: Rüde Reden des Meisters, strikte Disziplin und eine verschärfte Sterilisationspraxis:

- Eine Frau, die Rajneesh vorwarf, vom weiblichen Geschlecht nichts zu verstehen, flegelte der Meister so an[176]: „Du hast offenbar zuviel von dem Scheiß im Kopf, den die Frauenbewegung produziert. Du bist voll davon. Das nächste Mal, wenn du zu mir kommst, muß ich dir in die Augen sehen, denn wenn die Leute bis über beide Ohren voll Scheiße sind, sind ihre Augen braun."[177]

- Die katholische Ordensfrau Mutter Teresa nannte er eine „Heuchlerin, Kurpfuscherin und Betrügerin". Ihre Arbeit sei „kriminell“. Mutter Teresa schrieb daraufhin Rajneesh einen Brief, unterrichtete ihn über ihre Arbeit und bot ihm Vergebung für seine Entgleisungen an. Rajneeshs Kommentar: „Eine dumme, idiotische Frau.“[178]

● Ordinärer wurden auch die Witze Rajneeshs, mit denen er seine morgendlichen Vorträge zu beenden pflegte. „Woran erkennt man, daß ein Pole im Hof gewesen ist?“ fragte er seine Zuhörer und gab die Antwort selbst: „Der Müll ist weg, und der Hund ist schwanger.“[179]

● Der Gehorsam der Jünger wurde jetzt so getestet: „Alle ashrameigenen Arbeiter sollten sterilisiert werden“, berichtete ein Sannyasin der „Times of India“.[180] Im Ashram ging ein Sannyasin mit einer Liste herum und ließ die dort vermerkten Kandidaten wissen: „Morgen früh um 8 Uhr kommt ein Bus vorbei und dann steigst du und du und du ein.“ Auf die Bemerkung eines Kandidaten, „er sei sich nicht so sicher, ob er seine Samenleiter durchtrennen lassen wollte“, antwortete ihm der Listenführer: „Vergiß es, das ist doch nur dein Verstand“.[181]

Grund für diese neuen Umgangsformen: Der Ashram wollte offenbar die „Spreu vom Weizen“ trennen. Für die nächste Phase brauchte man eine verläßliche Gefolgschaft.

„Wie ein Dieb in der Nacht“

Bald wurde es auch innerhalb des streng bewachten Ashrams kriminell. Doch zuvor machte Rajneesh eine schon häufig in seinen Vorlesungen gemachte Ankündigung wahr. Am 23. März 1981 hielt er den letzten Darshan mit seinen Jüngern ab. Am 24. März 1981 erschien er zu seinem letzten Morgenvortrag.

Die Gerüchtelawine rollte. Welche Krankheit hatte den Meister befallen? „Kehlkopfkrebs, Leukämie, Ischias oder eine Geschlechtskrankheit?“[182], fragte man sich in Poona. Oder war er von Windpocken geplagt? Zu dieser Zeit herrschte gerade eine Windpocken-Epidemie im Ashram. Der behandelnde Arzt, Dr. Phadnis, konnte natürlich aus Gründen der Schweigepflicht keine Auskunft geben. Dann schließlich am 10. April 1981 rief der kranke Rajneesh nach Sheela und gab ihr dies Geheimnis preis: „Ich habe die letzte Phase meiner Arbeit begonnen. Ich werde jetzt meine Botschaft durch Schweigen übermitteln. Ab jetzt werde ich mit meinen Sannyasins in einer Herz-zu-Herz-Kommunikation verbunden sein.“[183]

Sheela, die nach Laxmis erfolglosen Land-Manövern zur ersten Ashram-Frau aufgestiegen war, war über die Neuigkeit erschüttert. Sie hatte wohl am letzten abendlichen Darshan, am 23. März 1981, nicht genau hingehört. Rajneesh sprach damals über den Ursprung der Worte. Dabei zitierte er den ersten Satz des Johannes-Evangeliums: „Im Anfang war das Wort.“ „Ich sage kategorisch: Nein!“, waren Rajneeshs letzte öffentlichen Worte. „Im Anfang war Schweigen und auch am Ende ist Schweigen. Stille ist der Stoff, aus dem die Welt gemacht ist.“[184]

Rajneesh interpretierte für Sheela diese Botschaft und gab ihr zu verstehen, daß dies ein Grund zum Glücklichsein und Feiern sei.[185] Sogleich überbrachte Sheela diese Ausführungen den wartenden Jüngern. „Binnen weniger Stunden tanzte und feierte der ganze Ashram. Die Jünger verstanden sehr bald, daß nun die Zeit gekommen war, sich auf eine höhere Ebene zu begeben und in eine wirkliche Kommunion mit dem Meister zu treten“[186], berichtete ein Jünger.

Tatsächlich schmiedete Rajneesh einstweilen mit seinen Vertrauten Pläne, Indien zu verlassen. Mehrere Alternativen waren im Gespräch: die Schweiz, die Vereinigten Staaten oder eine Karibik-Insel. Ende April hatte man sich für die Vereinigten Staaten entschieden. Familienmitglieder von Sheela hatten einen Fluchtort ausfindig gemacht. Sheelas Vater Ambalal Patel und ihr Bruder Bipin Patel hatten in Oregon ein 260 Quadratkilometer großes Gelände für nur 6,5 Millionen Dollar gekauft.

Um Gerüchten im Ashram entgegenzutreten, der Meister sei möglicherweise gestorben, erschien Rajneesh am 1.

Mai 1981, erneut pünktlich, um 8 Uhr morgens in der Buddha-Halle. Er setzte sich in seinen Sessel und schwieg. Die Rajneesh Foundation nannte dies einen „Satsang". Diese wortlose Herz-zu-Herz-Kommunikation zwischen Rajneesh und seinen Liebenden dauerte eine Stunde. Damit die Jünger in diesen Kulissenwechsel auch richtig eingestimmt waren, mußten sie zu Beginn des Satsang folgende Worte sprechen: *„buddham sharanam gachchhami – sangham sharanam gachchhami – dhammam sharanam gachchhami."* Auf deutsch: „Ich gehe zu Füßen des Erwachten. Ich gehe zu Füßen der Gemeinschaft des Erwachten. Ich gehe zu Füßen der letzten Wahrheit des Erwachten."[187]

Damit es beim Schweige-Sitzen nicht allzu langweilig wurde, erklang zwischendurch sanfte meditative Musik aus den Lautsprecher-Boxen. Dann wieder Pausen der Stille. Passagen aus den Upanishaden oder aus Khalil Gibrans Schrift „Der Prophet" wurden verlesen. Schweigend kommentierte der Meister diese Weisheiten. Danach fuhr er wieder in seinem gepanzerten Rolls Royce in scin Haus zurück.

Tonbandmitschnitte dieser Schweige-Satsangs wurden Bestseller. Mit verklärten Augen hörten sich die Sannyasins die wortlosen Kommentare ihres Meisters an.

Am 4. Mai erschien Sheela im amerikanischen Generalkonsulat in Bombay. Sie beantragte für Rajneesh, den sie einen indischen Religionsführer nannte, ständigen Wohnsitz in den USA. Nach amerikanischem Recht kann jeder Geistliche aus aller Welt, der nachweislich zwei Jahre lang vor seinem Antrag als Pfarrer, Priester oder Geistlicher tätig war, ständigen Aufenthalt in den Vereinigten Staaten erhalten. Gewarnt von Erlebnissen der Konsulatsbehörde und von Zeitungsmeldungen über den Ashram beschied der Generalkonsul Sheela abschlägig.

Sheela aber legte eine neue Platte auf. Sie erzählte dem Generalkonsul, daß Rajneesh möglicherweise Krebs habe und bald sterben müsse. Ein von der Rajneesh Foundation aus England eingeflogener Spezialist habe bestätigt, daß nur in den Vereinigten Staaten Heilung für den Meister möglich wäre. Beruhigend fügte sie hinzu, daß die Rajneesh-Bewegung ein Zentrum im Bundesstaat New Jersey habe. Dort könne er sich, ohne irgend jemand zur Last zu fallen, in aller Ruhe erholen.[188]

Am 27. Mai brach Feuer in Rajneesh-Dham in Jadhavwadi aus, ohne allerdings Schaden anzurichten.

Am 28. Mai gab es eine Explosion mit nachfolgendem Feuer im Bücherlager der Rajneesh Foundation in der Nähe von Poona. Schadenshöhe laut Ashram: 1,5 Millionen Dollar. Ein anderer Brandsatz explodierte im Gesundheitszentrum der Foundation, nahe dem Ashram.

„Diese Schweinehunde", ließ Sheela in einer Pressekonferenz wissen, „wir haben schon seit langem um Polizeischutz nachgesucht."[189] Die India-Times Journalistin Ayesha Kaagal ging diesen kriminellen Vorgängen nach. Im Bücherlager von Pimpri entdeckte sie statt verkohlter Schriften gähnende Leere. Die dort einst aufbewahrte, 150 000 Werke zählende Bibliothek des Meisters war längst per Schiff unterwegs nach Amerika. Auch im Gesundheitszentrum hatte die Journalistin Schwierigkeiten, einen Schaden auszumachen.[190] Auch die Polizei rätselte, wie die Brandsätze in die bestens bewachten Ashram-Einrichtungen gekommen sein sollten.[191]

Am 29. Mai stellte Armasingh Strafantrag gegen Rajneesh und seine Getreuen wegen versuchten Mordes. Am gleichen Tag traten sieben der elf Vorstandsmitglieder der Poona Rajneesh Foundation von ihrem Amt zurück. Unter ihnen waren Ma Yoga Laxmi, alias Laxmi T. Hirji, und Ma Anand Sheela, alias Sheela Silverman.

Am 30. Mai 1981 stellte der amerikanische Generalkonsul in Bombay für Rajneesh doch ein sechsmonatiges Besuchervisum für die Vereinigten Staaten aus. Es wurde ihm auf der Basis gewährt, dort medizinische Spezialisten zu konsultieren.

Am 31. Mai 1981 saß Rajneesh zum letzten Mal schweigend vor seinen Zuhörern.

In der Nacht zum 1. Juni fuhr Rajneesh mit seinen

Hauptjüngern per Mercedes und Rolls Royce-Limousinen nach Bombay. Unter ihnen befanden sich die sieben gerade zurückgetretenen Vorstandsmitglieder der Rajneesh Foundation. Am frühen Morgen traf sich die Reisegesellschaft zu Erfrischungen im Ickson-Tempel der Hare-Krishna-Bewegung in Bombay – Juhu. Danach ging es zum Flughafen von Bombay.

Die vom indischen Recht geforderte steuerliche Unbedenklichkeitserklärung für die Ausreisenden stellte ein alter Bekannter aus: Der Steuerkommissar des Distrikts von Poona, Swami Satya Bodhisattva, alias Jayantilal M. Thakkar.

Wie ein Staatspräsident fuhr Rajneesh mit seiner Wagenkolonne, ohne Zoll- oder Polizei-Kontrollen, direkt aufs Flugfeld. Dort entstieg er seinem Rolls Royce und bestieg den Pan-American-Clipper Nr. 1 von Bombay nach New York. Die erste Klasse war für ihn, für Vivek und Sheela reserviert. Ein Sauerstoffzelt wurde „für Eventualitäten" bereitgehalten. Stewardessen mit Parfümgeruch durften dem Meister nicht nahe kommen. Die anderen 17 Auserwählten nahmen in der Economy-Class Platz.

Gleichzeitig mit dem Flug der „Heiligen" wurden „zwölf Tonnen persönliches Gepäck und der Rolls Royce nach New York verfrachtet".[192]

Rajneesh war am Nachmittag des 1. Juni 1981 in dem Land angekommen, das er einst als „eine große Nervenheilanstalt" bezeichnete. Vom John F. Kennedy-Airport in New York wurde er in einem Rolls Royce nach Montclair, im Nachbarbundesstaat New Jersey, chauffiert. Dort hatte Sheela ein Jahr zuvor, namens des Chidvilas Rajneesh Meditation-Centers (eines der 110 amerikanischen Rajneesh-Zentren), ein 30 Zimmer großes Schloß an der Crestmont Road Nr. 22 gekauft. „Alle falschen Mönche und Heilige aus Indien hausen in den USA"[193], belehrte Rajneesh einst seine Jünger in Poona. Jetzt war es einer mehr.

In Poona wurde Rajneesh am 1. Juni in der Buddha-Halle

durch ein Portrait ersetzt, seine Stimme durch ein Tonband. Die meisten Sannyasins waren irritiert. Sie mochten der Presse-Erklärung von Ma Prem Arup nicht glauben, Rajneesh habe Indien nur kurzfristig aus Gesundheitsgründen verlassen. Sie sahen, daß täglich vollbepackte Lastwagen die Möbel und Maschinen der Schreinerei und Buchdruckerei, der Elektrowerkstatt und Großbinderei, der Video- und Filmabteilung abtransportierten.

Die zurückgebliebenen Sannyasins ahnten, was die Stunde geschlagen hatte. Sie verkauften ihre Habseligkeiten. „Manche zog es nach Hawaii, manche nach Goa, nach Kaschmir oder auf eine Hausbootsiedlung in Südindien.“[194] Einige wollten im Westen Therapie-Gruppen gründen, andere gingen in ihren Beruf zurück.

Jene Sannyasins, die ihre Identität und den Blick für die Wirklichkeit verloren hatten, verzweifelten. Sie hatten weder die Kraft noch die Mittel für lebenswerte Alternativen. Einige begingen Selbstmord, andere wanderten in Nervenheilanstalten, wieder andere versuchten sich als Bettler. „Der Ashram hat die Welt wie einen Abfallkorb behandelt“, sagte ein Arzt aus Poona.

In Poona sanken die Mieten. Viele Rikscha-Fahrer wurden brotlos. Boutiquen-Besitzer machten Konkurs. Der Rajneesh-Boom in Indien war zu Ende. Kommentar der „Times of India“: „Er floh wie ein Dieb in der Nacht.“

Im „gelobten Land"

Die Entscheidung, in die Vereinigten Staaten von Amerika umzusiedeln, erwies sich für Rajneesh als günstig, und das in mehrerer Hinsicht:

- Ausgestattet mit einem in der Welt wohl am weitesten gefaßten Artikel zur Religionsfreiheit (first amendment) sind die USA heute das Land mit ca. 70 christlichen Kirchen und weiteren 3000 religiösen Gemeinschaften jeder nur denkbaren Provenienz.

„Allein im letzten halben Jahr haben sich bei mir rund 60 Messiasse gemeldet", erzählte mir der Redakteur für Religionsfragen der „Los Angeles Times", Russel Chandler, Anfang 1982.[195]

Was also immer eine Gruppe von Leuten oder selbsternannte Religionsführer als religiöse Übung verstehen mögen, wird durch die Verfassung geschützt und als gemeinnützig anerkannt. Religiöse Spinnereien oder Abartigkeiten inbegriffen. Rund 2500 dieser Gruppen fallen in diese Kategorie.[196]

So gibt es beispielsweise in Los Angeles eine verfassungsmäßig geschützte „Kirche des Satanismus" mit ca. 50 000 Anhängern. So beten religiöse Farmer im kalifornischen Big Sur die Sonne an und leben damit steuerfrei. Und sogenannte „TV-Pastoren" fordern, in fast allen Bundesstaaten, Kranke oder Bedürftige auf, die Heilungs-Energie Gottes durch die Berührung des Fernsehgerätes zu empfangen. Für diese Form des Gottesdienstes erbitten sie eine Spende, natürlich ebenfalls steuerfrei, – und die Millionen fließen.

- Die Vereinigten Staaten sind ein Land, das in seiner kurzen Geschichte schon immer verfolgten und hilfsbedürftigen Menschen kurzfristig Zuflucht, wenn nicht Asyl bot, wenn ihr Leben in Gefahr stand.

Mit seiner ersten Presse-Erklärung aus New Jersey kam Rajneesh diesen Anforderungen leicht nach. Dort hieß es unter anderem: „Er leide unter heftigen Allergien, Stoffwechselstörungen mit Asthma und Diabetes sowie zwei verschobenen Rückenwirbeln."

● Die USA kennen als Teil ihrer Freiheit keine Meldepflicht. Dieses Privileg wird täglich von vielen Grenzgängern aus sehr unterschiedlichen Gründen genutzt. Sie besorgen sich ein Touristenvisum, reisen ein und tauchen danach irgendwo in einer amerikanischen Großstadt unter – von keiner Behörde behelligt. Nur wer straffällig wird, verliert diese schützende, in den meisten Fällen lebenslange Anonymität.

● Als demokratisches Land sind die Vereinigten Staaten keine Klassengesellschaft. Es gibt lediglich zwei Gruppen von Menschen: Die einen haben Geld, die anderen nicht. Die ersteren gestalten ihr Leben nach dem allgemein anerkannten Prinzip: „money speaks", was frei übersetzt soviel heißt wie, „mit Geld kann man (ziemlich) alles haben". Die zweite Gruppe braucht dieses Geld zum Überleben.

Rajneesh und seine Organisation verstanden es, alle vier Vorteile weidlich zu nutzen.

Sheela erzählte den Behörden von Oregon und den Nachbarn der Muddy Creek Ranch, sie sei mit 53 Freunden aus Indien gekommen, um auf dem unwirtlichen Gelände eine Farm zu errichten. Man werde die Halbwüste in eine Oase verwandeln und Geld spiele keine Rolle.

Natürlich erweckte Sheela mit dieser Entschlossenheit neben Erstaunen in den Tälern von Oregon auch viel Bewunderung. Die ersten Begegnungen mit den kapitalkräftigen Neu-Pilgern verliefen auch entsprechend. Für die umliegenden Bauern, eher wortkarge Einzelgänger, und die lokalen politischen Würdenträger, einfache und gutmütige Zeitgenossen, wurden rauschende Feste geschmissen. „Der Alkohol floß in Strömen", berichteten mir die damals

Geladenen. Bei manchen kamen gar Erinnerungen an die Gründerzeit des Wilden Westens auf.

Perspektiven

Weder die Bauern von Oregon, noch die Behörden in Portland wußten, was sich in Indien zugetragen hatte. Gleichzeitig wußten die mittlerweile in die Heimat zurückgekehrten Sannyasins nicht, was Rajneesh in die USA trieb. Ihnen gab die damalige dritte Frau in der Hierarchie, Ma Prem Arup, im Amsterdamer Rajneesh-Zentrum diese Aufklärung: „Bhagwan geht es gut. Das ist alles, was für euch zu wissen gut ist." Das war im Juli 1981.[197]

Inzwischen hatte Sheela, die neue Managerin des Rajneesh-Trustes, zusammen mit dem Meister ein neues Erfolgskonzept ausgetüftelt. Sie sandten die nach dem Poona-Desaster immer noch Gläubigen in alle Welt. Dort sollten sie Therapie-Zentren, Diskotheken, Restaurants und jede Art von Dienstleistungsfirmen errichten. „Wir sind Kapitalisten, wir mögen Reichtum, wir mögen schöne Wohnungen und schöne Kleider"[198], hieß die neue Order.

Die indischen weiten Gewänder wurden durch weinrote Bügelfalten und chice bürgerliche Kleidung ersetzt. Aus dem langhaarig bärtigen Sannyasin wurde der kurzhaarig glatte und geschäftstüchtige Rajneesh-Arbeitsdienstler.

Jene, die den Sprung von der Religion zur Rendite, den Umschwung vom einfachen Leben zum „Rolls-Royce-Lebensstil" nicht ganz verkrafteten und ausstiegen, wurden von der Rajneesh-Organisation als „late Sannyasins" bezeichnet. Wörtlich übersetzt: „verstorbene Sannyasins".

Statt der Meditationshungrigen waren nun die Macher gefragt. Weltweit schossen Rajneeshs neue Zentren aus dem Boden. Die universell geltende Einnahmenaufteilung war simpel: ein Drittel ging an die Manager oder Therapeuten, ein Drittel an das zuständige Zentrum, das dritte Drittel nach Oregon. Ebenso einfach war die Verlust- und Gewinnrechnung. Verluste wurden von den ortsansässigen Sannyasins getragen, die Gewinne nach Oregon abgeführt.

„Kapitalismus ist ein Zustand der Freiheit“[199], verkündete jetzt der Guru. Nutznießer dieser neuen Freiheit war vor allem er selbst und seine neue Besiedlung in Oregon. Doch nicht nur aus „Zorba the Buddha“-Restaurants, „Far out“-Diskotheken, aus Rajneeshs Zentren für Individual- und Sozialtherapie, Rajneeshs Boutiquen, Rajneeshs Weinläden, Instituten für Entspannung und Körperbewußtsein, Rajneeshs Health-Centers, Computerfirmen oder Rajneeshs Bierläden förderten die Rajneesh-Kapitalisten die nötige Kohle für den Meister. Sannyasins, die noch ihrem Beruf nachgingen, wurden ebenfalls aufgefordert, ihre Spende für den Aufbau von Rajneeshpuram zu leisten.

Ob als Lehrer, Anwalt oder Richter, als Arzt, Therapeut oder Musiker, sie alle schafften die Moneten für den Meister an. Weibliche Sannyasins ohne Beruf verdingten sich häufig in Peep-Shows und Nacht-Clubs. „90 Prozent meiner Mädels waren Sannyasins“, sagte mir stolz ein Berliner Peep-Show-Besitzer. Die Swamis handelten mit Wein, Brot und Patent-Fenstern.

Am einträglichsten erwiesen sich die Rajneesh-Discos. Das Erfolgsrezept: „Eine durchgängig lebensbejahende, positive Grundeinstellung in der Gestaltung, Darbietung und Durchführung“, hieß es in einem internen Konzeptionspapier.[200] In hellen und freundlich eingerichteten Räumen, mit großen Tanzflächen, sollte die „Energie und Lebensfreude“ der Sannyasins vorgelebt werden, „daß sie andere Besucher zur Begeisterung mitzieht“[201], hieß es in einem anderen Rajneesh-Ukas. Bald gab es zwanzig dieser Tanztempel in der Bundesrepublik, und sie machten Millionen. Tatsächlich: „Das meiste Geld floß aus Deutschland“, sagte mir die ehemalige Rajneesh-Zentrumsleiterin in Kalifornien, Janet Taylor.[202]

Das „Rolls-Royce“-Imperium wuchs schnell. Swami Deva Larry, bürgerlich Hans-Helmuth Rollhausen, legte im Frühjahr 1984 die Erfolgsbilanz vor: Es gebe jetzt 1500 Rajneesh-Betriebe in Europa, davon 500 in Deutschland, ließ er die Presse wissen. Er mußte etwas übertrieben haben.

Der „Stern“ kam in seiner Recherche für seine Serie „Der Bhagwan-Clan“ im Februar 1985 nur auf 89. Übertrieben war auch der allseits propagierte „Rolls-Royce“-Lebensstil der roten Jüngerschar. Den lebte nach wie vor nur der Guru. Einige Führungskräfte lebten im Mercedes-Stil, und die große Mehrheit mußte sich eher mit einem „Fahrrad-Lebensstil“ zufriedengeben. Sie „worshippten“ für ein monatliches Taschengeld zwischen 150 und 200 Mark. Dafür durften sie dann in einem der Rajneesh-Zentren wohnen, bei freier Kost und Logis; vorausgesetzt, sie hatten ihre Aufnahmegebühr von 1500 Mark entrichtet. Dereinst, nach der Aufbauphase, sollten sie jedoch genauso luxuriös leben wie ihr heiliger Meister. „In jedem europäischen Land sollten dafür sogenannte Sannyas-Städte errichtet werden“[203], lautete die Vision. Das Versprechen: „Wenn diese Städte erst autark sind“[204] und „eine gewisse Stärke erreicht haben, könnten sich die Erleuchtungen in einer Art Kettenreaktion ereignen“.[205]

Irritationen

Muddy Creek Ranch, Juli 1981: Bob Harvey, der vom Vorbesitzer übernommene Ranch-Manager, und seine Frau Glenda mit ihren zwei Töchtern waren begeistert. Diese einfachen Farmer aus Indien betrieben ihre Landwirtschaft nicht mit einem Ochsenkarren oder einem simplen Traktor. Sie kauften Caterpillars im Werte von zwei Millionen Dollar.

Bob Harvey verdingte sich als Berater für alle Eventualitäten. Er unterwies die unerfahrenen „Bauern“ im Pflanzen von Gerste und Weizen, im Bau von Straßen, im Sprengen von hinderlichen Felsbrocken und im Umgang mit den Behörden für ein monatliches Gehalt von 1000 Dollar. Es traf sich, daß der Chef der Kreisverwaltung von Wasco-County, Rick Cantrell, gleichzeitig Viehhändler war. Auf das Angebot, 17 seiner besten Kühe an die Rajneeshees zu verkaufen, ging er gerne ein. Für den überhöhten Preis von 17 000 Dollar wurde er seine Rindviecher und gleichzeitig seine Bankschulden los.[206]

Natürlich war Cantrell[207] dann auch gern behilflich, als die roten Farmer schon wenige Wochen später, im August 1981, den Bau von weiteren 54 Fertighäusern bei seiner Kreisbehörde beantragten: 200 Farmarbeiter seien nun nötig, um bei dieser Halbwüste bald auf einen grünen Zweig zu kommen.

Als im September 1981 die Sannyasins beim Kreisgericht die Errichtung einer Stadt beantragten, wurden die Nachbarn stutzig. Doch Sheela versicherte ihnen: „Wir haben hier keine Therapie-Programme, noch halten wir Meditationen ab. Wir sind nur Farmer."[208]

Sheela hatte gelogen. Den ländlichen Oregonianern war verborgen geblieben, daß Rajneesh mittlerweile nach einer ganz anderen Klientel Ausschau hielt. Er veröffentlichte in monatlicher Folge in den auflagenstärksten amerikanischen Nachrichten-Magazinen, „Time" und „Newsweek", Anzeigen. Sie hatten tatsächlich weniger landwirtschaftlichen Inhalt. Die erste Anzeige war mit „Sex" überschrieben und erschien im Juli 1981. Darin unterwies Rajneesh die amerikanischen Leser, daß sie niemals ihren Sex unterdrücken, sondern alle Ecken und Kanten, Nischen und Neuigkeiten entdecken sollten.

Es folgten Unterweisungen über „Ernsthaftigkeit": „Eine Art Krankheit" im August, „Lachen": „. . . außerordentlich gesund" im September, „Ärger": „Unterdrücke ihn nie . . ." im Oktober, „Verrücktheit": „Diese Menschheit ist verrückt" im November und „Sensibilität": „Jesus gibt sie".

Diese auf schwarzem Grund gestalteten Anzeigen trugen des Meisters Bild am oberen Rand, seine rechte Seite sichtbar, seine linke im Dunkeln.

Die Resonanz war groß. Unter den Interessenten die Schlagersängerin Diana Ross, der Schauspieler Terence Stamp, der Marquis of Bath, Pat Lear, Erbin des Lear-Jet-Erfinders aus Los Angeles, und die als Geistheilerin bekannte Schwester des ehemaligen amerikanischen Präsidenten Jimmy Carter, Ruth Carter-Stapleton.

Erst als John Shelfer, Sheelas Ehemann, seine neuen

Nachbarn von Antelope um die Erlaubnis bat, in ihrem Ort ein Telex- und Telefon-Kommunikationszentrum einzurichten, hatten die Bauern von Oregon begriffen. Nicht eine Großfarm war da im Entstehen, sondern die Geschäftszentrale eines weltweit verflochtenen Unternehmens.

Auch der Ober-Farmer Rajneesh werkelte nicht etwa in den Feldern von Muddy Creek Ranch. Er sammelte auf den Highways von Oregon Geschwindigkeits-Tickets mit seinen neuen Spielzeugen, den Rolls Royce.

Zu seiner Ankunft auf der Ranch – Rajneesh hatte sich bis September 1981 im Schloß von Montclair ausgeruht – schenkten ihm seine Geschäftspartner den dritten Rolls und ein zwölfsitziges Flugzeug.

Bald trug der Wüstenort den Namen des Meisters, Rajneeshpuram, und beherbergte schon wenige Monate später 2000 Sannyasins. Sie wurden in einem Farm-Plan vom März 1982 immer noch als „Farm-Arbeiter" deklariert.

Die ehemals umworbenen Nachbarn gingen auf Distanz. Die Oregoner Bauwirtschaft boomte, denn Rajneesh baute nicht Mais, sondern seine Metropole.

Landesweite Irritation löste die Mitgliedschaft von Shannon Jo Ryan im Rajneesh-Orden aus. Als Eintrittsgeschenk brachte die Tochter des Kongreß-Abgeordneten Leo J. Ryan, der bei dem Massaker in Jonestown im Jahre 1978 ermordet wurde, ihren Anteil am Erlös seiner Lebensversicherung in die Rajneesh-Bewegung ein.[209]

Die Bürgermeisterin von Antelope, Margaret Hill, hatte böse Ahnungen: „Ich glaube, ein zweites Jonestown ist in unserer unmittelbaren Nachbarschaft im Entstehen."[210]

Im November 1981 nahm die neue Rajneesh-Firma ihren Geschäftsbetrieb auf.

Die in Poona so erfolgreich verlaufenen Meditations- und Therapie-Gruppen wurden jetzt im Rajneesh-Zentrum „Geetam", im kalifornischen Lucerne Valley, angeboten.

Gleichzeitig gab sich die neuerwachte Rajneesh-Bewegung ein Markenzeichen. Es zeigte in einem rotumfaßten Kreis zwei fliegende Vögel. Der silberfarben gestaltete Vogel sollte den Meister repräsentieren und der darunter fliegende, in roter Farbe, den Jünger.

Mittlerweile war das sechsmonatige Besuchervisum Rajneeshs abgelaufen. Obwohl Rajneesh-Sprecherin Ma Yoga Sushila, im Herbst 1981, die Presse wissen ließ, daß sich Rajneesh in der frischen Luft und bei der guten amerikanischen Ernährung gut erholt habe, beantragte Rajneesh aus Gesundheitsgründen dennoch die Verlängerung seines Visums. Sie wurde bis 1. März 1982 gewährt. Rajneesh hat bis zum heutigen Tag keinen amerikanischen Nicht-Sannyasin-Arzt konsultiert.

Warnungen

Am 24. November 1981 beantragte die Rajneesh-Meditation Foundation International die Anerkennung ihres Meisters als Religionsführer und damit, gemäß des 1. Artikels der amerikanischen Verfassung (III), ständiges Wohnrecht für Rajneesh.

Die beabsichtigten Aufgaben des neuen Religionsführers wurden in dem Antrag (Original-Dokument, siehe Anhang) wie folgt beschrieben:

„● Er überwacht Erziehungsmaßnahmen,
gibt geistlichen Rat und
Führung für Bedürftige . . .,
hält Gottesdienst ab und
führt andere geistliche Funktionen als Oberhaupt des Religionsordens aus.

● Er hält Vorträge und andere interpretierende Reden über die Weltreligionen, Psychologie und Philosophie und
beantwortet die Fragen seiner Mitglieder (. . .)

- Er führt seine Mitglieder in stille Gebete und Meditation und in andere religiöse Übungen...
- Er leitet den Sannyas-Orden und seine religiösen Zentren rund um die Welt.
- Er fungiert bei religiösen Feiern und Festivals und übt andere Funktionen als geistlicher Führer aus.
- Er gibt Anleitung für die Tätigkeiten der Foundation, einschließlich der Universität und des Verlages.“

Die Zahl der hierfür vorgesehenen wöchentlichen Arbeitsstunden wurde mit 40 angegeben.

Ehe es zu diesen religiösen Übungen kam, besann sich Rajneesh auf altbewährte Rezepte aus seiner Poona-Zeit. Er trat als Gast auf und verschluckte im Handumdrehen seine Gastgeber.

Das erste Objekt war das Nachbardörfchen Antelope. Am 14. März 1982 gesellten sich zwölf Sannyasins zu den 40 Alteinwohnern. Natürlich nur, um die dort installierten Telex- und Telefoneinrichtungen zu bedienen.

Am 26. März waren es schon 27 Sannyasins. Rechtzeitig zur Wahl am 15. April 1982 zogen weitere 45 Sannyasins nach Antelope und übernahmen in einem Handstreich die Stadt. Seither stellen sie den Bürgermeister, neun von zehn Ratsmitgliedern und benannten bald das historische Dörfchen in „Rajneesh“ um. Auch Schule, Tankstelle, Postamt und örtliche Kneipe wurden seither von Sannyasins betrieben.

Ähnlich war es einer Kirche im kalifornischen Laguna Beach gegangen (Wert mit Grundbesitz und Gebäuden ca. vier Millionen Dollar). Der einstige Pastor Henry Gerhard konvertierte in den Rajneesh-Orden und schenkte die Kirche – ohne seine Gemeindemitglieder zu fragen – seinem neuen Meister. Die Mehrzahl seiner ehemals 250 Gemeindemitglieder traten aus, nur 67 blieben. Diese fochten das Geschenk an. Doch bald, im August 1981, hatten die Sannyasins auch diese Gruppe unterwandert und stimmten für die Rechtmäßigkeit des Geschenkes.

Die einstige „Church of Religious Science“ wurde in „Utsava Rajneesh-Meditations-Zentrum“ umgetauft. Religiöse Hingabe nahm jetzt andere Formen an. Innerhalb kurzer Zeit waren alle weiblichen Sannyasins von Utsava sterilisiert, wie mir die einstige Zentrumsleiterin, Janet Taylor, berichtete.

In Rajneeshpuram wurden mittlerweile die Vorbereitungen für die „First Annual World Celebration“ getroffen. Die Behörden gaben eine Erlaubnis für 5000 Besucher. Es kamen jedoch 12 000 Sannyasins aus aller Welt. Kosten für das 7-Tage-Spektakel bei Unterkunft in einem 4-Mann-Zelt: 500 Dollar pro Mann. Täglich wurden 200 bis 300 neue Sannyasins von Cheftherapeut Swami Anand Theertha in den Rajneesh-Orden eingeweiht. Der Meister selbst saß jeden Morgen eine Stunde lang schweigend vor den Anwesenden und fuhr dann in seinem Rolls Royce langsam davon.

Die Audienz fand in der neuen Buddha-Halle statt, die jetzt Rajneesh-Mandir heißt. Sie war bei den Planungsbehörden als Gewächshaus angegeben worden. Am 6. Juli, dem traditionellen Guru-Tag, überschüttete ein Flugzeug die Tausenden mit 22 Millionen Rosenblättern.

Auch das Presse-Zentrum sorgte für Überraschungen. Ma Anand Sheela deklarierte Rajneeshpuram als religiösen Zufluchtsort für zunächst 10 000, später für 100 000 Menschen. Mit glühenden Wangen gab sie die Vision des Meisters preis: Zwischen 1984 und 1999 würde die Welt in einem Nuklear-Krieg zerstört werden. Es sei eine Schande, daß dann die Errungenschaften der 10 000 Jahre alten menschlichen Zivilisation in einem einzigen Knall zerstört würden. Doch kurz davor würde der Meister seinen Jüngern die Anweisung geben, alle Bibliotheken und Technologien der Welt nach Rajneeshpuram zusammenzubringen. Sheela zitierte den Meister wörtlich: „Deswegen habe ich die Elite und nicht die Massen angezogen . . ., damit sie hinterher die Welt wieder aufbauen können.“[211] Die Vision sah eine Untergrundstadt vor, in der diese Elite und diese Errungenschaften überleben sollten.

Die Kosten für den ersten Bauabschnitt wurden auf 100 Millionen Dollar veranschlagt. Der Aufforderung, dafür zu spenden, kamen immer mehr Europäer und Amerikaner nach. Sie lösten Anstellungsverträge, Hausstände und Ehen auf, um mit ihrer Arbeitskraft und ihrem Vermögen dieses neue „Arche-Noah-Projekt" zu ermöglichen.

Die im südwestlichen Teil der Ranch gelegene ehemalige Quecksilbermine, „Queens-Mine", wurde zügig ausgebaut. Vorläufig diente sie allerdings eher vordergründigeren Zwecken. So wurden bei Inspektionsbesuchen amerikanischer Behördenvertreter jene ausländischen Sannyasins dort versteckt, deren Visum abgelaufen war. „Ohne Schwierigkeiten konnte man dort 500 Leute verstekken", bestätigte mir der damalige Ranch-Manager Bob Harvey.

Ehe für sie eine dauerhaftere Lösung gefunden werden konnte, mußte Rajneesh allerdings zuvor einen wichtigen Teil seiner Lehre widerrufen. Jetzt wurde im Rajneesh-Orden stramm geheiratet. Jeder amerikanische Staatsbürger sollte möglichst einen Ausländer heiraten. Nach Auskünften der Portländer Einwanderungsbehörden hatte es bis Mitte 1984 500 solcher Zweckheiraten gegeben. Unter ihnen Prominente wie der englische Cheftherapeut Swami Anand Theertha. Ihn nahm eine Roberta aus Takoma zum Ehemann. Die Holländerin Ma Prem Arup heiratete den amerikanischen Anwalt Swami Anand Subhan, plus die US-Staatsbürgerschaft.

Selbst die englischstämmige Rajneesh-Getreue Vivek mußte heiraten. Der Meister gab ihr ein paar Tage frei, damit sie in Neu-Mexico den Amerikaner Richard Smith ehelichen konnte. Als Eheanbahnerin fungierte die neue Bürgermeisterin von Antelope, Ma Karuna.[212]

Aufsehen gab es bei der Heirat von Shannon Jo Ryan. Sie heiratete den früheren Journalisten der Birmingham Post, Peter Waight, alias Swami Anand Subhuti. Auf der für den Festschmaus vorbereiteten Champagner-Flasche war zu lesen: „Mit Bhagwan schmeckt selbst Kool-Aid wie Champagner."[213] Es war eine kleine Anspielung an den Jonestown Massen-Selbstmord. Jones mischte das tödliche Gift für seine Anhänger mit dem Soft-Drink „Kool-Aid".

Doch nicht nur der Rajneesh-Heiratsmarkt blühte, auch andere Rajneesh-Geschäfte florierten. Bis August 1982 hatte allein die Rajneesh Foundation International sechs Millionen Dollar gemacht. Ihre Tochtergesellschaft, die Rajneesh Investment-Cooperation, sieben Millionen Dollar, und die kleinere Tochter, Rajneesh-Neo-Sannyas International Commune, brachte es auf drei Millionen Dollar.[214] Und das war erst der bescheidene Anfang.

Als äußeres Kennzeichen des neuen Wohlstandes schenkten die dankbaren Sannyasins ihrem Meister im Durchschnitt pro Monat einen Rolls-Royce. Andere Spielzeuge kamen hinzu. Kurz nach Fertigstellung des sogenannten Krishnamurti-Stausees, im Sommer 1982, bekam er ein Motorboot geschenkt. Vor den besorgten Augen seiner Jünger raste der „heilige Meister" täglich in höchster Geschwindigkeit und mit viel Vergnügen über den See. Ranch-Manager Harvey war sprachlos: „Ein Mann, der angeblich Asthma haben soll, hat offenbar keine Schwierigkeiten, die Benzindüfte des Schnellbootes zu ertragen."[215]

Großen Spaß hatte Rajneesh auch mit geländegängigen amerikanischen Jeeps. Er liebte es, mit diesen schlechtgefederten Fahrzeugen durch sein unwirtliches Gelände zu fahren. Bob Harveys Kommentar darüber: „Das kann nur einer bringen, der keine Rückenprobleme hat."[216]

Rajneeshs Sannyasins waren es wohl auch leid, ihn ständig in einem weißen Kaftan zu sehen. Jetzt schenkten sie ihm bunte Kleidung, eine mit Brillianten verzierte Uhr und anderen brilliantenbesetzten Schmuck. Rajneesh hat schon „immer darauf bestanden, daß nur das Feinste vom Feinen für ihn angeschafft wurde,"[217] so der ehemalige Stern-Reporter Jörg Andres Elten.

Was für den Meister recht war, war für seine Jünger jedoch noch lange nicht billig. Dies mußten auch ehemals prominente Mitglieder seines Ordens erfahren.

So mußte Laxmi nach ihrer Entmachtung durch Sheela in der Wäscherei „worshippen". Körperlich krank und arm wie eine Kirchenmaus verließ sie Ende März 1982 die Ranch.

Als ich sie im Dezember 1984 in einem Vorort von Washington D. C. besuchte, war sie todkrank. Sie hatte gerade eine Unterleibs-Krebsoperation hinter sich. Im Januar 1985 zog sie sich nach Nord-Indien, am Fuße des Himalayas, zurück, um dort in Frieden zu sterben. Krankenhaus- und Reisekosten mußte sie sich von Freunden erbetteln. Rajneesh, für den sie alles, auch ihr Leben, hingegeben hatte, gab ihr nichts.

Eine ebenso ernüchternde Erfahrung machte Swami Shivamurti. Als ausgebildeter „Samurai" beschützte er das Leben seines Meisters seit 1972. Shivamurti unternahm mit seinem kanadischen Freund im Mai 1982 eine Wildwasserfahrt im John-Day-Fluß, der an die Rancho-Rajneesh grenzt. Sein Freund verlor die Balance und stürzte ins Wasser. Shivamurti machte mehrere Versuche, ihn zu retten. Als diese scheiterten, rief er von einem nahegelegenen Wach-Posten Sheela an und bat sie, zur Rettung seines Freundes den ashrameigenen Hubschrauber einzusetzen. Sheela lehnte ab, ihr Kommentar: „Der wird sowieso schon tot sein."[218]

Der Tod des Freundes traf ihn schwer. Sheela verbannte ihn von Rajneeshpuram wegen „negativer Vibrationen" (der Trauer). Frau und Sohn mußte er zurücklassen. Der Schotte, heute wieder bürgerlich Hugh Milne, machte einen Selbstmordversuch. Heute lebt er als Orthopäde in London.

Ähnlich erging es der Italienerin Ma Anand Deeksha. Sie war schon in Poona Küchenchefin. Als ihr die immer selbstherrlicher werdende Sheela ins Kochen hineinreden wollte, beschwerte sich Deeksha bei Rajneesh. Noch am gleichen Tag erhielt sie die Quittung für diese „Negativität".

Deeksha mußte „im Namen Bhagwans“ die Ranch bis zum nächsten Tag um 12 Uhr mittags verlassen.

„Negativ“ war auch, wer krank wurde. Die amerikanische Sozialarbeiterin Rosalyn Smith erkrankte im Juli 1982 nach dem Festival an einer Darminfektion. Erst als sie vor Erschöpfung nicht mehr stehen konnte, durfte sie ihren Arbeitsplatz mit einem Bett in der kleinen Klinik von Rajneeshpuram tauschen. „Eine Schwester hielt mir vor, ich würde mich nicht voll Bhagwan hingeben, sonst würde ich nicht krank sein“,[219] erzählte sie mir. „Ein französischer Arzt erklärte mir, meine Krankheit sei nur Einbildung.“ Einen Tag später wurde sie in Begleitung von zwei Ärzten, die kein einziges Wort mit ihr sprachen, am Bus-Depot im nahegelegenen Ort Madras abgeliefert.

Negativ auf Sheela reagierte aber auch die amerikanische Öffentlichkeit, insbesonders die jüdische. Im amerikanischen Fernsehmagazin „60 Minutes“, der deutschen „Panorama-Sendung“ vergleichbar, erzählte sie am 31. Oktober 1982 einen Rajneesh-Witz: „Eine Gruppe Tiger zieht durch die Büsche. Als einer der Tiger dem anderen seine Nase in den Hintern steckt, fragt dieser: Was ist los mit dir? Bist du heiß auf mich? Nein, sagte der, ich habe gerade einen Juden gefressen und möchte den schlechten Geschmack loswerden.“

Vier Wochen später, in einer anderen Fernseh-Sendung in Los Angeles, fragte Sheela die Interviewerin, ob sie wisse, wie man einige hundert Juden in Volkswagen packen könne? Sheela gab die Antwort gleich selbst: „Man nimmt zwei Deutsche, setzt sie auf die Vordersitze, die Juden kommen in den Aschenbecher.“ Der amerikanische Zentralrat der Juden verfaßte in einer Krisen-Sitzung eine Resolution und sandte am 16. Dezember 1982 dem amerikanischen Justizminister, William F. Smith, ein Telegramm (siehe Anhang), in dem sie ihn aufforderten, Rajneeshs Antrag auf Einbürgerung in die Vereinigten Staaten abzulehnen. Dem Justizminister sowie allen jüdischen Senats- und Kongreßmitgliedern wurde eine Liste antisemitischer Äußerungen von Rajneesh zugeleitet, darunter eine Aussage, die Rajneesh schon in Indien tat: „Die Juden waren schon immer auf der Suche nach ihrem Adolf Hitler, nach jemandem, der sie umbringt."

Der Schritt des jüdischen Zentralrates in die Öffentlichkeit und die öffentlichen Einlassungen des einstigen Leibwächters Shivamurti ließen die amerikanischen Behörden hellhörig werden. Hugh Milne, alias Shivamurti, zerstörte die Legende von den friedlichen Rajneesh-Farmern vollends. „Rajneesh Mohan leitet ein skrupelloses internationales Multi-Millionen-Dollar-Unternehmen", sagte Hugh, „Einzelpersonen oder Gruppen, die sich seinem Ehrgeiz in den Weg stellen, werden auf unmenschliche Weise bekämpft." Die gemeinnützige Rajneesh Foundation bezeichnete Hugh als eine Gesellschaft, in der Betrug und Heuchelei herrsche. Die Rajneesh-Ranch bezeichnete Hugh als ein „Gefängnis, das von einem boshaften und unbarmherzigen Despoten beherrscht wird".[220]

Ermittlungen

Die Einwanderungsbehörden von Portland, einerseits gewarnt von Aussteigern wie Shivamurti, Deeksha oder Laxmi, andererseits an die, was Religionsausübung betrifft, sehr weit gefaßte amerikanische Verfassung gebunden, wollte sich nun selbst ein Bild vom Meister machen. Sie zitierten den Schweige-Guru am 14. Oktober 1982 in ihre Büroräume.

Rajneesh, bekleidet mit einem grauen, bodenlangen Strickkleid, wurde von Ma Anand Sheela und drei Anwälten begleitet: Jeffrey T. Noles, ein Bürger aus Portland, Miles J. Ambrose, ein ehemaliger Anwalt der obersten amerikanischen Einwanderungsbehörde in Washington, und Swami Prem Niren, ein Sannyas-Anwalt. Rajneesh war sehr nervös. In dem eineinhalbstündigen Interview gab er lediglich zu verstehen, daß er zwar ein Meister „aus eigener Autorität sei, über die Einzelheiten und Geschäfte des Ashrams jedoch nicht Bescheid wüßte. Er wisse selbst nicht einmal, welches Datum man schrieb oder wie spät es gerade sei." George Hunter war nicht überzeugt. Rajneesh trug an seinem rechten Handgelenk eine diamantenbesetzte Uhr (Auszüge des Interviews, siehe Anhang S. 244).

Am Ende des fruchtlosen Frage- und Antwort-Spieles wurde Rajneesh erkennungsdienstlich behandelt, z. B. mußte er seine Fingerabdrücke geben, was Sheela zu dem Aufschrei veranlaßte: „Oh, seien sie vorsichtig, er ist doch so zerbrechlich."

Am 21. Dezember 1982 ließen die Einwanderungsbehörden von Portland den Guru Rajneesh unter dem Aktenzeichen: A 24 404 461 wissen, daß er bis zum 21. Januar 1983 das Land zu verlassen habe. Mit gleicher Post wurde die Rajneesh Foundation International in Rajneeshpuram unterrichtet, daß ihr Oberhaupt auch nicht als Religionsführer anerkannt werden könne.

Grund für die Deportation: Das Besucher-Visum sei erschlichen worden. Statt medizinische Experten in den USA zu konsultieren, hätte Rajneesh von vorneherein die Absicht gehegt, in Amerika seinen spirituellen Geschäften nachzugehen.

Grund für die Ablehnung als Religionsführer: Ein schweigender Mann könne schlechterdings nicht die in seinem eigenen Antrag auf Anerkennung als Religionsführer genannten Pflichten ausführen.

Die Oregoner Bevölkerung war erleichtert. Bald würde die rote Gefahr vorüber sein. Sie täuschte sich. Die Anwälte Rajneeshs entdeckten im Vorgehen der Einwanderungsbehörden einen Formfehler. Kleinlaut hoben die Behörden am 12. Januar 1983 den Deportations-Bescheid auf. Die Rajneesh-Bewegung erlebte weltweit einen Boom.

In dem einst ländlichen Tal entstand ein großes Therapie-Zentrum, mehrere Restaurants, Boutiquen und mehrere Verwaltungsgebäude. Der Bau eines 500-Zimmer-Hotels und eines Kongreß-Zentrums nahm konkrete Formen an.

Die Behörden waren ratlos, ihre ermittelnden Beamten überfordert. „Bisher schlugen wir uns hauptsächlich mit Mexikanern herum, die über die Grenze kamen", sagte mir ein Beamter der Einwanderungsbehörde, „aber mit einer solchen raffinierten Organisation hatten wir es noch nie zu tun."

Diese Organisation wandelte sich im Februar 1983 in eine Religion um, genannt: „Rajneeshismus."[221]

Vorgeschobener Grund:

Diese Religion sollte die Lehre des Meisters schon zu Lebzeiten unverfälscht widerspiegeln.

Wahrer Grund:

Steuerbefreiung durch die, nach amerikanischem Recht, damit verbundene Gemeinnützigkeit.

Laxmis Kommentar zum Rajneeshismus im Dezember 1984: „Ein Witz".

Was den Inhalt dieser Religion anbetraf, hatte Laxmi sicher recht, nicht jedoch was ihre Funktionen anging. In kritischen Momenten, wenn es darum ging, die Leute bei der Stange zu halten, erfand Rajneesh stets etwas Neues. Die immer wieder versprochene Erleuchtung erreichten bislang jedoch nur zwei Mitglieder seiner Bewegung. Der eine, Rajneeshs leiblicher Vater, „Swami Dadda" genannt, starb am 8. September 1979. Der andere hieß Swami Anand Vimalkirti, besser bekannt unter dem Namen Prinz Welf von Hannover. Der Prinz fiel in Poona nach einem Unfall bei Karate-Übungen Anfang Januar 1981 in ein Koma. In der Nacht vom 9. auf den 10. Januar 1981 starb er „erleuchtet", wie Rajneesh erklären ließ, der ihn an seinem Totenbett besuchte. Diese Ehre wurde weniger prominenten Sannyasins, die in Poona starben, nie zuteil.

Zwei „Erleuchtete" also bei rund 280 000 Initiierten: eine kleine Ausbeute. Doch jetzt konnte man als Zwischenstufe zur Erleuchtung erst einmal Priester der Rajneesh-Religion werden. Arihantas war der Name für die unterste Priesterkaste. Sie sind „Priester..., die zur Göttlichkeit gelangen, indem sie anderen dienen".[222] Sie durften ihre Glaubenskollegen verheiraten und eventuellen Nachwuchs taufen.

Die nächsthöhere Priesterkaste hieß „Siddhas". Sie hatten die „dienende Phase“ überwunden, lebten nur noch in sich gekehrt; ihr Privileg war es, Totenfeiern zu zelebrieren.

Acharyas wurde die oberste Priesterkaste genannt. Es waren die 150prozentigen. Unter ihnen Sheela, Teertha und Rajen. Sie waren Priester für alle Fälle; so waren sie autorisiert, neue Jünger zu initiieren, auch durften sie Geburts-, Heirats- und Todeszeremonien abhalten.[223]

Die Grundsätze und Praktiken der Rajneesh-Religion wurden in einem violetten Traktätchen veröffentlicht. „Das Herz des Rajneeshismus“, so heißt es da, ist Bhagwan Shree Rajneesh, der durch sein Dasein und durch seine Lehren über 350 000 Jünger in aller Welt inspiriert.“[224] Die Jünger nannten sich nun nicht mehr Sannyasins, sondern Rajneeshees. Neben der offiziellen Priesterschaft gab es eine inoffizielle, Shravakas genannt. „Das Wort bedeutet Zuhörer und bezeichnet damit symbolisch den Sympathisanten, der nicht den Mut hat, Jünger zu sein“, erklärt das Traktätchen.

In Wirklichkeit wurden mit dem Titel „Shravaka“ all jene ausgezeichnet, die in Wirtschaft und Verwaltung, in den Medien und Schulen zwar das Gedankengut des Meisters vertraten und für die Bewegung arbeiteten, sich aber nicht öffentlich als Sannyasin bekennen wollten. Sie sollten es auch nicht, sie wurden bewußt in ihren einflußreichen Positionen belassen, um als Multiplikatoren die Lehren des Meisters auch an Ahnungslose weiterzugeben.

Viele Jünger waren irritiert. Hatte doch Rajneesh in Indien stets über Religion polemisiert und sie als ein Instrument von Angst, Geiz und Ausbeutung bezeichnet. „Ja“, so sagte er, „Religion habe immer trennende Mauern geschaffen.“ Wenigstens mit diesen Aussagen hatte Rajneesh einmal recht behalten. Sein Rajneeshismus war in der Tat eine noch bessere Form der Ausbeutung. Doch sie schaffte auch trennende Mauern, diesmal allerdings in seinen eigenen Reihen.

In einem Flugblatt vom 15. Februar 1983 meldeten sich die ersten Rajneesh-Dissidenten. Die Autoren dieses Flugblattes waren „ehemalige und gegenwärtige Mitglieder der Rajneesh Foundation International ...“, und nannten sich

„die Wildgänse".[225] Ihre Vorwürfe waren mannigfaltig. Zunächst kreideten sie der Organisation an, daß sie die von der amerikanischen Verfassung geforderte Trennung von Kirche und Staat mißachte. Dann bestätigten die „Wildgänse", daß die Rajneesh-Religion nur aus steuerlichen Gründen ins Leben gerufen wurde. Schließlich beschwerten sie sich: „Nur solche Sannyasins, die große Geldspenden machen oder über bestimmte auf der Ranch benötigten Fähigkeiten verfügen, werden dorthin eingeladen." Rajneeshpuram bezeichneten die Flugblattschreiber als „ein Arbeits-Country-Club für Reiche".[226]

Weiter beschrieben sie die Führer der Rajneesh Foundation International als unethisch, rücksichtlos, arrogant und unehrlich. Sie fordern Transparenz über die „Orange-Mafia"[227] und den „Rücktritt von Sheela und ihrer herrschenden Oligarchie".[228]

Im Gegenzug nannte die Päpstin der Religion, die seit ihrer Gründung unter folgendem Namen auftritt: Ma Anand Sheela, M. M., D. PHIL. M., D. LITT. M. (RIMU), Acharya, die „Wildgänse" Lügner, Betrüger, Barbaren und Zerstörer.[229]

Kritik an Rajneesh und seinen Managern kam auch von außen – und es kamen vereinzelt Drohbriefe in Rajneeshpuram an. Sheela machte daraufhin auch ihren ehemals so freundschaftlich verbundenen Nachbarn klar, daß sie weder ihr Mißtrauen, noch ihre „unzivilisierten, barbarischen Äußerungen hinnehmen wolle". Sollte etwa jemand darauf aus sein, die neue Religionsstadt zu zerstören, dann würde „Blut fließen (...), denn das ist der Preis, den wir bereit sind für unsere neue Stadt zu bezahlen", drohte Sheela.[230]

Im gleichen Monat, Februar 1983, verließen Bob und Glenda Harvey die Ranch. Ihnen war weder religiös zumute, noch sahen sie eine Möglichkeit, den Rajneesh-Farmern weiterhin behilflich zu sein. Der ausschlaggebende Grund für den Abschied war jedoch, daß wohl ihre Kinder, ihr beiden Töchter Becky, damals 13, und Kim, damals 10, in Gefahr waren. Becky und Kim berichteten, daß in Rajneeshpuram 12- und 13jährige Mädchen sterilisiert waren.[231] Selbst Sheela, so die beiden Mädchen, habe angeblich die

Ranch-Kinder darüber unterrichtet, wie man sich am besten vor einer Empfängnis schützt. Das war offenbar auch geboten. „Sex unter Kindern sowie Sex zwischen Erwachsenen und Kindern waren in Rajneeshpuram an der Tagesordnung", beobachteten die Harveys.

Der Bericht der Harveys und noch ein paar andere Ereignisse veranlaßten den FBI, CIA, die DEA (die amerikanische Drogenpolizei) und die Einwanderungsbehörden jetzt systematisch gegen die Rajneeshees zu ermitteln.

Bei einem dieser Ereignisse war ich selbst beteiligt. Hier ein Auszug aus meinem Tagebuch vom 25.6.1983:

> Kurz nach 12 Uhr mittags umstellten vier bewaffnete Rajneesh Peace-Force Offiziere das Haus der Ex-Bürgermeisterin Margaret Hill von Antelope, Oregon, unter ihnen der damalige Peace-Force Chef und Präsident der Rajneesh Investment Corporation, John Shelfer.
>
> Die Friedenstruppe führte einen Haftbefehl wegen „kriminellen Betretens von Privatgelände" gegen mich mit sich. Zur Verstärkung hatten sie weitere fünf orange- bis rosabekleidete Rajneesh-Anhänger mitgebracht. Prominenz auch hier: Ma Prem Arup, Sekretärin von Sheela. Ein Mitglied des Friedensaufgebots trug ein T-Shirt mit der Aufschrift: „Sacred City of the Lord of the Full Moon."
>
> Diese „sacred city", auch Rajneeshpuram genannt, besuchte ich am Morgen des 25. Juni als Beifahrer im Pkw eines in der Nähe wohnenden Farmers. Mit dabei war eine ebenfalls ortskundige Dame. Rajneeshpuram ist, abgesehen von einer öffentlichen Kreisstraße, die durch die Stadt hindurchführt, der Außenwelt nicht zugänglich. Alle von der Kreisstraße abzweigenden Wege sind mit „keep out"-Schildern versehen.
>
> Ich wollte mir den Schauplatz des in einer Woche darauf beginnenden zweiten Welt-Festivals des Rajneeshismus einmal selbst ansehen. Vor allem interessierte mich die dort herrschende Atmosphäre. Hatte doch Sheela im Einladungsschreiben für dieses mil-

lionenmachende Spektakel angekündigt, der Meister würde wieder seine „Liebe (...) über tausende feiernder Herzen ausschütten".[232]

Wir durchfuhren die entstehende Stadt auf der Kreisstraße, fotografierten, kehrten an der Stadtgrenze um und fuhren zurück. Auf dem Anwesen herrschte lustlose Stimmung. Sannyasins waren damit beschäftigt, Viermannzelte zu errichten und Straßen auszubauen. Nur gelegentlich winkte einer zurück.

Auf dem Rückweg kam uns vom Empfangsgebäude Ma Prem Padma, alias Rosalie Rosenburg, entgegen und offerierte eine Führung durch Rajneeshpuram. Wir lehnten dankend ab. Zu mir gewandt, sagte sie: „Ich glaube, ich habe dich schon mal gesehen." Dann fuhr sie fort: „Ich kenne dich von einer Fernsehsendung." Sie hatte recht. Mehrere amerikanische TV-Anstalten hatten mich als ehemaligen Sannyasin in Sachen Rajneesh interviewt. Meine Augenzeugenberichte über physische und sexuelle Gewalt aus den ashrameigenen Therapie-Gruppen schienen den Rajneeshleuten nicht gefallen zu haben. Ohne weitere Worte verabschiedeten wir uns von Rosalie und machten uns auf den Rückweg.

Wenig später stoppten uns zwei zivile Sannyasins außerhalb der Stadtgrenze von Rajneeshpuram. Sie wollten mich aus dem Auto heraus verhaften. Als wir erneut dankend ablehnten, riefen diese per Funk Verstärkung an. Bald wurde unser Pkw von mehreren Peace-Force Einsatzwagen des liebenden Gurus gejagt. Wir erreichten unbehelligt das Haus von Margaret Hill und riefen den Kreissheriff sowie die State-Police. Der Sheriff eskortierte uns schließlich nach rund fünfstündigen Verhandlungen aus dem ebenfalls von Rajneeshleuten beherrschten Antelope hinaus. Er hielt die Vorwürfe der „Roten" für baren Unsinn.

Soviel aus meinem Tagebuch.

Über diesen Verhaftungsversuch berichteten alle Oregoner Zeitungen[233] und Fernsehanstalten. Das über diesen

Vorfall von den Rajneeshees angerufene Stadtgericht im nahegelegenen „The Dalles“ schloß sich zwei Wochen später der Meinung des Sheriffs an.

Weniger glimpflich davon kam eine andere Aussteigerin. Pat Lear, Sannyasin zwischen 1980 und 1982, hatte mit Rajneesh ein sogenanntes „love-commitment“ gemacht. Das heißt, er beauftragte sie, aus seinen vielen Reden die bedeutendsten Aussagen über die Themen „Sex“, „Liebe“ und „Gebet“ herauszudestillieren. Sie sollten in kleinen Büchlein der amerikanischen Öffentlichkeit nahegebracht werden. Kaum war das „Sex-Büchlein“ auf dem Markt ein Seller, kam es über die Gewinnverteilung zum Streit. Pat verließ ihren Guru und handelte sich dafür eine Schadensersatzklage über 400 000 Dollar ein.

Auch einige der zuvor so heiß umworbenen Nachbarn wurden mit Schadensersatzklagen eingedeckt. So sollte die Anteloper Bürgerin Rosemary McGreer drei Millionen Dollar Schadensersatz für Äußerungen in einer Fernseh-Show bezahlen. Frau McGreer hatte unter anderem gesagt: „Die Rajneeshees sind in Wirklichkeit keine Farmer, sondern bauen eine Stadt.“ Außerdem sagte sie: „Nur ein paar führende Leute leben im Luxus, die anderen schuften 15 Stunden am Tag.“[234] Diese Klage wurde niedergeschlagen. Dafür erhielt Rosemary McGreer ihrerseits 75 000 Dollar Schadenersatz für öffentliche Verleumdungen der Rajneeshees über sie zugesprochen.

Kein Wunder, wenn Rajneesh in Oregon damals der Drei-L-Guru genannt wurde. Die drei L standen für lies, luxury and lawsuits (Lügen, Luxus und Schadensersatzklagen). Eine dieser Lügengeschichten erzählten die Harveys nach ihrem Ausscheiden. Sheela hatte im Jahre 1982 weltweit die Getreuen aufgefordert, etwas für die Aufforstung der Ranch zu tun. Für das Programm: „Buy a tree for Bhagwan Shree“ sollten sie 100 Dollar spenden. Die Gelder für dieses ökologische Programm flossen, doch gepflanzt wurde nicht.

Ein weiteres Ereignis, das die amerikanische Öffentlichkeit aufhorchen ließ, war die Verhaftung von vier drogenschmuggelnden Sannyasins.

Kurz nach dem Liebes-Festival, am 26. Juli 1983, wurden zwei Sannyasins, Mike McQuinn und Holly Ann McQuinn, alias Ma Cyan Holly in Chehalis/Washington auf ihrer Marihuana-Ranch festgenommen. Der Wert der Drogen: eine Million Dollar.

Am 19. Oktober 1983 wurden die Japanerin Rieko Kyuno und der Amerikaner Dennis L. Waterman mit Marihuana im Werte von einer Viertel Million Dollar auf den Straßen Oregons aus ihrem Auto heraus verhaftet. Rieko und Dennis waren „Shravakas“. Dennis war unter anderem Vize-Präsident der Janaka Investment Company in Portland und Vize-Präsident der A-Mark Trading Corporation in Chicago. Dort verdingte er sich auch als Börsen-Makler. Nicht genug, gleichzeitig war er spiritueller Therapeut in Ashland, Oregon, und unterwies suchende Menschen im rechten Weg zu Rajneesh. In ihren recht ausführlichen Telefonbüchern fanden sich nicht nur eine Vielzahl von Sannyasin-Namen in allen Staaten, sondern auch einschlägige Nachtclubs von San Francisco bis Las Vegas.[235] Die Verhafteten wurden von der Rajneesh-Religion als unwürdig erklärt und ausgestoßen.

Ein weiteres Ereignis erinnerte wieder an die alten Tage von Poona. Am 29. Juli 1983 explodierten drei Brandsätze im rajneesheigenen Stadthotel von Portland. Dabei riß es dem Bombenleger, dem 34jährigen Stephen Paster aus Los Angeles, die Hände ab. Am Hotel entstand ein Schaden in Höhe von 50 000 Dollar. Neben dem Verletzten wurde noch ein anderer Amerikaner festgenommen. Bei den Verhören stellte sich heraus, daß beide vorher einige Tage auf der Ranch verbrachten. Ob sie nun aus eigenen Stücken oder gar im Auftrag handelten, konnte der Untersuchungsrichter allerdings nicht eindeutig klären.[236]

Klar hingegen war für die Bevölkerung von Oregon ein anderer Zusammenhang. Die Rajneesh-Leute brauchten

Sympathie, denn sie hatten Probleme, Probleme mit ihrer Stadt und mit ihrem Guru.

Am 6. Oktober 1983 erklärte der Justiz-Minister von Oregon, Dave Frohnmayer: „Die Stadt ‚Rajneeshpuram' ist illegal." Frohnmayer begründete: „Die Gründung von Rajneeshpuram verletzt sowohl die Verfassung des Staates von Oregon als auch die Verfassung der Vereinigten Staaten von Amerika."[237] Die amerikanische Verfassung sieht in der Tat eine strikte Trennung von Kirche und Staat vor. Da sich die Rajneesh-Bewegung als Religion deklariert habe, so der Justiz-Minister, könne sie nicht gleichzeitig hoheitliche Rechte in ihrer Stadt ausüben.[238]

Einen weiteren Verstoß gegen die Verfassung sah er in der Tatsache, daß in der Stadt „Rajneeshpuram" lediglich Jünger des Gurus leben konnten, die Stadt also nicht für Mitglieder anderer Glaubensrichtungen offen war.

Gleichzeitig wurde bekannt, daß in „Rajneeshpuram" mehrere Gebäude ohne die notwendigen Baugenehmigungen errichtet worden waren.

Ehe es zu der höchstrichterlichen Entscheidung über diese Vergehen kommen konnte, was den Abriß der meisten Häuser und Hallen von Rajneeshpuram bedeuten würde, ließ Sheela einen Tag später die amerikanische Öffentlichkeit wissen, was dies bedeuten würde: „Wir werden bis zu unserem letzten Blutstropfen kämpfen. Wenn die Bulldozer kommen, werde ich sie mit meinem Blut färben", sagte Sheela.

Ohne Zweifel war dieser Schritt des Justiz-Ministers die bislang größte Bedrohung für die Rajneesh-Bewegung. Ihre ca. 50 Anwälte hatten bislang schon mit den laufenden Verfahren genug zu tun: Schließung von Schein-Ehen, illegale Ein- und Ausfuhr größerer Geldbeträge, rund ein Dutzend Schadensersatzklagen und die illegale Einwanderung mehrerer Sannyasins, einschließlich des Meisters.

Um jedoch der zu befürchtenden Deportation von Rajneesh zuvor zu kommen, hatte Sheela eine Idee. In einer Presse-Erklärung vom 3. Februar 1984 ließ sie die staunende Öffentlichkeit wissen, daß ihr Vater, Ambalal Patel, alias

Swami Swarupananda, Rajneesh im zarten Alter von vier Jahren adoptiert hätte. Sie präsentierte eine in Sanskrit-Schrift verfaßte eineinhalbseitige Urkunde vom 12. Januar 1936.[239]

Ambalal Patel, seit 1973 amerikanischer Staatsbürger, erklärte: „Bhagwan Shree Rajneesh ist mein Adoptivsohn, und da er unverheiratet ist, habe ich jetzt bei der Einwanderungsbehörde beantragt, ihm ein Dauerwohnrecht in den Vereinigten Staaten zu gewähren."[240] Er sei überglücklich, sagte Ambalal, seinem geliebten Sohn nicht nur das Dauerrecht in den Vereinigten Staaten ermöglichen zu können, „hier können auch seine religiöse Vision wie seine Gesundheit gedeihen", fügte er hinzu. Diese schönen Sprüche konnten jedoch nicht darüber hinwegtäuschen, daß die Adoptionsurkunde als schlichte Fälschung erkannt wurde.

Nun gab es einen weiteren Fall für die Ermittlungsbehörden.

Konfrontationen

Trotz dieser Ungereimtheiten fuhr die Rajneesh-Bewegung weltweit immer noch auf Erfolgskurs. Allein die Rajneesh Foundation International in Rajneeshpuram nahm nach Behördenschätzungen Anfang 1984 monatlich zwei Millionen Dollar ein. Seit ihrem Einzug in die Täler von Oregon hatten sie bis dahin rund 40 Millionen Dollar in Straßen und Gebäude investiert.

Erfolg hatten auch die Rajneesh-Anwälte. Sie konnten durchsetzen, daß am 15. Februar 1984 ihr Rajneeshismus als Religion staatlich anerkannt wurde.

Tatsächlich war diese Anerkennung jedoch nur ein geschickter Schachzug der Behörden. Wollte Rajneesh nun auch die Berechtigung zum ständigen Aufenthalt in den USA zugebilligt bekommen, mußte er sein gesamtes Vorleben vor den Behörden ausbreiten. Der immer noch schweigende Rajneesh und seine Sheela besannen sich auf eine andere Strategie.

Sie rüsteten gegen die Bedrohung durch die Staatsgewalt auf. „Nach übereinstimmenden Informationen von FBI und Waffenhändlern haben sie von Soldaten verwandte, halbautomatische Maschinengewehre vom Typ CAR 15 und Uzi B, die sich leicht zu vollautomatischen umrüsten lassen, Polizeigewehre vom Typ Ruger Mini 14 und 44 Magnum, MIA-Kaliber 308 und 357er Magnum-Revolver gekauft,“[241] berichtete der Stern im September 1984.

In amerikanischen Zeitungen erschienen Schlagzeilen wie: „Rajneesh-Sekte spricht vom blutigen Krieg“, oder „Rajneesh-Stadt bewaffnet sich gegen die Außenwelt“.[242]

Die halbautomatischen Angriffswaffen vom Typ CAR 15 werden normalerweise nur von der Armee oder der Nationalgarde benutzt. „Sie ist eine Kampfwaffe, um Menschen zu töten“, bestätigte mir im Juni ein FBI-Mitarbeiter. Gleichzeitig kauften die Rajneeshees „soviel Munition, wie normalerweise ein Bataillon in einem Jahr verbraucht“, so der FBI-Mann.

Da in den Vereinigten Staaten der Besitz von Waffen, eines der Grundrechte, erlaubt ist und Waffen keiner Registrierung bedürfen, blieb bis zum heutigen Tag die Menge der gekauften Waffen und Munitionen unbekannt. „Es sind jedoch mehr als die gesamte Oregoner Polizei besitzt“, sagte mir Mike Cullivan, ein hoher Polizeibeamter in Portland. Allein in den Monaten April und Mai waren es nach seinen Ermittlungen rund 50 halbautomatische Maschinengewehre und rund eine Viertel Million Munition. Der Öffentlichkeit nicht verborgen blieben indes die wiederholten und langanhaltenden Schießübungen auf der Ranch.

Mehrfach ließ der Rajneeshpuram-Bürgermeister, Swami Krishna Deva, seine Nachbarn wissen, daß die Rajneeshees zu einem Bürgerkrieg bereit wären. Dem verlieh Sheela mit der öffentlichen Bemerkung Nachdruck: „Wir sind bis zur Schädeldecke bewaffnet.“[243]

Auch die Jünger auf der Ranch wurden auf solche Eventualitäten vorbereitet:

– „Das Leben ist häßlich, wenn du nicht erleuchtet bist, denn das Leben ist die Hölle (...). Der Tod wird zum Tor, zum ‚Göttlichen‘ (...), der befreit dich von dieser Hölle“, hieß es in der amerikanischen „Rajneesh-Times“ vom 20. April 1984.

– „Der Tod ist der Höhepunkt des Lebens. Der Tod ist sogar noch viel schöner als leben“, ließ Sheela am 7. Mai 1984 in einem Hearing vor der Planungs-Kommission des Wasco-Counties vernehmen.

– „Sannyas: Der wirkliche Selbstmord“, so lautete am 11. Mai 1984 eine Schlagzeile der „Rajneesh-Times“. In diesem Artikel wird der Meister so zitiert: „Ich lehre euch den wirklichen Selbstmord, damit ihr für immer gehen könnt.“

– „Jeder, der zu Bhagwan gehört und sich ihm total hingibt, wird automatisch im Moment seines Todes erleuchtet sein“, hieß es in der amerikanischen „Rajneesh-Times“ am 13. Juli 1984. Der Artikel präzisierte: „Jeder, der in Rajneeshpuram oder im Umkreis von 24 Meilen stirbt, wird erleuchtet sein.“

Auf meine Frage in einem Interview mit dem Chef der Kreisverwaltung von Wasco-County, Bill Hulse, Anfang Oktober 1984, ob denn ein Blutbad zu vermeiden wäre, sagte er: „Ich fürchte, es ist unvermeidbar. Es ist zwar schrecklich, das zu sagen, aber ich fürchte, es ist genau das, was sie wollen. Dann wären sie Märtyrer.“[244]

Um wenigstens zu wissen, was die „Rote Heilsarmee“ wo und wann vorhat, schleusten amerikanische Behörden nun sogenannte „under-cover Agenten“ in den Ashram ein. Die Stadt wird seither auch regelmäßig von Air-Force Aufklärungsflugzeugen überwacht. Und seither werden die fünf Rajneesh-Radiokanäle abgehört.

Einen Kampf ganz anderer Art hatten zur gleichen Zeit die Rajneeshees intern zu führen. Die Lust-Seuche „AIDS“ war auf der Ranch ausgebrochen. Diese ansteckende und tödliche Krankheit trat anfangs vor allem im Gefolge sexueller Promiskuität auf, und diese war ja ein Markenzeichen der Rajneesh-Bewegung. Es soll Tote auf der Ranch gegeben haben. Rajneesh nahm die Epidemie zum Anlaß, gleich mehrere Fliegen mit einer Klappe zu schlagen.

Zunächst konfrontierte er die Welt mit einer neuen apokalyptischen Horror-Vision: „AIDS“ sei die kommende Geißel der Menschheit, von der bereits Nostradamus gesprochen habe, und sie werde zwei Drittel der Weltbevölkerung dahinraffen.

Gleichzeitig verordnete er seiner sexgewohnten Gemeinde Enthaltsamkeit. Die Jünger sollten ihre Sexgelüste jetzt ins Spirituelle transformieren. Wer jedoch zu dieser neuen Lebensform nicht in der Lage sei, solle wenigstens „Kondome während des Sexaktes und Latex- oder Gummihandschuhe während des Vorspiels benutzen. Oraler und analer Sex sollten völlig vermieden werden“, hieß es in der „Rajneesh-Times“ vom 15. März 1984.

Seine Gefolgschaft durch eine Seuche zu verlieren, war Rajneeshs größte Sorge. Sein Lebenswerk wäre ruiniert. Er wollte dereinst selbst bestimmen, wann das „Drama zwischen Meister und Schülern“, der Quantensprung zur „tödlichen“ Erleuchtung stattfinden sollte. Bis zu diesem Höhepunkt seiner Guru-Laufbahn sollten seine Jünger überleben. Die medizinischen Vorkehrungen waren nun getroffen. Jetzt ging es nur noch darum, einen Ort zu finden, in dem das letzte große Experiment probiert werden konnte. Es mußte ein von der Außenwelt völlig abgeschotteter Platz sein, zu dem kein Außenstehender Zugang hatte, ließ der Meister in Poona immer wieder wissen. Daß Rajneeshpuram nun von innen und außen observiert wurde, das wußten die Rajneeshees jetzt auch.

So wurde Ma Prem Isabel, eine der drei Frauen im Triumvirat unter Sheela, in die Karibik entsandt. Sie sollte eine Insel kaufen. Doch sie hatte keinen Erfolg. Wie also konnte man sich in Rajneeshpuram die lästigen Störenfriede vom Halse halten? Welche Voraussetzungen mußten geschaffen werden, daß dort hinfort nicht mehr die Gesetze des Landes, sondern die von Rajneesh galten?

Die Aussage von Sheela am 11. Juni 1984: „Die bestehenden Gesetze gelten nicht für uns, wir sind das Gesetz“, waren Ausdruck dieser Mischung von Wahnsinn und Naivität. Sie sagte dies auf einer Pressekonferenz mit Mitgliedern der American Civil Liberty Union, einer Art Ombuds-Behörde für Menschenrechte. Diese „ACLU"-Delegierten hatten sich drei Tage auf der Ranch aufgehalten, um sich ein Bild über die Lage in Rajneeshpuram zu machen.

Der immer noch schweigende Rajneesh entsann einen Coup. Nicht mit Pressionen oder Prozessen, sondern mit einem geschickt inszenierten Domino-System sollte nun der Staat Oregon übernommen werden. Analog dem amerikanischen Bundesstaat Utah, der weitgehend von den Mormonen regiert wird, sollte einst Oregon von den Rajneeshees politisch gesteuert werden. Nach Einschätzung der Rajneeshees war Oregon sowieso nur ein „Staat voll von Idioten."[245] Hätte man erst die Kontrolle über einen Kreis des Staates, wäre es dann ein leichtes, Schritt für Schritt, eben nach dem Domino-Prinzip, den ganzen Staat zu beherrschen. So war die Strategie angelegt.

Der Zeitpunkt war günstig. Am 6. November 1984 waren allgemeine Wahlen in den Vereinigten Staaten. Nicht nur der Präsident wurde gewählt, Kongreß-Abgeordnete und Senatoren, sondern auch die lokalen Politiker. Im zuständigen Wasco-County, auf dessen Gelände auch Rajneeshpuram lag, waren 12 600 Menschen stimmberechtigt. Traditionell wird in Oregon 50/50 gewählt, d. h., etwa die Hälfte der Bevölkerung wählt die Demokraten, die andere Hälfte die Republikaner. Um die politischen Positionen im Kreis zu übernehmen, brauchte Rajneesh jetzt nur noch 7000 wahlberechtigte Bürger.

5000 lebten schon auf der Ranch, die restlichen 2000 waren leicht zu beschaffen. Ausgewählte Rajneeshees wurden im September 1984 in alle Großstädte der Vereinigten Staaten entsandt. Sie sollten Obdachlose und Vagabunden aus amerikanischen Großstädten auflesen, Menschen also, die keine Heimat hatten, und sie nach Oregon bringen. Die Fahrt war kostenfrei, freie Rückfahrt versprochen, sollte es den Gästen in Rajneeshpuram nicht gefallen. Den Grund für die freundliche Einladung gab Sheela: „Wir wollen unseren Reichtum mit ihnen teilen."

„Fünf bis sieben Busse mit je 50 Heimatlosen kommen täglich in Rajneeshpuram an", berichtete die Sonntags-Ausgabe des „Oregonian" vom 30. September 1984. Die

„street-people“ waren zwar glücklich, ein Dach über dem Kopf zu haben und sich endlich einmal satt essen zu können, doch die Welt der Rajneeshees verstanden sie nicht. Wenn immer sie sich in der Kantine niederließen, plärrte es aus einem Lautsprecher: „Mach von deinem Wahlrecht Gebrauch. Trage dich in die Wahllisten ein, damit dieses Paradies des Lebens für dich und uns erhalten bleiben kann.“[246] Am schwarzen Brett der Hassid-Cafeteria prangte in großen Lettern: „Wasco heute, Oregon morgen.“

Bis Ende Oktober 1984 waren 4000 obdachlose Amerikaner in Rajneeshpuram angekommen, aufgenommen, abgefüttert und für die Wahl programmiert. Die Widerspenstigen wurden mit jungen weiblichen Sannyasins gezähmt. Sie boten diesen Bedürftigen, neben einleuchtenden Argumenten, erleichternden Sex, und zwar ganz ohne Gummihandschuhe und Kondome.[247] Doch Rajneeshs politischer Coup ging daneben.

Swami Krishna Deva, der Bürgermeister von Rajneeshpuram, hatte naiverweise diese Strategie in einer Rundfunksendung schon Anfang Februar 1984 ausgeplaudert.[248] Der Staat Oregon war vorbereitet und entsandte 50 Juristen ins nahegelegene „The Dalles“, um die Neuankömmlinge zu interviewen. Nein, die meisten kamen nicht als Wahlvieh nach Rajneeshpuram. Sie waren gekommen, um vielleicht ihrem Leben eine Wende zum Besseren zu geben. Doch Rajneesh betrog auch sie.

Enttäuscht kehrten die meisten von ihnen in ihr elendes, doch zumindest vertrautes und menschlicheres Obdachlosendasein zurück. Die Wahlen am 6. November 1984 wurden für die Rajneeshees eine Pleite. Doch ca. 1000 dieser Heimatlosen blieben auf der Ranch. Sie waren handverlesen; etwa 400 von ihnen wurden willige Arbeiter, die für Lohn und Brot alles taten, was verlangt wurde. Die restlichen 600 waren kampferprobte Vietnam-Veteranen. Ihnen waren nicht nur die am Ort zu Hauf gestapelten Maschinengewehre vertraut, auch Töten und Getötetwerden war für sie nichts anderes als eine Alltagsbeschäftigung.

Dieses Potential hatte die clevere Sheela schon früh entdeckt. Vor den Fernsehkameras brachte sie die Kämpfer schon mal probeweise in Stimmung. Als sie in einer Pressekonferenz am 19. September 1984 vor der Kulisse mehrerer Hundert „street-people“ den Justizminister und den Gouverneur „bigotte Schweine“ nannte, skandierten sie zurück: „Give them hell“ („jag sie zur Hölle“). Dann drohte Sheela: „Sollte einem einzigen Menschen auf Rancho Rajneesh etwas zustoßen, müssen draußen fünfzehn dran glauben - und das meine ich so, wie ich es sage.“[249] „Kill, kill, kill“, hallte es aus hunderten Kehlen zurück.

Nachdem diese Szenen einen Tag später über die Fernsehschirme Amerikas flimmerten, wurde in Salem, der Hauptstadt von Oregon, ein Krisenstab gebildet. Teilnehmer: Vertreter der National Guard, des FBI, des Federal Bureau of Alcohol, Tobacco and Firearms, der Einwanderungsbehörden, des Justizministeriums und der Drug Enforcement Administration, der Drogenpolizei.[250] Zuerst am 26. September und dann am 18. Dezember 1984 fanden sie sich zu zwei Strategiesitzungen zusammen. Alle Eventualitäten, selbst ein Einmarsch der National-Guard in Rajneeshpuram wurden durchgespielt.

Planspiele fanden auch in Rajneeshpuram statt. Dort nahm das Spiel bald sehr ernste Züge an:

Ende Dezember 1984 wurde das ashrameigene Krematorium fertiggestellt, zehn Meter breit und zwölf Meter hoch (Planskizze, siehe Anhang).

Noch herrscht Waffenstillstand, noch mahlen die Mühlen der Gerichte langsam.

Noch einmal im Juli 1985 wurde ein Festival abgehalten, bei dem der Meister nochmal im großen Stil abkassierte. Kosten für den zweiwöchigen Aufenthalt: 1500 DM (Viermannzelt) bis 10 000 DM (Einzelzimmer im Hotel Rajneesh). Kosten für Therapien und Workshops: zwischen 300 DM und 8000 DM, dazu kam der Flug. Das machte bei 15 000 Gästen, bei einem angenommenen Durchschnittspreis von 3 000 Mark pro Person, satte 45 Millionen Mark für die RFI - steuerfrei.

Die Genehmigung des Festivals wurde von folgenden Bedingungen abhängig gemacht:

- Bis Ende Januar 1985 mußten die Rajneeshees bei den Behörden eine Liste der Waffen und Munition, die auf der Ranch lagern, abliefern.
- Gleichzeitig mußten die Voraussetzungen genannt werden, unter denen die Waffen benutzt werden.
- Die nicht rechtmäßig errichteten Gebäude, wie die Buddha-Halle und das Hotel, durften während des Festivals nicht benutzt werden.

Die Chefin der sogenannten Peace-Force, Ma Deva Barkha, reagierte auf diese Auflagen so: „Wir werden natürlich diese Gebäude benutzen, und wenn sie versuchen, dagegen etwas zu unternehmen, werden wir in Rajneesh-Mandir (heutiger Name der früheren Buddha-Halle) sterben. Nicht wir kreieren ein zweites ‚Jonestown', Sie sind es, die dies tun. Ich sage ihnen: Wir freuen uns darauf, von euren Kugeln zu sterben."

Welche weiteren Unglaublichkeiten noch ans Tageslicht kommen, kann man nur ahnen.

Was soll denn im „Rajneesh-Institute for Life and Death Processes" studiert und experimentiert werden, das in Holland entstehen soll?[251]

Was tut beispielsweise der Schweizer Arzt Kurt Schneider, alias Swami Prem Leelardhar, auf der Ranch? Schneider ist Spezialist für ästhetische und plastische Chirurgie. Gleichzeitig war er „einer der Vorkämpfer auf dem umstrittenen Gebiet der chirurgischen Geschlechtsumwandlung".[252] Wem werden da neue Gesichter verpaßt? Wer wird da vom Männchen zum Weibchen (oder umgekehrt) ummoduliert?

Was passiert in dem sogenannten Untergrund-Tempel, „in den wenige Leute hineingingen, um dort eine bestimmte Kraft zu erhalten"[253], wie mir der ehemalige Rajneesh-Bodyguard Steve Sobel berichtete? Ihm hatte einer der Schikeria-Sannyasins, John Wally, alias Swami Dyan John, ein millionenschwerer Arzt aus Hollywood, die Pläne für einen Kali-Tempel gezeigt.

Was also treibt der Experimenteur Rajneesh in seinem „Orwell-Dorf"?

„Rajneesh scheiterte mit allen ihm bekannten spirituellen Mitteln", konstatierte sein Landsmann Praful Davé.[254] „Jetzt hat er sich offenbar einer Richtung zugewandt, die wir nur aus dem Gebiet der Science-Fiction kennen."[255]

Die Katastrophe?

Am 17. Dezember 1984 hatte ich Laxmi in ihrem kleinen Holz-Häuschen im Außenbezirk von Washington D. C. gefragt, was denn nun aus der Rajneesh-Bewegung und aus dem Meister werden würde. In ihrem melodischen, mit indischem Akzent gesprochenen Englisch sagte sie:

„Der Mann ist unberechenbar. Er tut heute dies und morgen das. Niemand weiß, was morgen passiert." Und sie erinnerte mich an die Geschichte, die Rajneesh einmal in Poona erzählt haben soll: „Wenn alles einmal vorbei sei, würde er sich einen dunklen Anzug kaufen und in eine Bar gehen, um sich dort einen Whisky und eine dicke Zigarre zu bestellen."[256]

Dazu wird es freilich nicht kommen.

Vergegenwärtigen wir uns noch einmal Rajneeshs Leben. Seit dem Tod seines Großvaters ist Rajneesh von der Nichtigkeit seines Lebens überzeugt. Er wünscht sich nichts sehnlicher, als zu sterben. Leben hatte für ihn keine Bedeutung. Der Tod war seither sein Lieblingsthema. Er ging auf Friedhöfe, legte sich in offene Gräber und folgte Beerdigungszügen. Dabei erlebte er etwas Entscheidendes. Zu den Totenfeiern reicher Leute und besonders der Brahmanen (Angehörige der höchsten indischen Kaste) kamen Massen von Menschen. Einfache Inder wurden verbrannt, verscharrt oder ihre Asche in den Ganges geworfen. Offenbar also kann ein Mensch, so erkannte Rajneesh, seinen „Wert" oder seine „Bedeutung" auch im Tod erfahren. Anders gesagt, nur wer als „Mächtiger" stirbt, lebt auf ewig.

Vielleicht hörte Rajneesh von den Bestattungszeremonien der Sumerer, einem Volk, das vor rund viereinhalbtausend Jahren im Zwischenstromland von Euphrat und Tigris, dem heutigen Irak, lebte. In den dreißiger Jahren gingen die Meldungen von der Ausgrabung der Todesgrube der Königin Shu-bad von Ur um die Welt. Die Königin lag dort mit ihrem gesamten Hofstaat begraben. Ihre Totenfeier war ein gigantisches Menschenopfer.[257]

Selbst wenn Rajneesh diese Geschichte nicht kannte, als „Mächtiger“ zu sterben, um ewig zu leben, wurde genau dies Rajneeshs Lebensziel. Sein Leben konnte sich nur in einem grandiosen Tod erfüllen.

Ganz sicher hatte Rajneesh die damals in Indien verfügbare Literatur über die Vorbereitungen auf den Tod, im „Tibetanischen Totenbuch“, die Geschichte über die „heilige Schlacht“ zwischen den beiden indischen Fürstenfamilien Pandus und Kurus in der „Bhagavad-Gita“ gelesen; und was über den Tod in den „Upanishaden“ steht. Die Parallelen zu seinen „Lehren“ sind jedenfalls eindeutig.[258]

Als Junge suchte Rajneesh Grenzerfahrungen, experimentierte (als „Acharya“) mit sich und bald (als „Bhagwan“) mit anderen. Seine Schüler überzeugte er, ihren Verstand und ihr Ego aufzugeben. „Sannyas ist der Tod der Persönlichkeit“, so Rajneesh.

Schließlich warb er nicht nur für den Tod mit Worten wie: „Der Tod ist der Höhepunkt des Lebens, spring also aus diesem Körper hinaus“, er bereitete seine Leute auch Schritt für Schritt auf diesen Sprung vor.

Mit diesem Todes-Konzept fand Rajneesh weltweit Anhänger, die ihm blind folgten. Mit dieser Gefolgschaft baute er sein Buddhafeld. Ein „Paradies“, in dem kein autonomer Mensch mehr existiert. Wir kennen ein solches „Paradies“ aus Orwells Buch „1984“.

Niemand kann mehr von „ich“ oder „du“ sprechen, man spricht nur noch per „wir“. Das Leben der Untertanen ist genauestens kontrolliert, jede Tätigkeit mathematisch reguliert zum Nutz und Frommen des einen großen „Bruders“ B. Dies ist ihre einzige Glückseligkeit. Sie haben ihre privaten Glücksansprüche längst vergessen und sehen ihr Glück nur noch in dem gemeinsamen Ziel, das allerdings die meisten nicht kennen, oder zumindest nicht mehr wahrnehmen. Derjenige, der profitiert, hat die absolute Macht über alle. Durch seine Anziehungskraft sorgt er für neue Mitglieder, die wiederum als einzige Verpflichtung aufgetragen bekommen, ihn zu ehren und ihm zu dienen.

Auch Parallelen zu Zamyatins „Utopia“ bestehen. Dort ist eine Sicherheitsgruppe, genannt die „Guardians“, ständig in der Stadt präsent. Ihre Aufgabe ist es, alle Gespräche abzuhören, die Post zu zensieren, selbst Bücher, die gelesen werden, auch den Gesichtsausdruck der Menschen oder Krankheitsfälle zu beobachten und zu analysieren.

Ähnlich wie in Zamyatins „Utopia“ funktioniert auch die Maschinerie in Rajneeshpuram, es ist ein Mechanismus, der alle Abweichler ausmerzt.

In Orwells „1984“ ist es die Gedankenpolizei, die die Gedanken der Leute beobachtet. Bei Rajneesh sind es die Spione, die Zuträger für die Zentrale und die 350 Mann starke Sicherheitspolizei.

Schon Dostojewsky hatte in den „Brüdern Karamasow“ darauf hingewiesen, daß eine bestimmte Gruppe von Leuten fröhlich ihre Freiheit einer Führungselite unterwirft, nur um dafür eine gewisse Glückseligkeit oder Geborgenheit, ein Gemeinschaftsgefühl oder ein ersehntes Zuhause zu erhalten.

Diese menschlichen Grundbedürfnisse beutete Rajneesh systematisch aus. Die Strategie war ähnlich wie die in Orwells „1984“. Jede Qualität menschlichen Daseins wurde Stück für Stück abgebaut, vor allem aber die Fähigkeit zum eigenen Denken und Handeln (siehe Anhang „Doublethink bei Rajneesh“). Dies war bei Rajneesh wie bei Orwell die Voraussetzung dafür, um erstens den Kern der Menschlichkeit zu zerstören und zweitens den Gehorsam in einen Kadavergehorsam zu verwandeln.

Orwell schilderte „wie vom Regime alles benutzt, ausgebeutet, pervertiert wird, was normal und natürlich ist: Die Abenteuerlust der Kinder, die Begeisterung der Jugend, das Verantwortungsgefühl der Erwachsenen, die Abhängigkeit der Alten. Keine Tugend, die nicht zum Laster, keine harmlose Leidenschaft, die nicht zum Verbrechen würde“.[259]

Die totale Kontrolle wurde schließlich durch eine totale Isolierung von außen möglich, ohne Zugang zu Informationen der äußeren Welt, ohne freie Bewegung, und damit ohne eine echte Alternative für die Anhänger.

Rajneesh hatte auch dies bei Orwell gelernt, und er hatte seinen Jüngern vorausgesagt, was sie zu erwarten haben. In einer Morgen-Vorlesung am 18. Mai 1974 sprach er von „falschen Meistern, die ihre Anhängerschaft brauchen, um ihr Ego zu sättigen".[260]

Die Arbeitsweise eines solchen „falschen Meisters" schilderte er wie folgt:

1. „Nächstenliebe ist nur versteckte Grausamkeit. Er ist ein Sadist im Mantel der Nächstenliebe. Er genießt es, euch zu quälen."[261]
2. „Er ist grausam und quält seine Anhänger – aber natürlich auf eine solche Weise, daß sie denken, diese Torturen gehören zur Disziplin. Er zwingt sie, schmerzhafte und unnötige Dinge zu tun und vergnügt sich an ihren Schmerzen."[262]
3. „Ein solcher Meister ermordet euch auch, aber langsam, Stück für Stück – in kleinen Portionen."[263]
4. „Er ist ein subtiler Sadist, er ist raffinierter als Hitler oder Mussolini, die sofort töten."[264]

Rajneesh hatte sich selbstentblößend geschildert. Seine Jünger konnten nun wissen, was auf sie zukommt. Rajneesh hatte immer offen erklärt: „Deine Probleme interessieren mich nicht ... ich koche etwas anderes."[265] So also hatte Rajneesh seine „Sterbe-Bewegung" geschaffen ..., die Schritt für Schritt zum großen Selbstmord führt.[266]

Der zum Tode entschlossene Rajneesh gab noch weitere Warnungen. Dies ist eine von ihm: „Wenn ihr von mir abhängig werdet, bin ich eine Droge und wirke destruktiv."[267] Rajneesh hatte seinen Anhängern nicht nur „das Recht lebenslänglicher Infantilität zugebilligt" und ihnen „im Ashram einen sozialen Uterus von der Wiege bis zur Bahre offeriert",[268] er offerierte ihnen auch die End-Lösung zur ewigen Ruhe.

Selbst Rajneeshs Chef-Therapeut Teertha bekannte in einem Interview: „Ich würde mich sofort erschießen – ohne auch nur einen Moment darüber nachzudenken, wenn Bhagwan dies verlangen sollte."[269]

Ich meine, daß sich die Frage nach einer Katastrophe erübrigt. Die Eigendynamik der Rajneesh-Bewegung ist nicht mehr aufzuhalten. Rajneesh ist mittlerweile selbst ein Gefangener seiner Bewegung. Er benützt und wird benutzt. Ein Teil kann ohne den anderen Teil nicht leben. Die Richtung ist gewiesen.

Rajneesh: „Die größte Segnung ist es, beim Tod eines Buddhas zugegen zu sein, (weil) du auf dieser Energie einfach mitreiten kannst",[270] mit anderen Worten, wie Rajneesh sehr klar macht: „Wenn ich gehe, werden viele von euch mit mir gehen."[271]

Gleich, wie die Gerichte in Oregon entscheiden, gleich, ob Rajneesh und seine vorprogrammierten Todeskandidaten in Oregon bleiben können oder auf den inzwischen schon angekauften Ausweichplatz in Pokhara in Nepal umziehen.

Rajneesh hat seinen Countdown in Gang gesetzt. Er ist dabei, sein Ziel zu erreichen – die Todesfeier. Eine Götterdämmerung mit einem „Gott", der seine Anhänger schon mit der Initiation dem Tode geweiht hat, ohne daß sie wissen konnten, wohin die Reise geht. Die Lemminge ziehen in die Leere, das Nichts, den Tod. Zur Ehre ihres Todesgottes, des Inders, Rajneesh Chandra Mohan, genannt: Bhagwan Shree Rajneesh.

Ein persönliches Wort

Der eine oder andere Leser, der dieses Buch zur Hand nahm, ist entweder an der Rajneesh-Bewegung interessiert oder hat zumindest Sympathien für die Rajneeshies.

Sie waren vielleicht angetan vom freundlichen Lächeln der Sannyasins, oder Sie verbrachten tolle Nächte in den Rajneesh-Discos, oder Sie fühlten sich von einigen Zielen der Bewegung oder sogar vom Meister selbst angezogen. Vielleicht hat auch der/die eine oder andere von Ihnen gute Gespräche mit Sannyasins geführt, mit ihnen ein bisher nicht gekanntes Gemeinschaftsgefühl erlebt oder eine tiefe zwischenmenschliche Begegnung gehabt. Sie hatten also bisher nur die allerbesten Erfahrungen mit den Sannyasins gemacht.

Ich habe all diese Erfahrungen auch gemacht und erlebe sie teilweise noch heute.

Sannyasins sind tatsächlich meistens die „sensiblen" Menschen. Menschen, denen es um mehr als nur um ihren persönlichen Vorteil oder um eine eigene Karriere geht. Sie hatten sich irgendwann einmal entschlossen, sich der Mühsal eigenen Weiter-Wachsens zu unterziehen, damit sie bewußter leben oder wirkungsvoller an einer besseren Welt mitarbeiten konnten. Nicht nur die Motive dieser Sannyasins sind in den meisten Fällen nobel, sie haben auch einiges in die Tat umgesetzt:

Ein solidarisch geführtes Gemeinschaftsleben ist in einigen Wohngemeinschaften oder Kommunen entstanden. Viele, die dort leben, fanden vielleicht zum ersten Mal „die Leute", nach denen man schon immer gesucht hatte.

Andere erfuhren persönliche Zuwendung, wie nie zuvor.

Wieder andere wurden in einer persönlichen Krise aufgefangen, bekamen Ratschläge und fanden wieder zu sich.

Aus Erfahrung weiß ich auch, daß viele Sannyasins in

dieser Gemeinschaft persönliche oder berufliche Erfolge erlebten, die ihnen draußen fehlten oder verwehrt blieben. Das alles ist auch Teil der Rajneesh-Bewegung, die ich weder leugne noch unterschätze.

Nicht zu unterschätzen ist auch das „gute Gefühl", das sich dann einstellt, wenn man zu einer „Elite" gehört, die im Aufbruch ist. Sie wollten zu Recht manchen Muff noch von der Gesellschaft hochgehaltener, aber überholter kultureller Traditionen auslüften, oder sie wollten manche althergebrachten, heute nicht mehr gültigen Denkmuster überwinden, oder sie wollten weg von jener institutionalisierten Religiosität, die weder die heutige Welt zu verstehen scheint, noch zur Lösung anstehender und dringender Probleme beitragen kann.

Deswegen liegt es mir auch fern, alle Sannyasins in Bausch und Bogen zu verdammen. Ganz im Gegenteil.

Meine Kritik richtet sich an Rajneesh und seine Helfershelfer. Sie haben die Defizite unserer Gesellschaft erkannt (anderenfalls könnten sie nicht Erfolg haben) und bieten dafür Problemlösungen an. Ich hatte diesen Eindruck am Anfang genauso, wie Sie ihn vielleicht jetzt haben mögen. Was allerdings erst spät, meistens zu spät entdeckt wird, ist dies:

Der himmelweite Unterschied zwischen der Fassade, also dem schönen Schein, der Faszination, dem Lächeln, auf der einen Seite und der brutalen Wirklichkeit eines menschverachtenden, von Rajneesh geschaffenen Systems psychischer Versklavung auf der anderen Seite.

Die meisten entdeckten diese Diskrepanz sofort und gingen wieder ihre Wege. Viele aber nahmen sie kaum oder gar nicht wahr. Sie wurden von einem Sog erfaßt, dann von einem System vereinnahmt und schließlich nicht mehr losgelassen. Darin liegt die Gefahr der Rajneesh-Bewegung. Es ist ein subtiler Prozeß und läuft bei jedem ganz unterschiedlich ab. Bei stabilen Naturen dauert es länger, weniger stabile Menschen wurden aber schon nach einem Wochenend-Seminar von der „Rajneesh-Droge" süchtig.

Ich habe zu Beginn dieses Buches gesagt, daß die Sehnsucht nach einer besseren Welt so alt ist wie die Menschheit. Es ist meiner Meinung nach auch ein legitimes menschliches Verlangen. Wird diese Sehnsucht aber gezielt in eine Sucht (= Seuche) umfunktioniert, hört bei mir das Verständnis auf.

Mit anderen Worten, ich habe für jene Verständnis, denen das Leben in unserer konfliktbeladenen, teilweise paradoxen und pervertierten Welt zu viel geworden ist und die ihr - zumindest für eine Weile - entfliehen wollen. Die Geschichte lehrt uns jedoch - und dies will ich hier auch wiederholen -, daß Flucht aus der Wirklichkeit mit all ihren Widersprüchen und Problemen immer eine Flucht in die Unfreiheit war. Die Rajneesh-Bewegung ist ein erneuter Beweis dafür. Mehr noch:

Wenn immer sich Menschen zu Göttern erhoben, bestimmten sie wenig später, was Gesetz und Recht zu sein hat. Aus Führern wurden Verführer, aus Gehorsam, der der Gemeinschaft verpflichtet ist, wurde „Kadavergehorsam". Das passierte auch in der Rajneesh-Bewegung.

Ohne Mitspieler allerdings wäre Rajneesh nie der Rolls-Royce-Guru geworden. Er konnte nur Erfolg haben, weil er immer wieder Menschen fand, die ihre - eigentlich unveräußerliche - Verantwortung für ihr Leben freiwillig aufgaben. Sie mag ihnen zu schwer geworden sein oder sie sahen sonstwie keinen anderen Ausweg. Gleichwie. Mir hat die Rajneesh-Bewegung gezeigt: Wer sich aus seiner Verantwortung begibt, entmündigt sich - gleichzeitig wird er entmündigt.

Mich hat Rajneesh noch eins gelehrt: Wer einem Menschen seine Geschichte nimmt, raubt ihm nicht nur seine Orientierung und seine Identität, sondern auch seine Sprache.

Schließlich wissen wir aus der Geschichte, wer Liebe zum Gesetz macht, setzt der Gewalt entweder Schranken - wie Jesus -, oder er nimmt das Recht der Gewalt für sich in Anspruch - wie Rajneesh.[272]

Ich will zum Schluß noch einen anderen Vergleich zwischen Jesus und Rajneesh ziehen. Jesus hat, als er versucht wurde, die ihm angebotenen Reichtümer dieser Welt abgelehnt. Er wußte, daß er dafür vor dem Verführer niederfallen und ihn anbeten mußte (Matthäus 4,9). Rajneesh nahm die Versuchung an. Er nahm alles, was ihm je angeboten wurde. Er wurde im Gegensatz zu Jesus ein Hirte, der sich vor allem selbst weidete (Hesekiel 34,2). Seine Jünger haben ihm zu dienen und ihm zu folgen – bis in den Tod.

Das ist die Wirklichkeit hinter der schönen Fassade des Rajneeshismus.

Nachwort

Für das Zustandekommen dieses Buches waren die Gespräche mit derzeitigen und ehemaligen Rajneesh-Anhängern unersetzlich. Ich will sie im einzelnen nicht nennen, ich möchte ihnen aber für ihre Offenheit, für das mir entgegengebrachte Vertrauen und ihre Bereitschaft danken, mir teilweise sehr schmerzliche Erfahrungen weiterzugeben.

Ganz besonderen Dank schulde ich Peter Reichard, der mir die Erlaubnis gab, seinen persönlichen Erfahrungsbericht von Rajneeshpuram in Auszügen zu veröffentlichen.

In Dankbarkeit verbunden bin ich mit den vielen Experten aus Wissenschaft, Politik und Verwaltung, die sich mit der Rajneesh-Bewegung intensiv auseinandergesetzt haben oder auseinandersetzen mußten.

Meinem Freund, Friedrich-Wilhelm Haack, danke ich besonders für seine kritischen Anmerkungen, seine Anregungen und Ermutigungen. Und ich danke Frau Uta-Simone Sonntag-Kuntze, die mit großem persönlichem Engagement bei der Herstellung des Textes mitgewirkt hat.

Schließlich danke ich den Kollegen vom Hänssler-Verlag für ihre vielen Verbesserungsvorschläge, vor allem aber für ihre Unterstützung, die sie mir bei der Manuskript-Erstellung haben zukommen lassen.

München, April 1985 Eckart Flöther

Fußnoten

[1] Rajneesh Foundation, Presse-Papiere des Poona Ashram: „Das große Experiment“, S. 8.
[2] Rajneesh-Foundation, ebenda, S. 2.
[3] Bhagwan Shree Rajneesh, Diary 1979, Rajneesh Foundation, Poona 1978, S.39.
[4] ebenda, S. 37.
[5] Rajneesh-Foundation, ebenda, S. 4.
[6] Wolfgang Pohrts: „Die Produktion des Charismas in der therapeutischen Gemeinschaft“, in: Diktatur der Freundlichkeit, Initiative Sozialistisches Forum, Freiburg. 1984.
[7] Stand März 1985.
[8] Sannyas 4/78, RFI, Poona 1978, S. 33.
[9] Rajneesh Times, 16.11.84, S. 1.
[10] R. T., ebenda, S. 1.
[11] des Bhagwan Shree Rajneesh – d. Verf.
[12] Rajneesh Times, 25.1.1985, S. 1.
[13] ebenda, S. 1.
[14] Vasant Joshi, Der Erwachte, Leben und Werk von Bhagwan Shree Rajneesh, Synthesis Verlag, Essen 1983, S. 24.
[15] ebenda, S. 24.
[16] ebenda, S. 28.
[17] Bhagwan Shree Rajneesh, The Book of the Secrets, Bd. 2, Harper and Row, New York 1979, S. 196.
[18] ebenda.
[19] The Book of the Secrets, a. a. O., S. 196–197.
[20] Bhagwan Shree Rajneesh, Dimensions beyond the Known, Wisdom Garden Books, Los Angeles 1979, S. 154–155.
[21] ebenda.
[22] ebenda, S. 154–155.
[23] ebenda, S. 157.
[24] ebenda, S. 160.
[25] Bhagwan Shree Rajneesh, Be still and know, Diskurs Nr. 18, Rajneesh Foundation International, Poona 1979.
[26] Dimensions beyond the Known, a. a. O., S. 159.
[27] Dimensions beyond the Known, a. a. O., S. 159.
[28] Bhagwan Shree Rajneesh, The Book of the Secrets, Bd. 2, New York 1979, S. 197.
[29] Der Erwachte, a. a. O., S. 40.
[30] The Book of the Secrets, a. a. O., S. 197.
[31] Der Erwachte, a. a. O., S. 46.

[32] vgl. Bhagwan Shree Rajneesh, Tao: The Golden Gate, Diskurs Nr. 18, Poona 1980, S. GG 18.6–18.7.
[33] ebenda.
[34] Bhagwan Shree Rajneesh, Be still and know, Diskurs Nr. 6, 6. September 1979, Poona/Indien.
[35] Dimensions beyond the Known, a. a. O., S. 156.
[36] Der Erwachte, a. a. O., S. 59.
[37] Dimensions beyond the Known, a. a. O., S. 160.
[38] Bhagwan Shree Rajneesh, The Sound of Running Water, Rajneesh Foundation, Poona 1980, S. 26–27.
[39] Vgl. Der Erwachte, a. a. O., S. 68.
[40] Bhagwan Shree Rajneesh, The Discipline of Transcendence, Bd. 4, Rajnessh Foundation, Poona 1978, S. 107.
[41] ebenda, S. 107.
[42] Dimensions beyond the Known, a. a. O., S. 180.
[43] ebenda, S. 80.
[44] Bhagwan Shree Rajneesh, Come follow Me, Talks of the Sannyas of Jesus, Bd. III, Rajneesh Foundation, Poona 1977, S. 214–215.
[46] Zen, Zest, Zip, Zap and Zing, Diskurs Nr. 2, Rajneesh Foundation, 20. Dezember 1980.
[47] C. Widmann in: Süddeutsche Zeitung vom 20.9.1977.
[48] Interview mit dem Autor am 24.11.1984.
[49] Mit Ma Yoga Laxmi sprachen am 15.12.1984 die Stern-Redakteure Jay Ullal, Walter Unger und der Autor.
[50] Acharya Rajneesh, The Path to Self-realization, Bombay 1971, S. 6.
[51] ebenda, S. 14.
[52] ebenda, S. 21.
[53] ebenda, S. 46.
[54] ebenda, S. 139.
[55] ebenda, S. 33.
[56-58] Interview mit Laxmi, a. a. O., S. 5.
[59] Interview durch den Autor am 24.11.1984.
[60] Sannyas, April 1978, Poona 1978, S. 40.
[61] Sannyas, April 1978, a. a. O., S. 40.
[62] Sannyas, April 1978, a. a. O., S. 41
[63] Dimensions beyond the Known, S. 195.
[64] Dimensions beyond the Known, a. a. O., S. 160–166.
[65] Dimensions beyond the Known, a. a. O., S. 174.
[66] Bhagwan Shree Rajneesh, The Discipline of Transcendence: Discourses on the 42 Sutras of Buddha, Bd. 2, Rajneesh Foundation, Poona 1978, S. 301–310.
[67] Bhagwan Shree Rajneesh, Take it Easy, Bd. 1, Rajneesh Foundation, Poona 1979, S. 169–170
[68 und 69] Changing Images of Man, (Studie), Stanford Research Institute, Mai 1974, Menlo Park, California, S. 144–156.
[70] Dr. Beverly Gaylean, in: Radix, Nov./Dez. 1980, Volume 12, Nr. 3, S. 21.

[71] Rajneesh Foundation Press Office, Information-files, Poona 1975–1981.
[72] ebenda.
[73] Sannyas Nr. 5, 1980, S. 38.
[74] Beyond and Beyond, a. a. O., S. 28.
[75] The Path to Self-realization, a. a. O., S. 137.
[76] Bhagwan Shree Rajneesh, I am the Gate, Pevennial Library, Harpas & Row, New Yourk 1978, S. 22.
[77] Jörg Andres Elten, Ganz entspannt im Hier und Jetzt, Rowohlt-Verlag Reinbek bei Hamburg 1979, S. 174.
[78] The Path to Self-realization, a. a. O., S. 33.
[79] Jeevan Jagruti Kendra, Yoga as a Spontaneous Happening, Interview mit Rajneesh durch Ma Ananda Prem am 27. Oktober 1970 in Bombay, Bombay/Indien 1970, S. 19.
[80] Beyond and Beyond, a. a. O., S. 21.
[81] Beyond and Beyond, a. a. O., S. 51.
[82] Beyond and Beyond, a. a. O., S. 124.
[83] The Path to Self-realization, a. a. O., S. 21.
[84] Schnelles, chaotisches Ein- und Ausatmen, bis die Überladung des Organismus mit Sauerstoff den Körper verkrampfen läßt und das Denken aufhört.
[85] Rajneesh Foundation, Press Office Information-files, Poona 1975 bis 1981.
[86] Der Erwachte, a. a. O., S. 99.
[87] The Golden Gate, Diskurs Nr. 10, 20. Juni 1980, S. 12–13.
[88] ebenda, S. 10–12.
[89] Bhagwan Shree Rajneesh, I am That, Diskurs Nr. 6, 16. Oktober 1980, S. 27.
[90] Bhagwan Shree Rajneesh, The Gateless Gate, Jeevan Jagruti Kendra, Bombay, Indien, Mai 1971, S. 12–13.
[91] ebenda, S. 14.
[92] ebenda, S. 18.
[93] ebenda, S. 22.
[94] ebenda, S. 25.
[95] ebenda, S. 31.
[96] ebenda, S. 34.
[97] Sannyas Nr. 6, Poona 1971, S. 44.
[98] Bhagwan Shree Rajneesh, The Sound of Running Water, Rajneesh Foundation, Poona 1980, S. 81–83.
[99] ebenda, S. 81–82.
[100] The Discipline of Transcendence, a. a. O., Bd. 2, S. 99–105.
[101] Spiegel-Report, 2. März 1981, „Die liebende Gabe, die mich durchdringt“, S. 220.
[102] Swami Anand Rajen, „Die Rolle der Therapiegruppen in dem großen Experiment um Bhagwan Shree Rajneesh“, Rajneesh Foundation, Poona, S. 7.

[103] Buddhafeld-Zeitung, Nr. 12/1982, S. 9.
[104] „Bhagwan Shree Rajneesh sagt, was wirklich in den Therapiegruppen des Shree Rajneesh Ashram passierte", P. O. T. 7-12-8, S. 7.
[105] Rajneesh Foundation Press Office Information-files, Poona 1975–1981.
[106] „Bhagwan sagt, was Therapie ...", a. a. O., S. 7.
[107] Interview in: Psychology and Circle Therapy Association Forum, Juli 1977, England.
[108] The Path to Self-realization, a. a. O., Vorwort.
[109] Glaube, Ideologie und Wahn, Nymphenburger Verlag 1985, S. 306.
[110] ebenda, S. 306–307.
[111] Kursbuch 55, Sekten, Rotbuch-Verlag 1979, Aufsatz von Gerd Wartenberg, „Die Gurus der demonstrativen Lebensstilsuche", Kursbuch Verlag Berlin, 1979.
[112] No Water, no Moon, a. a. O., S. 157.
[113] This very Body, the Buddha, a. a. O., S. 98–99.
[114] Ecstasy, the Forgotten Languages, a. a. O., S. 288.
[115] The Goose is out, a. a. O., S. 265.
[116] Tal Brooke, The Pied Piper of Poona.
[117] Let go, a. a. O., S. 93.
[118] The Divine Melody, a. a. O., S. 92.
[119] The Sound of Running Water. a. a. O.,
[120] Beyond and Beyond, a. a. O., S. 18.
[121] Bhagwan Shree Rajneesh, Die Gans ist raus, Rajneesh Foundation Poona, S. 27.
[122] ebenda, S. 78–79.
[123] ebenda, S. 79.
[124] ebenda, S. 228.
[125-134] Auszug aus Stern, Nr. 6, 1985, S. 58, Zitate aus: Die Gans ist raus.
[135] Sannyas 5, a. a. O., S. 33.
[136] Sannyas 4/78, S. 33.
[137] Sannyas 4/78, S. 34.
[138] Rajneesh Foundation, Press Office Files 1974–1981, S. 3.
[139] ebenda, S. 5.
[140] ebenda, S. 10.
[141] ebenda, S. 11.
[142] ebenda, S. 12.
[143] ebenda, S. 13.
[144] The Bhagwan Shree Rajneesh Diary 1979, Rajneesh Foundation 1978, S. 31–34.
[145] Sannyas 4/76, Psychologie der Buddhas, S. 103.
[146] Der ehemalige Sannyasin und Mitbegründer des kalifornischen Esalen-Instituts, der Psychologe Richard Price, beschwerte sich in einem Brief vom 7.7.1978 über die „sinnlose Gewalt" in Rajneeshs Encounter-Gruppen. Price erhob darin den Vorwurf, in den Therapien würde nicht wirklich gearbeitet, sie dienten vielmehr dazu, „Nicht-Sannyasins in die Bewegung hineinzuzwingen und hineinzumanipulieren".

[147] Philip G. Zimbardo, „Mind Control: Political Fiction and Psychological Reality“ in: Peter Stansky, „On Nineteen Eighty-four“, W. H. Freeman Co., New York 1983, S. 207–208.

[148] Zimbardo, ebenda, S. 208.

[149] Sannyas 4/76, Psych. der Buddhas, Rajneesh Found., Poona 1976, S. 179.

[150] „Diese Leute sind meistens aus intakten, idealistischen und gläubigen Familien mit gewissem religiösen Hintergrund. Oft haben sie noch nicht wirklich einen der entscheidenden Schritte zur Unabhängigkeit hin vollzogen“, schrieb der amerikanische Professor der Harvard Medical School, John G. Clark in seinem Aufsatz „Untersuchung über die Auswirkungen einer religiösen Sekte auf Gesundheit und Wohlergehen ihrer Anhänger“.

[151] Rajneesh Foundation, Press Office, Nr. 39, 18.3.1979.

[152] Johannes Aagaard, „Was ist Yoga wirklich?“, Arbeitskreis der Religiösen Gemeinschaften der VeLKD, 1981.

[153] Sannyas 4/76, a. a. O., S. 183.

[154] Dieses Tantra-Programm lief nach folgendem Schema ab:
Der Mensch Nr. 1 ist der Mensch, dessen Energie im Sex-Zentrum ist. Sollte ein Mensch in der Lage sein, diese Energieform in seinem Herzen zu empfinden, bezeichnet Rajneesh ihn als Mensch Nr. 2, als Mensch der Gefühle.
„Wenn einige Energie deinen Intellekt erreicht, bist du der Mensch Nr. 3: der intellektuelle Mensch. Das sind ganz gewöhnliche Menschen“, so Rajneesh, „nur noch etwas neurotisch“.
Der Mensch Nr. 4 ist jemand, „der versucht, diese Energie nach innen zu lenken – der Mensch, der meditiert, der Mensch, der sich bemüht, seine Neurose aufzulösen, die Spaltung und die Schizophrenie“ (Sannyas 4/76 ebenda, S. 80).
Wird diese Sex-Energie durch Tantra-Riten nach oben und innen kanalisiert, „dann wird ein höherer Mensch in dir geboren“, versprach Rajneesh: der Mensch Nr. 5. Er ist statt neurotisch oder schizophren ein gesunder Mensch.
Der Mensch Nr. 6 hat die Grenzen seiner Sexualität überschritten. „In diesem Augenblick bist zu kein Mensch mehr“, sagte Rajneesh, „sondern nur noch ein Prozeß, ein Wesen, das weder Tier noch Mensch ist.“ Er ist in einer Entwicklungsphase begriffen, die ihn zum spirituellen Zentrum hinbewegt.
Der sich auf der siebten Stufe befindende Mensch hat die Transformation vollendet: „Die Sex-Energie wird aus dem Kopf-Zentrum in den Kosmos freigelassen. Du wirst ein ‚Übermensch‘, oder anders ausgedrückt, du bist gar kein Mensch mehr“, so Rajneesh (Sannyas 4/76, a. a. O., S. 79 ff.).

[155] Friedrich Wilhelm Haack, Ratschläge – Jugendreligionen, -bewegungen und Sekten, Münchner Reihe, München 1984, S. 64 ff.

[156] Flo Conway, Jim Siegelman, „Snapping“, Dell Publishing Co., Inc., New York 1978.

[157] John C. Clark, „Untersuchungen über die Auswirkungen einiger religiöser Sekten auf Gesundheit und Wohlergehen ihrer Anhänger", in: Praxis Kinderpsych. und Kinderpsychiatrie Nr. 27, S. 54–60, 1978.

[158] Margaret Thaler-Singer, „Coming out of the Cults", Psychology Today, Januar 1979, und „Therapy with Ex-cultmembers" in: NAPPH Journal, 1978 (4), S. 15–18. Singer ist Professor der Psychologie an der University of California in Berkeley.
Ihre Untersuchungen stützen sich auf rund 300 Fallstudien über ehemalige Angehörige von Guru-Bewegungen.

[159] Professor John G. Clark schätzt die Zahl der latent psychologisch Gefährdeten, die in Guru-Bewegungen ihr Heil und ihre Heilung suchen, auf „zwischen 25 und 39 Prozent". (John G. Clark, „Destruktive Kultbekehrung" in: Klaus G. Karbe, Manfred Müller-Küppers (Hg.), „Destruktive Kulte", Verlag für Medizinische Psychologie, Göttingen 1983, S. 95).

[160] Stern-Artikel, „Die letzten Tage von Poona", Juli 1981, S. 84.

[161] Stern, ebenda, S. 84.

[162] The Times of India, 7. Juni 1981, „A Celebration" von Ayesha Kagal.

[163] Sunday, 21.6.1981, „A Coup against Acharya Rajneesh?"

[164] Sunday, 2. August 1981, S. 23.

[165] Rajneesh Foundation Press Files, 20.9.1980.

[166] Bericht des amerikanischen Generalkonsulats vom Januar 1982 in einem Telegramm an das amerikanische Außenministerium, S. 3.

[167] Bericht des amerikanischen Konsulates, a. a. O., S. 4.

[168] Income Tax Tribunal Decisions, Volume IV, Part 7, veröffentlicht durch Mukesh Bhargava, Taxmann, 16. Mai 1983, Neu-Delhi.

[169] Bericht des amerikanischen Konsulates, a. a. O., S. 3.

[170] ebenda.

[171] Zitiert aus der Klageschrift vom 2.9.1982, Notice Nr. 160/1982, Stadtgericht Poona, S. 4 ff.

[172] Quellen: Daily Star, „Girls sold into slavery", 6.2.1980; Evening News, „Girl jailed on Drug Charge", 29. Januar 1980; News and Views Nr. 2, März 1980, Deo Gloria Outreach. Im Daily Star vom 7.2.1980 „Top Cult Man in Drug-Ring" bestätigten zwei englische Psychologen und Kenner der Szene den organisierten Drogenhandel. Rob Bennett, Direktor des Centre for Bio-Energy: „Dies wird von hohen Chargen der Bewegung organisiert", und David Boadella, selbst ehemaliger Rajneesh-Anhänger, bestätigte: „Es gibt einen Drogen-Schmuggelring in Poona, der orange Leute benutzt."

[173] Press Release Nr. 93, „Bhagwan's Disciples under no Pressure to smuggle Drugs", Rajneesh Foundation, S. 2.

[174] Frankfurter Rundschau, 31.5.1980, „Die Poona-Reise endete in Preuningsheim", S. 9.

[175] Süddeutsche Zeitung, 19.8.1981, „Haschisch hinter Guru versteckt".

[176] Vgl. Friedrich Wilhelm Haack, „Die ‚Bhagwan'-Rajneesh Bewegung", Münchner Reihe, 3. Auflage, Oktober 1984, S. 19.

[177] Rajneesh Newsletter, Deutsche Ausgabe Nr. 6, Juni 1980, S. 3.
[178] The Hindustan Times, „Rajneesh epithets for Teresa", 10. Januar 1981.
[179] Zitiert nach Haack, ebenda, S. 19.
[180 + 181] The Times of India, Ayesha Kagal, „From Guru to God", Juli 1981, S. 1 und 5.
[182] India Today, 16. bis 30. Juni 1981, „Saint goes marching out", Special report.
[183] Zitiert nach: „Der Erwachte", a. a. O., S. 53.
[184] Bhagwan Shree Rajneesh, „The Sound of One Hand-clapping", Poona, Rajneesh Foundation 1981, Darshan-Protokoll 23. März 1981.
[185] Der Erwachte, a. a. O., S. 153.
[186] Der Erwachte, a. a. O., S. 154.
[187] Der Erwachte, a. a. O., S. 155.
[188] Brief der Einwanderungsbehörden in Portland an Bhagwan Shree Rajneesh, vom 21. Dezember 1982, Oregon, S. 3.
[189] The Times of India Today, 7.6.1981, „A Celebration", S. 4.
[190] Zitiert nach: The Times of India, a. a. O., S. 4.
[191] Ähnlich merkwürdige Erkenntnisse brachten ein Jahr zuvor die Ermittlungen gegen einen angeblichen Rajneesh-Attentäter.
Damals, am 23.5.1981, warf in einer Morgenvorlesung ein junger Inder ein Messer in Richtung Rajneesh. Es war 8.30 Uhr morgens. Tausende von rotbekleideten Sannyasins saßen schweigend vor ihrem Meister. Der Messerwerfer konnte schnell von den reichlich anwesenden Ashram-Wächtern überwältigt und der Polizei übergeben werden. Damals gab das Presse-Büro der Rajneesh Foundation eine Meldung heraus, daß noch weitere Angriffe auf das Leben von Rajneesh gemacht würden.
Rajneeshs damalige Sekretärin, Ma Yoga Laxmi, ließ das Muster erkennen. Sie sagte: „Menschen vergifteten einen Sokrates, töteten einen Jesus, erschossen einen Mahatma Gandhi, es wäre nichts Ungewöhnliches, wenn sie Rajneesh nach dem Leben trachteten" (Rajneesh Foundation, Press-files Nr. 104, Poona 1980).
Vilas Tupe, der Messerwerfer, gab der indischen Zeitung „The Daily", am 12. Dezember 1981, zu verstehen, daß er in seinem Gerichtsverfahren jeden nur denkbaren Beistand von der Sekretärin Rajneeshs, Ma Yoga Laxmi, erhielt.
[192] New York Times, 16.9.1981, William E. Geist, „Cult in Castle Troubling Montclair".
[193] Bhagwan Shree Rajneesh, „Take it Easy", Rajneesh Foundation Poona 1979, S. 172.
[194] Stern, „Die letzten Tage von Poona", a. a. O., S. 86.
[195] Vgl. Russel Chandler, „In Troubled Times Messiahs abound", Los Angeles Times, 4.2.1982, S. 3 und 21.
[196] Vgl. Louis J. West und Margaret Thaler Singer, „Cults, Quacks, and Non-professional Psycho-therapy" in: Contemporary Issues in Psychiatry, Kapitel 56, S. 3245 ff.

[197] Bremer Blatt, 6/84, „Wenn das Vertrauen nicht da ist, wirst du Ex-Sannyasin“, von Klaus Jarchow, S. 27.

[198] Tüte 5/84, „Im Kondom nach Oregon, oder Gott ist der absolute Luxus“, S. 6.

[199] Stern, Nr. 7, 7.2.1985, „Lässig lächelnd ins große Geschäft“, S. 62.

[200] „Vorstellung eines neuen Diskothekenkonzeptes, einer überregionalen Diskothekenkette“, Brief vom November 1982 von Reinhard Frantz, Geschäftsführer der Vihan GmbH Köln, an die deutschen Rajneesh-Zentren.

[201] Brief des Vihan Rajneesh Sannyas Ashram Berlin, ohne Datum, mit der Überschrift: „Rajneesh-Discothek und Bistro“.

[202] Interview durch den Autor am 12.10.1984 in Fresno, Kalifornien.

[203/204] Buddhafield Rajneesh European Newsletter Nr. 8, Oktober 1981, S. 1.

[205] Jörg Andres Elten, Ganz entspannt im Hier und Jetzt, Rowohlt Verlag, Reinbek bei Hamburg 1979, S. 150.

[206] The Oregonian, 4.10.1981, „Ehtics Commission Outlines“, Cantrell Cattle Sale.

[207] Der Mormone Rick Cantrell wurde wegen dieser Kuhhändel von seiner Kirche wenig später für zwei Jahre nach Südafrika strafversetzt.

[208] The Dallas Weekly Reminder, 28.4.1983, Bill Driver, Rajneeshees – „Facade or Fact?“, S. 3 ff.

[209] Jim Jones, ein ehemaliger „Disciple of Christ“-Prediger, scharte um sich tausende, hauptsächlich schwarze Gläubige im Süden und Westen der Vereinigten Staaten. Von seinen Anhängern ließ er sich „Vater“ nennen.
Er floh 1977 in das mittelamerikanische Guyana und gründete abseits von der Welt im Urwald die nach ihm benannte Stadt Jonestown. Auch er hielt sich für den einzig lebenden Propheten, der allein fähig sei, der Menschheit den Weg zu weisen.
Im November 1978 führte er seine rund 900 Anhänger in den Massen-Selbstmord. Man nahm ein hochgiftiges Pflanzenschutzmittel vermischt mit Kool-Aid, einem amerikanischen Soft-Drink.

[210] Chicago Tribune, 25.10.1981, Carol Oppenheim, „Free Sex Guru leads Quiet Life at Home on the Ranch“, S. 19.

[211] Interview mit Ma Anand Sheela am 6.7.1982 von Caryl Williams, Burbank Film Company, reel 5, S. 14–15.

[212] Eidesstattliche Erklärung von Robert Eugene Harvey, File Nr. A 24 404 461 vom 14.1.1983.

[213] San Francisco Examiner, 28.12.1982, „Rajneesh Wedding for Ryan’s Daughter“.

[214] Zitiert nach Oregon Business, August 1982, Kirk Braun, „The Rajneesh: Divine Profit for Oregon“.

[215] Interview mit Bob, Glenda, Becky und Kim Harvey am 2. und 3.10.1984 in Madras, Oregon.

[216] Interviews mit den Harveys, ebenda.

[217] Jörg Andres Elten, Ganz entspannt im Hier und Jetzt, a. a. O., S. 359.
[218] Stern, Nr. 6/1983, „Bhagwan läßt schön grüßen".
[219] Interview mit dem Autor am 10.10.1984 in Burbank.
[220] Zitiert nach Stern, 8/83, S. 11.
[221] Zum ersten Mal wurde diese „neue Religion" in Berlin im November 1981 erwähnt; Ma Prem Arup erklärte bei der Eröffnungsveranstaltung des Orange-Connections-Festivals, daß eine neue Religion geboren sei.
[222] Ma Anand Sheela, „Rajneeshismus, Bhagwan Shree Rajneesh und seine Religion, eine Einführung", Rajneeshpuram 1983, S. 28.
[223] Um Priester zu werden, müssen folgende Bedingungen erfüllt werden: „Mindestens zweijährige Mitgliedschaft in der Neo-Sannyas-Bewegung. Zweijährige Teilnahme und Übung in der Rajneesh-Meditation. Zwei Jahre lang Teilnahme an religiösen Vorträgen und Unterweisung und Anleitung. Ein Jahr Arbeit als Andacht oder ein Lehrjahr in Rajneeshismus sowie spezielle Eignung für priesterliche Pflichten", Rajneeshismus, a. a. O., S. 29.
[224] Rajneeshismus, a. a. O., S. 13.
[225] Flugblatt, „To Those Concerned", S. 1.
[226] To Those Concerned, a. a. O., S. 1.
[227] To Those Concerned, a. a. O., S. 2.
[228] To Those Concerned, a. a. O., S. 2, Originaltext, siehe Anhang.
[229] The Rajneesh-Times, 4.3.1983, „Why Spiritual Masters and their Disciples are always Defamed", S. 9.
[230] Rajneesh-Times, 29.4.1983, „Intimidation Condemned", S. 1.
[231] Interview mit den Harveys am 2. und 3.10.1984, a. a. O., S. 6.
[232] Brief von Ma Anand Sheela, D. Litt. (RIMU), Acharya, vom Mai 1983, S. 1.
[233] Z. B. The Sunday Oregonian, 26.6.1983, „Ex-Rajneeshee cited for Trespassing", S. C 5.
[234] The Dalles Weekly Reminder, 29.3.1984, „Rosemary awarded 75 000 Dollar against Anand Sheela", S. 1.
[235] Die Kopie dieses Telefon-Buches liegt mir vor, trotzdem nenne ich keine Namen der Clubs, um sie nicht ungerechtfertigterweise zu schädigen.
[236] San Francisco Examiner, 2.8.1983, „Three Blasts empty Rajneesh's Portland Hotel" und Willamette Week, 30.8. bis 5.9.1983, „Bhagwan and the Bombs", by Bill Driver, S. 1 ff.
[237] Herald and News, 7.10.1983, „Rajneeshpuram said in Violation", S. 5.
[238] The Oregonian, 7.10.1983, „Attorney General declares Rajneesh-City Illegal", S. 1, sowie Presse-Erklärung: „Office of the Attorney General vom 9.11.1983.
[239] The Oregonian, 4.2.1984, „The New Twist: Adoptive Father of Rajneesh Pops up in Portland."
[240] Rajneesh Times, deutsche Ausgabe, 9.2.1984, S. 1, 8 u. 9.
[241] Stern, 27.9.1984, „Die rote Heils-Armee", S. 79 ff.

[242] San Francisco Examiner, 1.7.1984.
[243] Der Spiegel, 4.3.1985, S. 220 ff.
[244] Interview mit dem Autor am 3.10.1984, S. 3.
[245] Der Spiegel, 4.3.1985, Sheela-Interview, a. a. O., S. 224.
[246] Interview mit Tom Treadwell und Bill Birdsong am 2.10.1984 in Madras, Oregon. Diese beiden sogenannten „Street-People" verließen die Ranch nach acht Tagen.
[247] Interview mit Tom Treadwell u. a. am 2.10.1984, a. a. O., S. 2.
[248] Brief von Swami Krishna Deva an den Kongreß-Abgeordneten Jim Weaver vom 27.2.1984, siehe Anhang.
[249] The Oregonian, 19.9.1984, „Newcomers praise Rajneeshpuram", S. C 2.
[250] The Oregonian, 27.9.1984, „Agencies huddle on Rajneeshee Tension", S. B 1.
[251] Briefwechsel zwischen Ma Anand Sheela und Ma Yoga Vidya als Vertreter der RFI und dem Beauftragten Swami Anand Santosh in Heerde, Holland, zwischen dem 4.8.1981 und dem 6.5.1982. Er liegt dem Autor in Kopie vor.
[252] Rajneesh-Times, deutsche Ausgabe, Freitag, 18.5.1984, S. 3.
[253] Interview mit Steven Sobel, alias Eric Blair, am 9.10.1984 in Seal-Beach, Kalifornien, S. 2.
[254] Interview mit Praful Davé, a. a. O., S. 5.
[255] Interview mit Praful Davé, a. a. O., S. 6.
[256] Laxmi-Interview, a. a. O., S. 19.
[257] C. W. Ceram, Götter, Gräber und Gelehrte – im Bild, Rowohlt Verlag Hamburg, 1958, S. 262.
Auszug aus „Die Todesgrube von Ur":
Es war klar, daß hier etwas stattgefunden hatte, was sonst nirgendwo aus der Welt der Antike überliefert ist: ein gigantisches Menschenopfer. Aber wie?
„Wir müssen annehmen, daß das (königliche) Begräbnis in der Grabkammer vorüber und die Türe versiegelt war; doch die Grube, Wände und Boden, lediglich mit Matten verkleidet, waren noch offen, leer und ohne jeden Einrichtungsgegenstand. Da hört man eine Prozession, die durch den Zugang herabsteigt: der Hofstaat, Leibgarde, Kammerdiener und Hofdamen, letztere in ihrer reichen farbigen Hoftracht, mit Kopfschmuck aus Lapislazuli, Silber und Gold, und mit ihnen die Musikanten mit ihren Harfen, Leiern, Zimbeln und Sistrums; . . . dann kommen die Wagen mit den Zugtieren, Ochsen oder Eseln, den Wagenlenkern, die sie hinunterfahren oder -schieben. Jeder Mann, jede Frau führte einen kleinen Becher mit sich, das einzige, was sie benötigten für die grausige Zeremonie. Die Musiker spielten. Dann nahm jeder seinen Trank – inmitten der Todesgrube stand ein großer Kessel, aus dem jedermann schöpfen konnte – und dann legten sie sich nieder und erwarteten den Tod."
[258] Das „Tibetanische Totenbuch" schildert die drei aufeinanderfolgen-

den Erfahrungsstufen, die Menschen bei der Begegnung mit dem Tod machen. Diese Erfahrungen können allerdings nicht nur beim Sterben eines Menschen auftreten, „sondern auch in extremen Lebenssituationen“, beispielsweise bei „Paranoia und anderen extremen Bewußtseinsstufen im Alltagsleben“ (vgl. das „Totenbuch der Tibeter“, Diederichs-Verlag, Gelbe Reihe, Düsseldorf, 1977, S. 20–21).
Dies sind die „Grenzerfahrungen“, die vor dem Tod oder einer Geisteskrankheit eintreten:
- „Zuerst verschwimmt die greifbare Eigenschaft der physischen, lebendigen Logik“ (Totenbuch, a. a. O., S. 21), d. h. der Mensch verliert den körperlichen Kontakt, weiß also nicht, ob er den Verstand verliert oder eine höhere Bewußtseinsstufe oder gar Erleuchtung erlangt hat. „Der einzige Weg, sich auf etwas zu beziehen, ist das Gefühl“, heißt es im „Tibetanischen Totenbuch“ (Totenbuch, a. a. O., S. 24).
- Auf der zweiten Stufe ist man bereit aufzugeben. Man kann nicht mehr kämpfen, „gleichzeitig stellt sich eine Art Unbekümmertheit ein“ (Totenbuch, a. a. O., S. 24). Es ist die Folge eines Kampfes zweier gegeneinanderstreitenden Kräfte, des Hoffens auf Erleuchtung auf der einen Seite und der Angst vor dem Wahnsinn auf der anderen Seite, die den Menschen kräftemäßig völlig ausgezehrt haben. Man fühlt sich danach merkwürdig entspannt, aber auch völlig desorientiert.
- Auf der dritten Stufe erfährt der Mensch ein „Licht“. Es kommt zu einem „Aufblitzen der meditativen Erfahrung, des Buddhawesens“ (Totenbuch, a. a. O., S. 25), heißt es im Totenbuch.
Diese drei „Erfahrungsstufen“ sind mit dem Prozeß der Entpersönlichung fast identisch, der Rajneeshschen Vorbereitung auf den Tod. Seine Worte: „Sannyas bedeutet den Tod der Persönlichkeit“ (Sannyas 9/79, Sannyas-Verlag, Margarethenried, „Ich bin für den Tod“).
Wie Angst oder Zweifel vor dem Tod zu überwinden sind, beschreibt die Bhagavad-Gita in dieser Szene: Kurz vor der Schlacht der verfeindeten Pandus- und Kurus-Familien befallen den Pandu-Prinzen Ardshuna Zweifel. Als er „auf der Gegenseite Verwandte und Freunde sieht, will er nicht in die Schlacht ziehen“ (Bhagavat-Gita, Das Lied der Gottheit, Reclam-Ausgabe, Reclam-Verlag, Stuttgart 1985, S. 3). Krishna, der Lenker seines Streitwagens, verweist ihn jedoch mit der Begründung auf seine Kriegerpflicht, d. h. zu kämpfen. „Nur die Leiber werden getötet, das Geistige an ihnen ist unsterblich“ (Bhagavat-Gita, a. a. O., S. 4), vertröstet ihn Krishna.
Bei Rajneesh liest sich das so: „Der Tod ist nicht zu vermeiden“ (Bhagwan Shree Rajneesh, The Wisdom of the Sands, Rajneesh Foundation Poona, S. 204), also „warum am Leben hängen“? Ein Sannyasin wird „glücklich sein und den Augenblick feiern, wenn der (Tod) gekommen ist“ (No Water, no Moon, a. a. O., S. 226).
Wie Krishna in der Bhagavad-Gita verspricht auch Rajneesh: „Es gibt keinen Tod . . ., der Tod bringt ein neues Leben“ (Bhagwan Shree Rajneesh, The Path of Love, Rajneesh Foundation Poona, S. 203). Raj-

neeshs Aufforderung: „... Spring also aus diesem Körper hinaus. Er ist ja doch nur (eine Art) Gefangenschaft“ (No Water, no Moon, a. a. O., S. 226).
Wie die Befreiung aus der Gefangenschaft des Menschen aus seinem individuellen Selbst und damit seinem Körper möglich ist, beschreiben die Upanishaden in ihrem dritten Teil. Zunächst muß danach der Mensch, wie auch Rajneesh sagte, „völlig leer“ werden, d. h., sein individuelles Selbst (Atman) erkennen, dann erst kann er es abstreifen und sich mit Brahman, der universellen oder All-Seele vereinigen – damit zu seinem geistigen Urgrund zurückkehren. „Der Tod ist das Crescendo, der Höhepunkt des Lebens“ (No Water, no Moon, a. a. O., S. 225), heißt es bei Rajneesh.

[259] Zitiert nach Süddeutsche Zeitung, 29./30.12.1984, „Es lebe der Prophet!“ von Hans Meier, S. 57.

[260] Bhagwan Shree Rajneesh, Mein Weg, der Weg der weißen Wolke, Rajneesh Foundation, Poona, Indien, S. 263.

[261] ebenda.

[262] ebenda.

[263] ebenda.

[264] Mein Weg ..., a. a. O., S. 263–264.

[265] The Bhagwan Shree Rajneesh Diary 1979, Rajneesh Foundation, Poona, Indien 1978, S. 39.

[266] Joachim Bruhn, Unter den Zwischen-Menschen, in: Diktatur der Freundlichkeit, Initiative Sozialistisches Forum, Freiburg 1984, S. 61.

[267] Mein Weg ..., a. a. O., S. 336.

[268] Unter den Zwischen-Menschen, a. a. O., S. 61.

[269] Sannyas 1/1980, englische Ausgabe, S. 4 ff.

[270] Sannyas 12/1980, „Der Tod ist eine Lüge“, Sannyas-Verlag Margarethenried, 1980, S. 64.

[271] ebenda, S. 64.

[272] vgl. Eckart Flöther: „Bhagwan Shree Rajneesh“, in Ronald Enroth (Hrsg.), A Guide to Cults and New Religions, Intervarsity Press, Downers Grove, Illinois, 1983, S. 56.

Glossar

Acharya (Sanskrit)	–	Lehrer, geistiger Führer, Guru; ein Name, der auch religiösen Führern gegeben wird, in der allgemeinen Bedeutung von „Meister".
Ashram oder Asrama (Sk.)	–	Ursprünglich ein Ort der religiösen Anstrengungen oder Bemühungen, Einsiedelei. In Indien und neuerdings im Westen Orte oder Stätten, in denen der „Meister" seine Jünger um sich schart, um in dieser religiösen Gemeinschaft belehrt zu werden, zu meditieren und zu leben.
Astral (lat.) v. astrum = Stern	–	Im Okkultismus ist das Astrale die Ebene zwischen der physischen und mentalen Welt.
Atman (Sk.) = Atem	–	Bezeichnet den persönlichen, erfahrbaren, göttlichen Wesensgrund eines Menschen, der unvergänglich ist und durch viele Zyklen der Reinkarnation geht. Das Erlösungsziel ist die Verschmelzung des individuellen Atman mit dem Brahman, der absoluten oder universellen Seele.
Arihanta (Sk.)	–	Ein Schüler Buddhas, der Erkenntnis des Bewußtseins und spirituelle Reife erlangt hat. In der Rajneesh-Bewegung Bezeichnung für die dritte Priesterkaste: ihre Grundenergie ist nach außen gerichtet. Sie sollen zur Göttlichkeit gelangen, indem sie anderen dienen.

Atheismus (griech.) v. atheos = ohne Gott, gottlos	–	Die Leugnung des Daseins Gottes.
Autogenes Training	–	Methode zur seelischen Selbstentspannung. Im Westen übernommen und propagiert v. J. A. Schultz, gliedert sich in eine Unterstufe mit sechs hintereinander geschalteten Ruheübungen und einer Oberstufe der tiefen Versenkung, bei der es zum Aufsteigen von Bildern kommt.
Avatar (Sk.) v. Ava = hinab, und Tri = hinübergehen oder herabkommen	–	Inkarnation eines Gottes, wobei eine Gottheit in Menschen- oder Tierform auf die Erde „herabkommt".
Bhagavad-Gita (Sk.) = „Die von der Gottheit gesungenen Offenbarungen"	–	Titel eines indischen religiösen, philosophischen Lehrgedichtes. Kann als „Heilige Schrift" der Krishna-Verehrer betrachtet werden.
Bhagwan (Sk.)	–	Der Heilige, Göttliche, der, „der sich selbst als Gott erkannt" hat. Gleichzeitig hat es die Bedeutung: Bhag = Meister, Wan = Jungfrau oder Vagina.
Bioenergetik (engl.)	–	Eine der Körper-Psychotherapien, von dem Amerikaner Alexander Lowen entwickelt. Sie soll im Körper geblockte emotionale Staus auflösen und therapeutisch durcharbeiten.

Bodhisattva (Sk.) = Erleuchtungswesen –	Jemand, der den Zustand der Erleuchtung erreicht hat und ins Nirwana eingehen könnte, der aber freiwillig darauf verzichtet und gelobt hat, zum Wohle aller Lebewesen zu wirken.
Brahman (Sk.) –	Bedeutet von der Wurzel; Brahman ist das unpersönliche, höchste und unerkennbare Prinzip des Universums. Die All-Seele, das Absolute oder die ewige unendliche Kraft, die alle Welten schafft und erhält.
Buddha (Sk.) = der Erleuchtete oder der Erwachte –	Ein Wesen, das aus eigener Anstrengung höchste Weisheit gewann. Gautama Sidharta nahm diesen Namen an.
Buddhafeld (ein Rajneeshbegriff) –	Der Ort, in dem durch Lehre, Führung und Energie des Meisters die Jünger zur Erleuchtung geführt werden sollen. Später wurde der Begriff auch für die Rajneesh-Zentren und Kommunen benutzt.
Chakra (Sk.) = Rad –	Auf der Vertikalachse des Körpers liegende sieben mystische Energie-Zentren. Durch Übungen sollen diese Energie- oder Kraftzentren miteinander, wie zu einem Kanal, verbunden werden, damit sich die Kundalini-Energie (des unteren Chakras) durch die Chakren hindurchbewegen und am siebten, dem Scheitel-Chakra, austreten kann.
Charisma (griech.) = Gabe –	Ursprünglich die übernatürliche Gabe, Kranke zu heilen. Heute auch als Begriff verwendet, um die magnetische

		Persönlichkeit oder die von einem Menschen ausgehende Faszination zu beschreiben.
Darshan (Sk.) = Ansicht	–	Die Begegnung zwischen Meister und Schüler, in der der Schüler durch eine Berührung, durch ein Wort, einen Blick oder lediglich durch die Anwesenheit des Meisters gesegnet wird.
Dharma (Sk.)	–	Gesetz oder Weltgesetz oder auch die Lehre eines Meisters.
Dissoziation (lat.)	–	Getrenntsein, Bezeichnung für ein gespaltenes Bewußtsein.
Drittes Auge	–	Entspricht dem Stirnchakra, dem Zentrum „inneren Sehens“; von einigen indischen Meistern wird dort der Sitz der Seele vermutet.
Einweihung = Initiation, (lat.) Einführung	–	Feierliche Einführung oder Aufnahme in einen Orden, häufig verbunden mit dem Übergang in eine andere Daseinsstufe oder einer veränderten Lebensweise.
Encounter oder Encounter-Gruppe (engl.)	–	Eine von dem Amerikaner Carl Rogers entwickelte Ganzheitstherapie, in der sich die Gruppenmitglieder teilweise unter extremen Bedingungen „ohne Maske“ kennenlernen und begegnen sollen.
Erleuchtung = illuminatio (lat.)	–	Gottes-Schau oder Erkenntnis der göttlichen Wahrheit. Rajneesh benutzt Erleuchtung im Sinne vom Einswerden des Atman, des individuellen Selbst mit Brahman, dem universellen Selbst

	oder als „Begegnung zwischen Gott und Tod“.
Esoterik (griech.) = innen, verborgen, geheim –	Bezeichnet Lehren und Informationen, die nur an eingeweihte Mitglieder weitergegeben werden dürfen.
Ethik (griech.) v. Ethos = Sitte –	Charakter-, Moral- oder Sittenlehre.
Evolution (lat.) = Entwicklung, Entfaltung –	Neben der körperlichen Entwicklung wird in der Theosophie, wie auch bei Rajneesh, von einer spirituellen Entwicklung gesprochen, dem fortschreitenden Aufstieg vom Unbewußten zum Bewußten, d. h., von der Materie zum Geist.
Gestalt-Therapie –	Eine von dem Amerikaner Fritz Perls begründete Form der Psychotherapie. Durch das Hinführen auf das „Hier und Jetzt“ soll ein Mensch seine wahre „Gestalt“ wieder herstellen können.
Gnosis (griech.) –	Wissen, Erkenntnis. Eine besonders im 2. Jahrhundert weitverbreitete Geheimlehre. Sie glaubte, daß durch bestimmte mystische Erfahrungen eine tiefere Einsicht in die eigene Göttlichkeit, in Gott und das Universum erreicht werden könne.
Guru (Sk.) = Lehrer, Ehrenwerter –	Indischer Name für den religiösen Lehrer oder das Haupt eines Ashrams.

Halluzination (lat.) = Traumwanderung	–	Zustand, durch psychologische Zerrüttung, Trunkenheit oder Drogen hervorgerufen, in dem Erfahrungen gemacht oder Bilder gesehen werden, die in Wirklichkeit nicht existieren.
Hindi	–	Eine der neu-indischen Sprachen. Heute indische Nationalsprache.
Hedonismus (griech.) = Lust	–	Ein Leben nach dem Lustprinzip; beruht auf der Vorstellung, daß alle Wünsche und Sehnsüchte befriedigt werden sollen.
Human Potential Movement (engl.)	–	Sammelbegriff für alle Psycho-Therapieformen, die Grenzerfahrungen, Bewußtseinserweiterungen und Kontakt mit dem sog. „inneren Selbst" anstreben. Die wichtigsten Vertreter: Abraham Maslow, Fritz Perls, Richard Price und Carl Rogers. Häufig wird auch der Begriff „Growth-Movement" benutzt.
Hypnose (griech.) v. Hypnos = Schlaf	–	Ein durch Fixieren oder Wortsuggestion hervorgerufener Bewußtseinszustand, in dem sich ein Mensch entgegen seiner sonst gültigen Wertvorstellung verhält oder Fähigkeiten entwickelt, die er im Wachzustand nicht hat.
Illusion (lat.) = vortäuschen	–	Eine Fehldeutung von Sinneseindrükken.
Initiation (lat.)	–	s. Einweihung
Inkarnation (lat.)	–	Fleischwerdung oder Menschwerdung.

Jain-Religion oder Jainismus	–	Im 6. Jahrhundert v. Chr. von Mahavira Vandhamana gegründete Selbsterlösungs-Religion. Ein Jain-Anhänger kann kraft seiner spirituellen Natur seine materielle Natur beherrschen und somit seine Seele befreien, zum Jina (Überwinder) werden.
Kali-Tempel	–	Kali ist als „die Mutter" die neben Shiva (ihrem Gemahl) wesentlichste Gottheit des indischen Götterhimmels. In den ihr geweihten Tempeln werden Tier-, mitunter Menschenopfer dargebracht.
Karma (Sk.) = wirken, tun	–	Der Glaube, daß jedes Tun oder Handeln eine unvermeidliche Folge nach sich zieht, die sich oft im „späteren Leben" manifestiert.
Katharsis (griech.) v. katharein = säubern, reinigen	–	Wird in der Psychotherapie als Prozeß der Reinigung oder Heilung von seelischen Verletzungen benutzt.
Krishna (Sk.)	–	Die achte und berühmteste Reinkarnation (Avater) der indischen Gottheit Vishnu. Krishna ist für viele Hindus der Erlöser und eine der populärsten indischen Gottheiten.
Kult (lat.) von Colere = anbeten, verehren	–	Bezeichnung für Gebräuche oder Vorstellungen, denen nach Ausdruck und Inhalt meist religiöse mythologische Gedanken und Gebräuchen, die als heilig geachtet werden, zugrunde liegen. Neuerdings werden mit Kult auch Bewegungen bezeichnet, in denen solche Vorstellungen und Gebräuche gepflegt werden.

Kundalini (Sk.)	– Die kosmische Energie oder das ruhende Feuer im ersten untersten Chakra, die nach Hindu-Glauben am unteren Ende der Wirbelsäule liegen soll. Diese Kraft, die wie eine Schlange zusammengerollt im ersten Chakra ruht, kann durch bestimmte, beispielsweise tantrische Meditationstechniken geweckt werden. Sollte die aufsteigende Energie durch die anderen sechs Chakren hindurchgeführt werden können und durch das Scheitel-Chakra ausfließen, soll es zu Samadhi kommen.
LSD	– Chemische Substanz, ein Halluzinationen hervorrufender Stoff, der schon in kleinsten Mengen beim Menschen psychische Veränderungen hervorruft.
Mahavir (Sk.)	– Begründer und einer der größten Lehrer der Jain-Religion.
Mala	– Halsperlenkette bei Rajneesh mit 108 Holzperlen und dem in einem Holzrahmen eingefaßten Bildnis Rajneeshs; eines der Kennzeichen der Sannyasins.
Mantra (Sk.) = Spruch	– Ursprünglich Verse aus den Veden, die als Zauber- oder Beschwörungsformeln verwendet wurden. Später in fernöstlichen Religionen Wörter oder Formeln, die murmelnd oder laut wiederholt werden, um bestimmte Schwingungen zu erreichen.
Maya (Sk.) = Illusion, Selbsttäuschung	– Im Hinduismus hat nur das, was unveränderlich und ewig ist, also das All-Eine, Brahman, Realität, während alles andere, einschließlich unserer Realität

	und Materie, als Maya, also Illusion, bezeichnet wird.
Meditation (lat.) – = nachdenken, versenken	Meditation an sich ist eine Technik der schöpferischen Macht der Gedanken. Wird als Übung eingesetzt, um den Blick nach innen zu richten, um damit mit der geistigen Welt in Verbindung zu treten oder dem göttlichen Kern in einem selbst.
Monismus – (griech.) von Monos = eines, allein	Der Glaube, daß es nur eine Realität gibt, nämlich Gott. In manchen „psychologischen“ Schulen wie auch von Rajneesh wird angenommen, daß dieser Gott der Urgrund allen Seins sei von Körper, Geist, Leib und Seele; die irdische Welt also lediglich eine Manifestation dieses göttlichen Urgrundes ist.
Mystik (griech.) – myein = die Augen schließen	Das Bestreben, mit Gott oder der Gottheit in unmittelbare und wahrnehmbare Berührung zu kommen, sich ganz in die göttliche Liebe zu versenken.
Mystizismus – (griech.)	Der Hang, die Mystik zur Grundlage aller Seinserklärung zu machen.
Nirwana (Sk.) – = ohne Atem oder erlöschen	Das höchste und letzte Endziel allen buddhistischen Strebens. Der höchste Zustand der Erlösung bei gleichzeitiger Auflösung oder Auslöschens des Individuums.
Nostradamus –	Richtiger Name: Michel de Notre-Dame, 1503–1566, Arzt und Prophet. Seine Prophezeihungen von Katastrophen und Kriegen wurden immer wieder neu gedeutet.

Okkultismus – (lat.) v. occultus = verborgen	Die verborgenen oder geheimen Wissenschaften.
Primär-Therapie –	Synonym für die von Arthur Janov erfundene Urschrei-Therapie.
Psychose, abgel. – von (griech.) psyche = Seele	Eine Geisteskrankheit mit Veränderungen des Denkens, Handelns und der Wahrnehmung, oft ohne Einsicht des Erkrankten.
Reinkarnation – (lat.)	Wiederverkörperung oder Wiedergeburt einer individuellen Seele.
Reflektion (lat.) – von reflectere = zurückbiegen	Das sich „Zurückwenden" des Denken und Bewußtseins auf sich selbst für ein besseres „Sich-Innewerden".
Regression (lat.) –	Rückschritt, Rückfall von einem einmal erreichten Entwicklungs- oder Bewußtseinszustand auf einen früheren.
Samadhi (Sk.) –	„Fest-zusammen-gefügt-sein". Eigentlich: Sammlung, Konzentration des Geistes auf ein einziges Objekt; oder Meditation, in der die Unterscheidung von Subjekt und Objekt verschwindet. Rajneesh benutzt es als die Beschreibung des Zustandes des All-Eins-Seins, das Eingehen in Brahman.
Sannyas (Sk.) –	Entsagung oder Freiheit von allem.
Sannyasin (Sk.) –	Ein religiöser Hindu in der letzten Phase seines Lebens, der sich in entsagungsvoller Askese auf den Tod vorbereitet; verwendet auch zur Bezeichnung eines heiligen Mannes, der der

		Welt entsagt hat und mit einem Lendentuch und einer Bettelschale umherzieht. Rajneesh verwendete den Begriff Neo-Sannyasin für seine Jünger. Sie sollten zunächst ihr Ego, ihren Verstand und die Bindungen an Familie, Beruf und Gesellschaft hinter sich lassen, später auch ihre Besitztümer.
Sanskrit	-	Die etwa im 5. Jahrhundert v. Chr. entstandene, älteste indische Literatursprache, in der beispielsweise die Veden verfaßt sind; sonst Sprache der wissenschaftlichen Dichtung und Mystik.
Satori (japanisch)	-	Im japanischen Zen-Buddhismus die Bezeichnung für plötzliche Erleuchtung.
Schizophrenie (griech.) schizein = spalten und phrenos = Schädel	-	Zustand einer gespaltenen Wahrnehmung, eine Geisteskrankheit.
Shiva (Sk.) der Zerstörer	-	Indische Gottheit; neben Brahma und Vishnu die dritte Gestalt der „Trimurti".
Shree oder Sri (Sk.)	-	Respektsbezeichnung für eine Person, dem englischen Sir vergleichbar.
Siddha (Sk.)	-	Eine Person, die magische, übernatürliche, okkulte Kraft (Siddhi) besitzt. In der Rajneesh-Bewegung Bezeichnung für die zweite Priesterkaste, charakterisiert als introvertierte Jünger. Ihre Aufgaben sind die Totenfeiern.

Sufismus oder Sufi-Bewegung (arab.) Suf = rein	–	Eine mystische Sekte der Mohammedaner. Sie glauben, im Besitz der esoterischen Doktrinen Mohammeds zu sein, und leben asketisch. Die sog. „Derwische" bringen sich durch schnelles Drehen um die eigene Achse in Ekstase.
Tantra (Sk.), = Regel oder Ritual	–	Mystische oder magische Werke, die eigentlich der Anbetung der weiblichen Kraft dienen (Shakti). Der Tantrismus sucht die Vereinigung mit dem Göttlichen durch erotische oder sexuelle Rituale und Praktiken. Rajneesh bezeichnet sich als Tantra-Guru.
Upanishaden (Sk.) = Geheimlehre oder esoterische Doktrin	–	Eine Sammlung von Hindu-Schriften, altindisch philosophische Texte zur Lebenshaltung.
Veden (Sk.) = Wissen oder göttliches Wissen	–	Name der ältesten Literaturdenkmäler der Inder.
Vishnu (Sk.) Vish = durchdringen	–	Der Durchdringende, der zweite Hauptgott der Hindu-Religion; seine Hauptfunktion ist die Welt zu erhalten.
Yoga (Sk.) = Union oder Vereinigung	–	Eine psycho-physische Meditationsmethode der spirituellen Entwicklung, durch deren Übungen Erlösung oder Einssein mit dem Absoluten, der universellen Seele oder Brahman erreicht werden soll.

Zen-Buddhismus – Eine sektenartige Richtung des Buddhismus in China und Japan mit strenger Lebensführung und mystischer Versenkung. Die Lehren können nur von einem anerkannten, „erleuchteten" Zen-Meister weitergegeben werden.

Quellen zum Glossar:

Friedrich Wilhelm Haack, Guruismus und Gurubewegungen, München 1982.

Horst E. Miers, Lexikon des Geheimwissens, Bauer-Verlag, Freiburg 1970.

W. A. van Leen, O is for Orange . . . an Examination of the Rajneesh Religion, North Perth, Australia 1983.

Gunther Klosinski, Warum Bhagwan?, Kösel-Verlag, München 1985.

Das Totenbuch der Tibeter, Diederichs-Verlag, Düsseldorf 1975.

Anhang

Geschäfts-Statuten der Rajneesh Services International

Die RSI Ltd. wurde am 26. April 1982 als Privatgesellschaft mit beschränkter Haftung unter der Nr. 1631346 in Cardiff ins Handelsregister eingetragen. Sie ist der Inbegriff der „Religions GmbH".

Der Gründungsvertrag, datiert vom 5.4.82, nennt als Gesellschaftsgegenstand in § 31: „Der Nutzen der Allgemeinheit, erstens durch Unterrichtung der Allgemeinheit in den Mitteln zur Erreichung und Erhaltung guter Gesundheit, sowohl psychisch-geistig, wie auch geistlich, und zweitens durch Befreiung und Verhinderung psychisch-geistiger und geistlicher Leiden, bedingt durch Armut oder schlechte Gesundheit, und drittens die Förderung von Religion."

Dann wird's konkreter: § 311: „Die Durchführung von Geschäften einer Treuhandgesellschaft in allen Bereichen sowie der Erwerb, Besitz, die Abgabe oder anderweitigen Handel mit Bonds, Schuldverschreibungen ..., Anteilen, Aktien oder Wertpapieren von Industrie- und allen anderen Gesellschaften ..., sowie die Investition ... bei anwartschaftlichen Beteiligungen jeder Art ..., die Vermittlung von Treuhandfonds und Wertpapieren aller Art und im Zusammenhang damit die Durchführung von Geschäften als Financiers, Finanzagenten ..., Company-Promotern ..., Aktien- und Anteilsmaklern, allgemeinen Kaufleuten und Agenten ..., die Einleitung, der Abschluß, die Durchführung, Unterstützung und Beteiligung bei finanziellen, gewerblichen, Handels-, industriellen, landwirtschaftlichen, bergbaulichen und anderen Geschäften, Arbeiten, Kontrakten und Unternehmungen sowie finanziellen Operationen aller Art ..., die Übernahme und Durchführung aller Arten von Agenturgeschäften und insbesondere die Funktion als Agenten, Anwälte und Manager in Verbindung mit dem Kauf, Verkauf und dem Besitz von Aktien, Anteilen oder Wertpapieren oder anderem Vermögen oder Vermögenswerten ..."

Weiter geht's. § 3III: „Die Durchführung des Geschäfts von Investment-Maklern ..."

§ 3IV: „Die Verleihung und Bevorschussung von Geld ..., und zwar mit oder ohne Sicherheit an Kunden und andere, die Übernahme von Bürgschaften ... und Sicherheiten aller Arten, die Annahme von Geld auf Depot oder Kredit ... und die Sicherheitsgewährung und Verbürgung der Zahlung irgendwelcher Geldsummen oder für die Erfüllung irgendeiner Verpflichtung seitens irgendeiner wohltätigen Organisation, Gesellschaft, Firma oder Person, insbesondere einschließlich jeder Schwesterorganisation."

Geschäftszweck der RSI ist also die Finanzierung des Rajneesh-Wirtschaftsimperiums. Da aber nun nicht nur Geld ausgegeben, sondern vor allem auch gescheffelt werden soll, hat sich die Gesellschaft folgende Befugnisse gegeben:

> „(b) Die Ermutigung und Förderung sowie Beratung sowie Unterstützung der Allgemeinheit in jedweder Weise (a) bei der Bildung von Gemeinden an beliebigem Ort, die durch die genannten Lehren[11] geleitet werden ... und (b) bei der Verwaltung und Führung der Angelegenheiten solcher Gemeinden und (c) bei Besitz, Führung, Betrieb und Finanzierung seitens solcher Gemeinden von Geschäften und kommerziellen Tätigkeiten ..."
>
> und
>
> „(d) Die Aufbringung von Geldern und die Einladung zu und Annahme von Beiträgen, Geschenken oder anderweitig ..." – soll heißen: die RSI betätigt sich als Spendensammel- und -waschanlage. Und zwar:
>
> „(o) ... in irgendeinem Teil der Welt ... alleine oder in Verbindung mit anderen:"

Die Verwendung der Gewinne aus dieser umfangreichen Geschäftstätigkeit ist dabei eindeutig festgelegt:

§ 4: „Die Einkünfte und das Vermögen der Gesellschaft dürfen ausschließlich für die Förderung ihrer in dieser Satzung aufgeführten Gegenstände verwendet werden, und kein Teil davon darf direkt oder indirekt als Dividende,

Bonus oder anderweitig als Gewinn an Mitglieder der Gesellschaft bezahlt oder übertragen werden, und kein Mitglied ihres Verwaltungsrates ... darf zu irgendeinem Amt in der Gesellschaft benannt werden, das durch Gehalt oder Gebühren bezahlt wird ..."

Geleitet wird die RSI von einem Verwaltungsrat, dessen Mitgliederzahl (mindestens zwei) nach oben unbegrenzt ist. Die VR-Mitglieder erhalten Spesen erstattet für alle „angemessenen Reise-, Hotel- und andere Kosten", die „im Zusammenhang mit dem Geschäft der Gesellschaft" entstehen. Woraus zu interpretieren ist: Die RSI bezahlt die Weltreisen der gesamten Rajneesh-Führungselite.

In ihrer Politik ist die RSI vollkommen abhängig von der RFI. Das ist in der Firmensatzung festgelegt unter Punkt 69, überschrieben „Der Besucher":

„Durch Anerkennung der wohltätigen Gegenstände der Gesellschaft und für den Zweck der Lenkung und Beratung des Rates sowie der Mitglieder hinsichtlich der Erfüllung der in 3I des Gründungsvertrages aufgeführten Gegenstände und hinsichtlich der Ausübung der Befugnisse zur Förderung derselben ist die ... die Position des Sekretariats für Bhagwan ... einnehmende Person e officio berechtigt, der Besucher der Gesellschaft zu sein ... Der Besucher ist berechtigt, solche vorgenannte Lenkung und Beratung zu geben und alle ... Befugnisse auszuüben, die vom Gesetz anerkannt werden ..., einschließlich des Rechtes zur Teilnahme an irgendeiner Versammlung des Rates oder der Mitglieder."

Telefon-Interview mit Dr. Margaret Thaler-Singer, Psychologie-Professorin an der Universität von Kalifornien in Berkeley, USA, am 16.12.1984

Frau Dr. Singer ist eine Expertin in Sektenfragen. Sie hat mit Hunderten von Ex-Mitgliedern gearbeitet und hält Vorträge auf diesem Gebiet in den USA und in Europa.

F.: Laxmi beschrieb uns, wie sie nach der Dynamischen Meditation einen Lachanfall bekam. Sie wiederholte die Meditation und lachte wiederum eine Nacht lang. Seither, so sagte sie, sei sie transformiert. Sie identifiziert sich jetzt nicht mehr mit ihrer alten Identität, sondern mit dem, was sie Zeuge nennt. Was ist darunter zu verstehen?
A.: Das ist De-Personalisierung (depersonalization). Das heißt, man wird Zuschauer seines eigenen Lebens.
F.: Was geht dabei im Gehirn eines Menschen vor?
A.: Niemand weiß das.
F.: Ist dies eine Form des Verrücktseins?
A.: Nein, es kommt häufig bei jungen Erwachsenen vor. Ein mentaler Mechanismus, um Streß zu handhaben und emotionale Überlastungen.
F.: Verliert dabei ein Mensch seine Persönlichkeit?
A.: Nein, man fühlt, als ob man sich selbst beobachtet, sich erfährt, anstatt sich zu fühlen.
F.: Ist das eine psychische Störung?
A.: Es ist eine Geistesstörung (mental disorder). Es ist kein Verrücktsein.
F.: Es ist also ein spirituelles Hochgefühl?
A.: Richtig. Wichtig dabei ist, ob sie sich ausreichend ernähren. Viele leiden unter „anorectic", ein Gewichtsverlust von bis zu 25 Prozent ihres Körpergewichts. Bei den Hare Krishna-Leuten habe ich das beobachtet. Sie werden sehr dünn.
F.: Sind sich die Gurus dieser Konsequenzen bewußt?
A.: Ja, jeder der mit Menschen über einen längeren Zeitraum hinweg arbeitet (processes people), kennt diese natürlichen Abläufe. So ist beispielsweise Hyperventilation ein Mittel, um Anhänger davon zu überzeugen, daß man so

etwas wie ein Geheimnis hat. Dieser Zustand, der durch Hyperventilation erzeugt wird, wird dann als Ekstase „fehlinterpretiert".

Beispielsweise hören viele Frauen auf zu menstruieren. Der Guru erklärt das dann, daß sie mit Gott schwanger sind.

F.: Wie kommt es, daß die Gurus meistens Frauen als Führungskräfte haben?

A.: Mir ist das auch aufgefallen, daß die meisten Gurus Männer sind und ihre Leutnants sind Frauen. Sie sorgen dafür, daß der Laden läuft. Frauen werden normalerweise in der Weise sozialisiert, um mit und für Männer zu arbeiten.

F.: Wie ist es möglich, daß die Anhänger wirklich davon überzeugt sind, daß ihr Guru die einzige Wahrheit hat?

A.: Das ist, was ich unter „mind-control" und Gehirnwäsche verstehe. Diese Rigidität und Verengung der Wahrnehmungsfähigkeit ist ein Zeichen von „mind-control". Zuerst werden die Anhänger von der Außenwelt isoliert. Um dann die Einheit innerhalb der Gruppe zu erhalten, behaupten die Gurus, die Außenwelt sei ignorant oder böse. Mißtrauen und Paranoia gegenüber der Außenwelt wird so geschaffen. Um die Leute dann bei der Stange zu halten, werden immer neue Dinge, Regeln usw. erfunden. Schließlich endet das in revolutionären Reden, in Märtyrertum. Die äußerlichen Zeichen: eine Gruppe kollabiert entweder oder sie entscheidet sich für Gewalt.

F.: Für diese Veränderung sind keine Drogen nötig. Kann durch Hyperventilation der chemische Haushalt des Körpers verändert werden?

A.: Richtig, das gleiche kann auch mit einer bestimmten Hypnose erreicht werden. Es ist das Herbeiführen eines Trancezustands, ohne ihn anzukündigen. Rhythmisches Tanzen, wie bei der Dynamischen Meditation, oder rhythmisches Reden versetzt die Leute in tiefe Trancezustände.

F.: Wenn Leute für eine längere Zeit in diesem Zustand der Entpersönlichung gewesen sind, wie können sie kuriert werden?

A.: Die Leute wurden ja durch die Philosophie des Gurus

gezwungen, ihr kausales Denken aufzugeben. Durch Informationen über die Gruppe kann ihr kausales Denken wiederhergestellt werden. Durch diese Informationen wird diesen Menschen wieder eine Perspektive gegeben über das, was mit ihnen geschah.

F.: Was würden Sie der Regierung in Washington empfehlen, die gespannte Situation in Oregon zu entspannen?

A.: Anstatt die National-Garde zu entsenden oder es auf eine Konfrontation ankommen zu lassen, sollte versucht werden, den Geldfluß zu unterbinden.

ANMELDEFORMULAR UND INFORMATION FÜR GÄSTE

NAME: .... VORNAME: ....

SANNYAS NAME: ....

PLZ: .... STADT: .... STRASSE: .... NR. ....

Telefon: .... Alter: .... Beruf: ....

Ausbildung: ....

Begabungen, Hobbies: ....

Psychiatrische Vergangenheit: Ja / Nein Was? ....

Gruppenerfahrungen – Welche? ....

Im Notfall benachrichtigen: ....

Was erwartest Du für Dich hier in SNEHA: ....

....

Schickt bitte euer Programm an folgende Person: ....

Adresse: ....

Wichtige Information für Gäste im Sneha Rajneesh Sannyas Ashram

Dieses Formular ist der Start für Dich in diesem Ashram. Fülle es bitte sorgfältig aus und lies Dir die folgenden zwei Seiten gut durch; sie enthalten ein paar ganz wertvolle Tips für Deinen Aufenthalt.

Als erstes möchten wir sagen, daß wir alles tun, um Dir Deinen Aufenthalt so schön und liebevoll wie möglich zu machen. Wenn Du etwas brauchst, wenn Du Dich nicht gut fühlst oder wenn Dir was fehlt, so geh zum Gästebetreuer und sprich mit ihm.
Wir möchten wirklich, daß es Dir gut geht. Hier ist der Raum, Dir Schönes zu gönnen.

Der Gästeraum ist neu renoviert, zwar immer noch nicht ideal, aber schön. Du kannst Dir Deinen Bereich ganz persönlich ausstatten.

Schöne Kleider, Hosen, Bhagwans Bücher, Kassetten und vieles mehr bekommst Du in der SNEHA Boutique. Sie ist fast den ganzen Tag geöffnet. Du kannst auch einfach nur so zu einem Schwätzchen reinschauen, ohne was zu kaufen.

Gutes vegetarisches Essen gibt's in der Kantine „Zorba the Buddha". Dort bekommst Du auch Wein, Bier, Eis, Kuchen und alles, was der Magen begehrt. Prost! Mahlzeit!

Wenn Du Dich nicht gut fühlst, so kannst du verschiedene Einzelsitzungen bei uns nehmen, wie Primär, Rebirthing oder ähnliches. Wenn Du Dir und Deinem Körper was Gutes tun willst, so kannst Du auch Massagesitzungen machen.

Des weiteren haben wir eine Teppichweberei und eine Lautsprecherproduktion.

In Nandlstadt befindet sich ein Waldbad, und bei Mauern ein Skilift. Fahrräder kannst Du Dir in der Verwaltung ausleihen.

Überleg Dir auch gut, ob Du gerne mitarbeiten oder lieber Urlaub machen möchtest. Wenn du sonst etwas wissen möchtest, so frag den Gästebetreuer.

Bitte umblättern

Die folgenden Regeln sind da, damit das Zusammenleben zwischen uns gut funktioniert. Sie sind aus der 7jährigen Erfahrung dieser Gemeinschaft entstanden, und wir möchten, daß Du sie jetzt durchliest und Dich daran hältst.

1. Du bist während Deines Aufenthalts hier voll für Dich und Deine Handlungen verantwortlich.
2. Teile auf jeden Fall der Verwaltung mit, ob Du ansteckende Krankheiten, wie Parasiten, Geschlechtskrankheiten, Herzkrankheiten oder eine psychiatrische Vorgeschichte hast.
3. Falls auch nur geringer Verdacht auf Geschlechtskrankheiten besteht, so kannst Du auf keinen Fall mit irgendjemandem Geschlechtsverkehr haben.
4. Für Schäden, die Du verursachst, haftest Du selbst.
5. Der Gebrauch von Drogen und Rauschmitteln ist absolut untersagt.
6. Der Gästebeitrag wird im voraus bezahlt; mache es gleich, nachdem Du das Formular gelesen hast.
7. Wenn fotografiert wird, bist Du einverstanden, daß das Material auch für Werbezwecke verwendet werden kann.
8. Je schöner Dein Schlafplatz ist, desto wohler fühlst Du Dich auch hier – mache auf jeden Fall täglich Dein Bett.
9. Wenn Du irgendetwas benützen willst in SNEHA, sei es Musikanlage, Werkzeug, Bücher oder ähnliches, so frage den Gästebetreuer, nimm nichts eigenständig weg.
10. Die Menschen in Margarethenried sind etwas anders als wir – sei Dir klar darüber. Ausgedehnte Kußszenen oder ähnliches sind im Dorf nicht gut.
11. Bitte lauf nicht nackt über den Hof.
12. Es ist ganz wichtig für uns, daß Du mit den Dingen, die es hier gibt, ganz liebevoll umgehst.
13. Du bist auch für Deine Kinder verantwortlich.
14. Es finden täglich Meditationen statt – sie sind für Dich. Es ist schön, wenn Du Dich daran beteiligst.
15. Täglich nach dem Frühstück ist Gästemeeting. Während Deiner Zeit als Gast hier mußt Du an dem Gästemeeting teilnehmen.

TAKE CARE

Je mehr Du Deine Liebe gibst, während Du hier bist, desto mehr wirst Du bekommen – hier sind so viele schöne Menschen – fast zu viele für den kleinen Raum. Gebt wirklich obacht aufeinander – dazu gehört auch, daß Ihr nachts nicht laut seid im Schlafraum. Dazu gehört auch, daß Ihr Euch bei der Arbeit abmeldet, wenn Ihr weggeht.

Du kannst diese Regeln ernst nehmen – Du kannst sie aber auch als Spiel nehmen, welches Du einfach mitspielst.
Wenn Du das Konzept unseres Zusammenlebens lesen möchtest, so laß Dir die Struktur zeigen.

Ich habe alles durchgelesen und bin mit diesen Regeln einverstanden.

Margarethenried, ... Unterschrift: ....

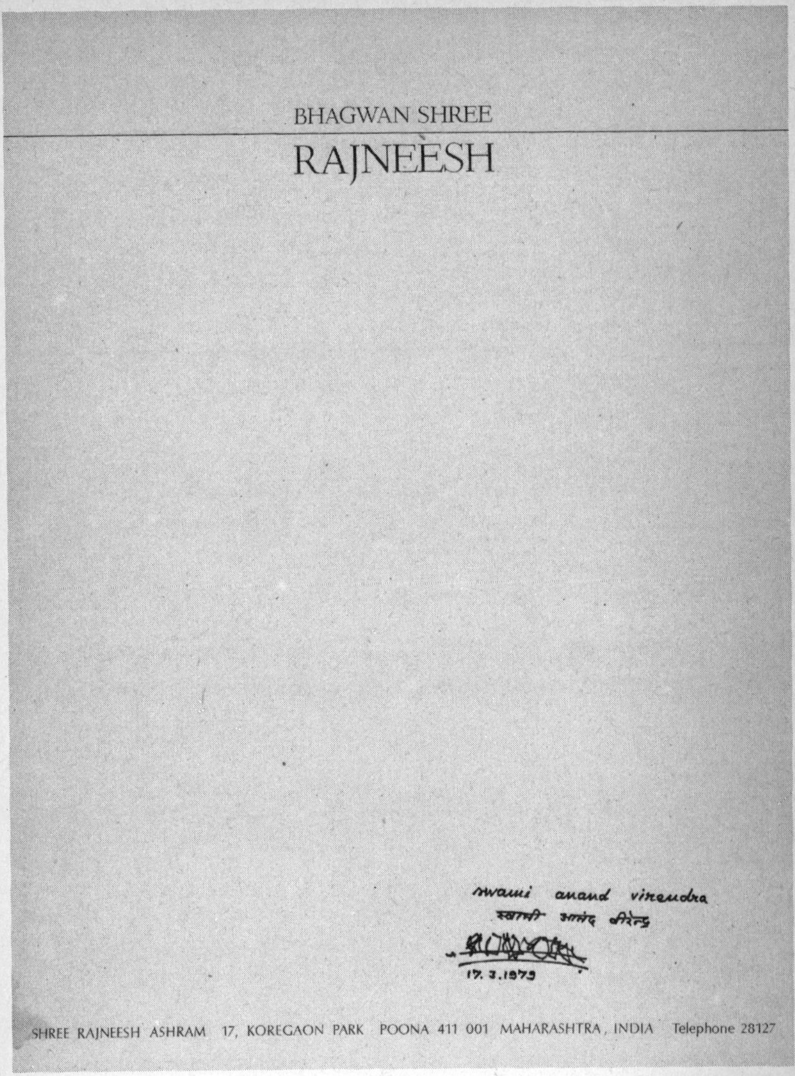
BHAGWAN SHREE
RAJNEESH

swami anand virendra
स्वामी आनंद वीरेन्द्र

17. 3. 1973

SHREE RAJNEESH ASHRAM 17, KOREGAON PARK POONA 411 001 MAHARASHTRA, INDIA Telephone 28127

Telefon-Interview mit Dr. John Clark, Psychiater in Weston, Mass. USA, und Professor an der Harvard Medical School am 17. 12. 1984

F.: Welche Veränderungen ergeben sich bei Sekten-Mitgliedern, die für längere Zeit in einer Bewegung sind?
A.: Durch „mind-control“ wird nicht nur die Denkfähigkeit des Menschen erheblich eingeschränkt. Es verändert sich auch die Art und Weise, wie der Körper sich „managed“.
F.: Welche konkreten Auswirkungen auf den Körper hat dies?
A.: Das vegetative System wird beeinflußt, was beispielsweise häufig zu Schwierigkeiten bei der Nahrungsaufnahme oder -abgabe führt.
F.: Margaret Singer sprach von einer „mental disorder“ bei Bhagwan-Anhängern. Ist Bhagwan ebenfalls mental krank?
A.: Es ist gut möglich, daß Bhagwan mental krank ist. Er brachte gewissermaßen seine eigene mentale Geschichte in die Bewegung ein.
F.: Bhagwan spricht immer davon, man soll sich nach innen orientieren. Er selbst, so sagt er, arbeite in den Leuten. Was heißt das?
A.: Menschen, die andere Menschen kontrollieren, sei es durch „mind-control“ oder Hypnose, korrumpieren gleichzeitig sich selbst. Was immer man mit einem anderen Menschen tut, wirkt auf einen selbst zurück.
F.: Ist die Form der Persönlichkeitsveränderung nicht ein vom Grundgesetz geschützter Eingriff?
A.: Bhagwan verstößt meiner Meinung nach gegen den Artikel 18 der amerikanischen Verfassung, das Verbot der Sklaverei, und gegen den Artikel 14, der die Würde des Menschen und das Recht schützt, sich gemäß seinem Potential entwickeln zu können. Was Bhagwan macht, ist Sklaverei.

THE NEW COMMUNE

We are appealing to all who feel to share in the construction of the new commune. To help the new commune to happen, whatever can be contributed is both needed and welcome.

Construction of Accommodation for Permanent Residents

At present, our plan is to construct three types of residential accommodation, which is likely to cost the Foundation the following amounts :

1. single rooms with attached bathroom, kitchen & veranda Rs. 60,000

2. cottage with two rooms, bathroom, kitchen & veranda Rs.100,000

3. cottage with living room, two bedrooms, two bathrooms, kitchen & veranda Rs.175,000

To send your contribution : Request your bank to issue a "Demand Draft" for the amount, payable to "RAJNEESH FOUNDATION", (not "RAJNEESH FOUNDATION LIMITED" as this is only for sale of books, etc.) preferably with the draft payable at any bank in Poona. You can send the amount in rupees or your local currency equivalent. Send the Draft by Registered Airmail to : Rajneesh Foundation, 17 Koregaon Park, Poona 411 001, India, giving your sannyas and legal names. Send another letter by separate post to the same address notifying us that you have sent the draft. If you are bringing your contribution with you, use travellers' cheques. This is the easiest and most convenient way.

Accommodation in Poona: Of course, as long as we are in Poona, it will not be possible to accommodate any new friends inside the ashram. But as soon as the move to the new commune happens, there will be lots of space.

For temporary residents: In the new ashram, the Foundation will make available hotel accommodation, apartments, rooms and dormitories. All these can be rented on a contribution basis. For individual rooms the contribution will vary from $3-10 per day. Dormitory accommodation will be Rs. 5 per person per day.

VISAS: Those friends who require visas to stay in India and who wish to stay for a long time need to come on an Entry visa, not a Tourist Visa. Tourist Visas have a very limited use. They are for travel purposes and can, at the most, be renewed one time. Entry visas can, according to the law, be renewed without any limit.

You need to apply for the Entry visa from outside India, and it is sometimes better to apply only for three months even though you intend to stay longer. Then the local consulate can process your application without having to refer to Delhi. But it is possible to get even a year's Entry visa within a day.

The easiest way to obtain the visa is on the grounds of business. For this you need to present a letter on a business letterhead in which it is stated clearly that the firm in question is sponsoring your trip (e.g. as their purchasing agent, specifying the items which they want you to look into, and that they have arranged for the necessary finances).

Another way is to obtain from any institute, college, library, etc. in India a statement certifying that "they are prepared to accept you as a "student" or that "they have no objection to having you as a student as long as you have the correct type of visa, and not a tourist visa."

Please note that any mention of Bhagwan Shree Rajneesh, the Rajneesh International University or the Shree Rajneesh Ashram will most likely automatically disqualify you for any type of visa.

Department of State TELEGRAM

BOMBAY 00186 02 OF 05 190701Z 1111

00 ADS-00 NEA-07 NSC-05 AMAD-01 INSE-00 VOE-00
S-06 CA-01 /021 W
------------------173045 190939Z /11 38

090352Z JAN 82
AMCONSUL BOMBAY
USINS DISTRICT DIRECTOR PORTLAND, OREGON IMMEDIATE
INFO SECSTATE WASHDC 3807
AMEMBASSY NEW DELHI

UNCLAS SECTION 2 OF 5 BOMBAY 0186

VISAS

F. "TO ESTABLISH, PROMOTE AND MAINTAIN ASHRAMS, SCHOOL COLLEGE TO TRAIN STUDENTS AND TEACHERS;"

G. "TO IMPAN (ESTABLISH) MEDICAL COLLEGE BY WAY OF SADHANA AND OTHER SUITABLE SYSTEM BENEFICIAL TO PHYSICAL AND MENTAL HEALTH;"

H. "TO ESTABLISH, PROMOTE AND/OR TAKEOVER AND CONDUCT HOSPITALS, HEALTH AND MEDICAL CENTERS;"

I. "TO PROVIDE FOR THE RELIEF OF POOR PEOPLE AND PEOPLE IN DISTRESS OR FOR NATIONAL CAUSE AND TO PROVIDE FOR MEDICAL RELEIF;"

J. "TO MAINTAIN AND RUN SADAVANT, DHARAMSHALAS REST HOUSE, KALA MANDIR, BAL MANDIR, ETC (FREE REST HOUSE, ARTS CENTER, CHILDREN'S NURSERY, ETC.)"

THE RAJNEESH FOUNDATION APPARENTLY FAILED TO LIVE UP TO ITS GOALS, LEADING TO THE REVOCATION OF ITS TAX EXEMPTION. (SEE SECTION "THE TAX PROBLEM")

7. DEALINGS WITH OUTSIDERS

DURING OUR STAY IN POONA, WE HAD DISCUSSIONS WITH SEVERAL PUBLIC OFFICIALS AND PRIVATE CITIZENS WHO HAVE HAD DEALINGS WITH THE RAJNEESH ASHRAM. FROM OUR DISCUSSIONS WE LEARNED THAT BESIDES THE NORMAL, LEGAL METHODS OF COMMUNICATION, ASHRAM OFFICIAL ALSO USED OTHER METHODS IN ATTEMPTS TO INFLUENCE INDIVIDUALS. THE FAVORITE TECHNIQUE, ACCORDING TO OUR CONTACTS, INVOLVED SEXUAL ENTRAPMENT. AN INDIVIDUAL, USUALLY A MAN, WOULD BE LURED INNOCENTLY INTO A SITUATION WHERE HE FOUND HIMSELF ALONE WITH AN ASHRAM FEMALE. AFTER A SHORT TIME THE FEMALE CLAIMED THAT SHE HAD JUST BEEN MOLESTED. AMAZINGLY ENOUGH, THERE WERE OFTEN TAPE RECORDERS OR CAMERAS PRESENT. THEN, AN ASHRAM OFFICIAL WOULD APPEAR AND OFFER TO TRADE SILENCE ON A SEXUAL ASSAULT CHARGE FOR SOMETHING WANTED BY THE ASHRAM. WE WERE TOLD OF 3 DEFINITE SUCH CASES IN THE LAST FEW YEARS (WE HAD ALSO READ NEWSPAPER ACCOUNTS OF THESE) AND HAVE HEARD OF 2 OTHERS. THESE FIVE INDIVIDUAL WERE ONES WHO REFUSED TO BE INTIMIDATED; WE DO NOT KNOW HOW MANY OTHERS THERE MAY HAVE BEEN WHO SUCCUMBED TO THIS PLOT.

8. ANOTHER METHOD OF INFLUENCE USED BY ASHRAM OFFICIALS WAS TO ATTEMPT TO PLACE SYMPATHETIC INDIVIDUALS IN SENSITIVE POISITIONS. THE MOST PROMINENT EXAMPLES WERE THE PLACEMENT OF JAYANTILAL M. THAKKAR (AKA SWAMI SATYA BODHISATVA) AS COMMISSIONER OF INCOME TAX (APPEALS), MRS. PRATIBHA LALWANI (AKA MA ANAND PRATIBHA) AS ASSISTANT INSPECTING COMMISSIONER OF INCOME TAX, AND A R. CHADHA AS A MEMBER OF THE CENTRAL BOARD OF DIRECT TAXES (THE CONTROLLING TAX BODY IN INDIA.)

BOMBAY 00186 02 OF 05 190701Z

9. WE EXAMINED THE QUESTION OF BRIBERY BUT COULD FIND NO EVIDENCE OF THIS. THE MOST ANY OF OUR CONTACTS WOULD SAY IS THAT THINGS HAPPENED FOR WHICH THEY HAD NO EXPLANATION. FOR EXAMPLE, ONE SOURCE TOLD US THAT RAJNEESH DEVOTEES WOULD RECEIVE VISA EXTENSIONS EVEN THOUGH THE EXTENSIONS HAD BEEN DENIED BY THE LOCAL POLICE, SUPPOSEDLY THE CONTROLLING AUTHORITY. THE SOURCE COULD NOT EXPLAIN ON WHAT BASIS THE EXTENSIONS WERE GRANTED; HE SAID HE THOUGHT THERE WAS A POSSIBILITY OF BRIBERY, ALTHOUGH HE HAD NO EVIDENCE.

10. THE TAX PROBLEM

A WELL PLACED SOURCE IN POONA INFORMED US THAT THE RAJNEESH FOUNDATION WAS ORIGINALLY GRANTED TAX EXEMPT STATUS IN 1969 UNDER THE NAME JEEVAN JAGRITI KENDRA AND THAT THE STATUS CARRIED OVER WHEN THE NAME CHANGED. THE ORGANIZATION IS REGISTERED AS A NON-PROFIT "PUBLIC CHARITABLE TRUST" WITH THE GOVERNMENT OF INDIA'S ASSISTANT CHARITY COMMISSION IN POONA. IN ITS REGISTRATION, THE ORGANIZATION LISTS AS ITS AIMS THE PROPAGATION OF RAJNEESH'S PHILOSOPHY APT PHILOSOPHY (NOT RELGION), AND THOSE OF OTHER PHILSOPHERS PERTAINING TO THE SUBJECT OF RELIGION, AS STATED IN PARAGRAPH 6. THE RAJNEESH FOUNDATION'S TAX EXEMPT STATUS WAS NOT BASED UPON ANY RELIGIOUS PURPOSE BUT UPON ITS SO-CALLED CHARITABLE NATURE: THE TAX EMEMPTION DID NOT IMPLY ANY RECOGNITION OF RAJNEESH'S ORGANIZATION AS A RELIGION OR RELIGIOUS ORGANIZATION. IN SUM, INDIAN TAX AUTHORITIES DID NOT RECOGNIZE IT AS A RELIGIOUS ORGANIZATION.

11. IN ESSENCE, UNDER THE INCOME TAX ACT OF 1922, THE STATED GOALS OF A NON-PROFIT PUBLIC CHARITABLE TRUST MUST BENEFIT THE PUBLIC AT LARGE AND THE FOUNDATION MUST REMAIN A NON-PROFIT ORGANIZATION TO QUALIFY THE FOUNDATION FOR TAX-EMEMPT STATUS. IN 1977, INDIAN TAX AUTHORITIES BEGAN TO REEXAMINE THE FOUNDATION'S TAX EXEMPT STATUS AFTER NOTING THAT THE ASHRAM (FOUNDATION) BENEFITED ONLY RAJNEESH'S DEVOTEES (MOSTLY FOREIGNERS WHO IN ONE WAY OR ANOTHER PAID FOR ALL SERVICES AT THE ASHRAM) AND NOT THE PUBLIC AT LARGE, AND THAT THE ASHRAM'S VARIED ACTIVITIES WERE EARNING IT VAST SUMS OF MONEY WHICH CAST DOUBT ON ITS NON-PROFIT CHARACTER. (AS AN EXAMPLE OF THE LATTER POINT, WHEN CURRENCY NOTES OF RUPEES 1,000

UNCLASSIFIED

U.S. DEPARTMENT OF L[illegible]OR
Employment and Training Adr[illegible]tration

APPLICATION FOR ALIEN EMPLOYMENT CERTIFICATION

IMPORTANT: READ [illegible]REFULLY BEFORE COMPLETING THIS FORM
PRINT legibly in ink o[illegible] a typewriter. If you need more space to ans[illegible]stions on this form, use a separate sheet. Identify each answer with the number of the corresponding question. SIGN AND DATE each sheet in original signature.

To knowingly furnish any false information in the preparation of this form and any supplement thereto or to aid, abet, or counsel another to do so is a felony punishable by $10,000 fine or 5 years in the penitentiary, or both (18 U.S.C. 1001).

PART A. OFFER OF EMPLOYMENT

1. Name of Alien (Family name in capital letter, First, Middle, Maiden)
RAJNEESH, Bhagwan Shree

2. Present Address of Alien (Number, Street, City and Town, State ZIP Code or Province, Country)
P.O. Box 12-A, Antelope, Oregon 97001 U.S.A.

3. Type of Visa (If in U.S.)
B-2

The following information is submitted as evidence of an offer of employment.

4. Name of Employer (Full name of organization)
Rajneesh Foundation International

5. Telephone (Area Code and Number)
503-489-3301

6. Address (Number, Street, City or Town, Country, State, ZIP Code)
P.O. Box 12-A, Antelope, Oregon 97001 U.S.A.

7. Address Where Alien Will Work (if different from item 6)

8. Nature of Employer's Business Activity	9. Name of Job Title	10. Total Hours Per Week a. Basic	b. Overtime	11. Work Schedule (Hourly)	12. Rate of Pay a. Basic	b. Overtime
Non-Profit Religious Organization	Religious Teacher/Leader	40		a.m. p.m.	$ per	$ per hour

13. Describe Fully the Job to be Performed (Duties) Oversees educational activities, provides spiritual counsel and guidance for those in need, administers ordinances, conducts worship, and performs other spiritual functions as required of head of religious order. Delivers discourses and other talks interpreting matters of World Religion, psychology and philosophy, and responding to questions of the membership relating to their personal and spiritual needs. Receives persons individually to answer their questions and provides spiritual guidance and instruction in a formal meeting known as Darshan. Leads membership in silent prayer and meditation and in other services of worship. Administers the ordination of sannyas. Directs the order of sannyas and its religious centers around the world. Officiates at religious celebrations and festivals, and performs other functions of spiritual leadership. Provides general guidance for the activities of the Foundation including the University and publications.

14. State in detail the MINIMUM education, training, and experience for a worker to perform satisfactorily the job duties described in Item 13 above.

EDUCATION (Enter number of years)	Grade School	High School	College	College Degree Required (specify) / Major Field of Study
TRAINING	No. Yrs.	No. Mos.		Type of Training
EXPERIENCE	Job Offered (Number) Yrs. / Mos.	Related Occupation (Number) Yrs. / Mos.		Related Occupation (specify)

15. Other Special Requirements

16. Occupational Title of Person Who Will Be Alien's Immediate Supervisor N/A

17. Number of Employees Alien will Supervise

Pre-certified under
Schedule A, Group III,
20 CFR Section 656.10

ENDORSEMENTS (Make no entry in section - for government use only)

Date Forms Received	
L.O.	S.O.
R.O.	N.O.
Ind. Code	Occ. Code
Occ. Title	

George Hunter, Immigration Examiner, Portland, Oregon October 14, 1982

The following will be a record of the interview conducted with Bhagwan Shree Rajneesh in connection with his application for permanent residence and in connection with his being the beneficiary of a third preference visa petition filed in his behalf by the Rajneesh Foundation International.

Attorneys of record present are Jeffrey T. Noles, Miles J. Ambrose, and Swami Prem Niren.

For the record, Bhagwan Shree Rajneesh has been sworn to the correctness of his application and to questions he will answer today.

Q. Mr. Rajneesh, when did you make your decision to come to the United States for your visit?

A. (Inaudible)

Q. I'm sorry, I didn't understand you.

A. I never made that decision (remainder inaudible)

Q. At some point in time you consented to the decision of your disciples to come to the United States, is that correct?

A. Yes, (remainder inaudible)

Q. It is my understanding that the question that was asked to you, that the decision for you to come to the United States, was made by your disciples and that you consented because you had no choice and that I would assume your medical condition at that time predicated your coming to the United States, is that correct? Is that your right answer?

A. Yes.

Q. Ok, when you finally then consented to come to the United States, how lóng did you intend to stay? Did you have any idea at that time?

A. There was no possible way . . . and there was no way to think how long I will stay here . . . conditions was really bad . . . the doctors in India have tried everything.

Q. Ok, let's leave it right there just a second. In connection with your application for your visitor's visa, Sheela Silverman, Ma Anand Sheela, visited the consulate in Bombay on May 4, 1981, were you aware of her visit to the embassy . . . or the consulate in Bombay?

A. No, I don't remember exactly the date.

Q. You do know that she did visit the consulate?

PAGE 25 - AFFIDAVIT EXHIBIT "H" (Page 1 of 10)

A. Neither I know that because the way I live is absolutely isolated.

Q. Ok, the question is, did you have any knowledge of her visiting the American Consulate?

A. No.

Q. Ok, Ah . . . then probably you were not aware that Sheela told the consular officer that it was possible that you were dying of cancer? Were you aware of this?

A. No, I am not aware of this.

Q. Do you have any idea where Sheela might have obtained such information?

A. No, I don't know.

Q. You don't know, ok. Were you aware that a back operation referred to as a laminectomy, was planned for you in the United States?

A. In fact, everything has been taken care of by Sheela, I don't know exactly what they were planning.

Q. You did not know that there was a back operation anticipated in the United States?

A. No, the experts may have told her. She had called one expert from England, the best in England. He may have suggested . . . he tried his best. But he could not put right my back. And he also suggested to me a change of climate will help me . . . immensely.

Q. This was Dr. Cyriax? He suggested the change of climate to you?

A. Yes.

Q. Ok.

A. He may have suggested to Sheela and I don't what else he was suggesting. I never inquire on these things.

Q. Aside from your back problem, it's true that you also suffer from asthma and diabetes, is that correct?

A. Yes, I suffer from diabetes, that has come almost like a heritage. All my previous generations have suffered from it . . . and there seems to be no cures. At the most, it subsides, in better conditions, with better food, with better air.

Q. And you have asthma too, is that correct?

A. And asthma is also in the same way, for the previous generations my family has been su[illegible]ring from it and so any place which has humidity is troublesome

EXHIBIT "H" (Page 2 of 10)

health reasons. Attached to that application there was a letter from Shunyo (Dr. Eichling) that you needed 7 to 9 months more in the United States to improve your medical care. You're aware that this application was filed in that manner?

A. I think that's right, and my condition has improved.

Q. Did you ever discuss immigrating to the United States with anyone prior to coming to the United States?

A. Never. In fact, even today, if my health is better I would not stay here for a single moment, because this is not my climate, my milieu and atmosphere to which I'm accustomed.

Q. When you filed your request for an extension of your stay as a visitor, where did you intend to go upon the completion of this visit, or was this something that was out of your hands again?

A. No, there was no question about it. Let me explain it to you. My condition with the back is started as a byproduct, in the beginning it seemed as a byproduct fo asthma.

Q. Of what?

A. Asthma.

Q. Oh asthma, ok.

A. Too much coughing. And suddenly one day I felt that something has cracked in the back. And then they tried at least for two or three months to settle it, they did the body work. They did everything that is done, but it became worse and worse. Then Cyriax came, he was full of confidence that he will able, and he has been reading my books and he loved me. But I was not aware so immediately when we called him, he is an old man, near about 70, he came. He did the work on my back. The condition became even worse. Then he tried one injection and I don't know the name. Perhaps Sheela or Shunyo will be able to tell you. That injection is very painful because it is given in the backbone and with no guarantee that it will help. Sometimes it help, sometimes it does not. And the medical science knows nothing about it. So the major proportion of medical men is not for it. But Cyriax is for it.

Q. Is what? I'm sorry.

A. Is for the injection, yes, so he did that injection, not only one but three injections he gave me, and he told me and he told me that he has never given three injections to anybody, one is enough, it decides, but because he has to leave back to look after his patients, he gave me three injections. They were immensely painful and put me completely to the bed, even standing became difficult, sleeping became difficult, legs became wobbly, which are even now wobbly.

Q. Yes?

A. Yes, that is correct.

Q. Ok, were you aware that Sheela had made inquiries to the consulate in Bombay in so far as your eligibility for Immigration went to the United States?

A. No.

Q. You were not aware of that?

A. No, the small things I don't get . . . .

Q. You never discussed . . . .

A. . . . . involved

Q. You never discussed that with anyone?

A. . . . . . . I don't bother.

Q. Is it true that your father's ashes are now out at Rajneeshpuram?

A. Yes.

Q. When did they come to the United States?

A. That to , I cannot answer, all these silly things you have to ask Sheela.

Q. To your knowledge, were they there when you arrived there?

A. They arrived in New Jersey, and from New Jersey they must have arrived at some date here.

Q. Did they come on the same plane that you came to New Jersey on?

A. No.

Q. It has been reported that you have a library of approximately 150,000 volumes, is that correct?

A. That is correct.

Q. When was this library brought to the United States?

A. It was always there at . . .

Q. Was that waiting for you in Rajneshpuram when you arrived there?

A. I have not seen them.

Q. You have not seen your library?

A. I have given them to the University, so it is the University's responsibility where they take, or what they do.

Q. Do you know where the library is now?

A. I don't read even for 2 years, I have not read anything.

Q. As I see the rite of Sannyas, when you initiate someone into your religion . . . . . well, I guess that you can call the rite of Sannyas initiation into the religion, is that right?

A. Right.

Q. In the beginning, is it true that you were the only one that could conduct the rite of Sannyas?

A. Only.

Q. Has this changed now?

A. Now I have given responsibilities, because more people have grown up to this state of conscienciousness.

Q. When did you approve this issue as to someone else conducting Sannyas?

A. In Poona.

Q. In Poona?

A. In Poona.

Q. When in Poona?

A. When my health was deterioting and I was not able even to sit, then I . . .

Q. Do you have any idea when this was approximately, at what point in time?

A. Not at all.

Q. How many people can administer Sannyas as far as you know? That you are aware of now?

A. Near about 30.

Q. About 30?

A. Yes.

Q. Can you give me a description of what Sannyas means to you?

A. Yes.

Q. . . . . . . are all separate communes?

A. They are separate communes.

Q. Did you have a particular . . . .

A. . . . . . same idea, the same idea . . . . .

Q. Is Rajneeshpuram the commune that you spoke of at that time?

A. It is the commune for America.

Q. This is another quote, and I don't know the source, only that it is reported that you said this, "That marriage is a bondage and a chain, it has done its work and it is finished. Children belong to the whole commune." Do you recall saying that?

A. Yes, that's true.

Q. Now, according to a release by the foundation in Poona on December 15, 1981, in response to a question regarding something that the Pope had said in support of the family, your answer to that question was, "the family is the biggest hindrance to human progress: it is the basic unit of the nation, of the state, of the church. . . . of all that is ugly. The Pope is right when he says that there is no future for the Church if the family disappears, because from where are you going to get Christians; Hindus and Muslims without the family? The world's major religions have all praised love and universal brotherhood for thousands of years, but have caused more violence than anything else. If we are to save the future of hhmanity, then all these religions have to be destroyed. . . . The future of the world and the future of the church lie in diametrically opposed directions. It is time to get out of the grip of the past and create a new style of life on earth. That is what is happening here with my Sannyasins. I teach the commune, not the family." Do you recall that?

A. Yes, certainly it is said by me.

Q. Ok, do you consider yourself a teacher of religion?

A. I will have to explain it.

Q. You may feel free to explain that to me.

A. In India, we have 5 categories of teachers, the 1st category is called the "Arihanda," he's a teacher and also a master, by being a master means that he has realized what he say, for example, Jesus will be called a "Arihanda" because what-so-ever he say, is his realization. He says, it is on my own authority. The second category is called the "Siddha." The "Siddha" is only a master, he has realized but he's incapable of communicating it. He cannot say what he has realized, in a way he's dumb, and there has been many saints in the world who have not spoken because they cannot manage to bring the beyond with-in the words. That too is called a Buddha, a teacher. The third category is called an "Acharya," who is only a teacher but not a master. He knows exactly what he's teaching, but not on his own authority. The Pope is a "Acharya." If Jesus is a "Arihanda," then the Pope is a "Acharya". He is speaking on the authority of the Bible, not on his own authority. The fourth category is called "Ubadhyay", one who is not even certain of what he say. Perhaps fragments are true. P.D. Ouspensky has written a book on Gurdjieff, In Search of the Miraculous, its subtitle is Fragments of an Unknown Teaching, and he's very true in writing the subtitle, only fragments, because he could understand only parts of it, (parts were beyond of it). He's also called a teacher and fifth is called a "Sadhu". A "Sadhu" is one who has not achieved but is trying sincerely to achieve. He maybe just one feet ahead of you but he can teach that much. He cannot claim the achievement, he cannot say with certainty that this is so. (End of tape) English is poor in that way, it has only two words. English is poor in many ways, particularly as far as religion is concerned, but is bound to be so. Eastern languages are poor in scientific terms. So you have only one word, teacher, for everything. You can call me a teacher but to us it means a very lower category.

Q. Where would you put yourself on this list of five categories?

A. I am Arihanda. You can call me a super teacher, because I speak on my own authority. I don't have to rely on Jesus, or Buddha, or Krishna. What I say, I know. If I don't know, I don't say it.

Q. I'm going again to another quote. This was a release from your foundation in Poona on December 23, 1981. You said that unless a man or a woman has ahd many premarital relationships, there is no possibility of choosong the right partner, premarital sex should be one of the basic human rights. The Pope is denying basic human rights by condemning pre and extramarital sex. And the Pope's views about contraception are dictated by the fear that its widespread use would reduce the number of Catholics in the world. Do you recall saying that?

A. It is right.

Q. A release by the foundation on December 17, 1981, quoted you as having said "that the giving of the Nobel Prize to Mother Theresa 'degraded' the value of the prize. You said that Mother Theresa was practicing religious politics behind the facade of helping poor orphans. You alleged that a Protestant American family had come to Mother Theresa to adopt one of her orphans but had been refused for the reason they were not Catholics. Because of Mother Theresa's receiving the Nobel Prize, it is no longer worth anything as deceivers, charlatans and hypocrites will now be getting the prize." Do you recall that statement?

A. I recall it, as far as anything said by me is concerned, I always recall, it is exactly true.

Q. Are you familiar with the book that was written about you by a Sally Belfrage, "Flowers of Emptiness"? (Reflections of an Ashram) In this book, and I don't know exactly when she did attend one of your discourses

PAGE 31 - AFFIDAVIT EXHIBIT "H" (Page 7 of 10)
15

became very much afraid, now she is against the group. Now she is asking me, "Why do you allow such violence?"

That is not your business. If you are not capable of going into it, you are not required to go into it. You can do some non-violent group - zazen, vipassana. We have all kinds of toys around here; you can choose. But don't go on writing to me. Whatsoever happens here is happening with my knowledge. Not a single thing happens here which is not known to me. So you need not inform me about things. I know them already. It is a sheer wastage of time.

And the moment you surrender and become an initiate, a Sannyasin, that surrender has to be total. Just live a few months in that total surrender and you will see - it is alchemical, it transforms you.

Few people come and they think, "What is the matter? - the old Sanyasins don't interfere. Somebody is prevented from entering by the guard and the old Sannyasins simply go by. What has happened to these people? Do they understand or not, that this is not right: Have they become apathetic, indifferent?" No, they have learned. And they have learned just like you. Slowly, slowly they have learned that whatsoever happens is happening according to a plan, a device. There is some hidden pattern in it.

And nobody except me knows what that hidden pattern is. So you cannot go to Laxmi; she does not know. She simply asks me what is to be done and she does it. You cannot ask Sant at the gate, "What are you doing?" He simply does what he is told to do.

If you are to be a part of this commune, you have to understand this, you have to relax, you have to stop judging. Soon, after a few months of relaxation and acceptability, you will be able to understand. That's what has happened to the older Sannyasins - now they understand. Do you recall? Do you remember that?

A. Yes, that is right.

Q. Now, in light of what you said in that discourse, I would like to ask you again, Was Ma Sheela acting independent or without your consent when she made inquiries to the consulate in Bombay in so far as your eligibility for Immigration to the United States as a minister?

A. These things are not concerned with religion, neither with initiation nor with any transformation. What the question was, was a totally different thing. The man that was prevented I remember, he was carrying hash.

Q. Carrying hash?

A. Hash, I had prevented that nobody should bring any drugs inside the campus and he was not only carrying hash, he was selling hash to other people. So he was prevented and Laxmi had asked me, it is not something esoteric that I came to know by some telepathy. She had asked me before that this man is being found with hash, he's selling hash and he does not listen, then I told her, throw him out and inform the police.

Q. Ok, then you're saying that Ma Sheela was acting independent of you and her actions with the consul?

A. About these small things, I give them absolute freedom, they ____________ As far as initiation is concerned and the innertransformation is concerned, Sannyas is a total surrender, either you are a Sannyasin or you are not. You cannot be in a doubtful situation and it is not democratic, remember . . no transformation process can be democratic because it is like asking the sleeping people, would that you like to be awake? So what? . . . A sleeping person has to be awakened, he cannot be asked, he may even resist, he may even fight you, that you are disturbing his beautiful dream. I'm not talking about the society, the society and the political world, democracy is perfectly ok but for any innertransformation process, democracy does not work, it has never worked.

Q. Are you ever consulted then in so far as the business matters of the foundation go?

A. No, nothing.

Q. Not so far as the purchase of any property?

A. No, I know also nothing.

Q. You had nothing to say about the development or the construction of Rajneeshpuram?

A. No.

Q. Are you aware that many Sannyasins have recently married here in Oregon?

A. I have heard.

Q. Did you approve of these marriages?

A. Nothing, neither I approve nor I disapprove, that is their business if they want to marry here, it is perfectly for them . . . .

Q. In your opinion, should they go into this marriage with the idea that it be a life long relationship?

A. No, nothing can be lifelong in this life. Only bogus and hypocritical things can be lifelong.

Q. Well, I realize that things change in everybody's life . . . .

A. Everybody changes, everything changes, today maybe, it may look like that we will be together for the whole life, tomorrow it may not look . . . .

Q. But should there not be that commitment at the time they enter into this marriage?

A. No, any commitment for the future is a bondage, and is a distructive bondage, you can commit only for the moment, I can say this moment, I cannot say about tomorrow, What that tommorrow will bring, who knows, so, to me marriage is only a working partnership, if it works good, if it works whole life good, if it does not work, then goodby, I don't think it's anything sacred. It is just an institution and a working partnership like any working partnership of the business world, nothing to be bothered so much and every marriage carries the divorce behind it. Either you have to become one day, a hypocrite, that you go on smiling and saying dear and darling and you don't mean it, or the society condemns you if you divorce. Marriage brings divorce in. If you want no divorce in the world, than the marriage has to go and it should be a working partnership, two persons who want to live together, perfectly good.

Q. Then you would say that it is exceptable then to live together without benefit of marriage, the institution of marriage or the ceremony?

A. The ceremony is simply there so that the child does not suffer, otherwise there is no need, if they are not going to give birth to children, then there is no meaning to ceremony. I've given meaning to ceremony only for the children. Because if the children are there, than something has to be done about the children and my idea is that family has to be substituted by the commune. For example, if somebody kills someone, the society takes it over to decide what . . . . (end of tape)

Q. Ok, go ahead then.

A. Just as murder is considered by the society, the birth of the child should be considered by the commune, the commune should decide how many children it wants, the commune should decide which partners should be allowed to have children, to give birth to a crippled child, to give birth to a blind child, to give birth to a mentally retarded child is is a crime, as much a crime as murder. So, to me, the ceremony is significant only so that the commune knows that these two persons are getting together and now the problem of children may arise. The commune should decide, the medical board of the commune should decide whether they will be able to give perfect children to the society. Otherwise, it is better to live a childless marriage.

Q. It was reported that there were numerous sterilizations of the women who lived in the Poona commune, is this basically correct? Do you know?

A. We were not doing, but if people were doing, that was their business, but in our commune this was perfectly . . . .

Q. Were you aware that sterilization occured?

A. It was outside, it was not in the commune.

Bhagwan-Organisationen und -Firmen – Stand 1. 8. 1984

Air Rajneesh – Bezeichnung für die ashrameigene Flugzeugflotte in Rajneeshpuram und
– Aktion der Rajneesh Orange Connection, Köln

Amritam – Rajneesh Organisation, Karlsruhe

Amrit-Zentrum für Meditation und Sozialtherapie – Rajneesh-Ashram, Hannover

Anand Kutir – Rajneesh Meditations-Center, Kassel

Anand Niketan – RMC-Rajneesh-Center in Kopenhagen

Anand Sagar – Rajneesh Meditations-Center, Köln

Anandlok – Rajneesh Meditations-Center, Berlin

Anubuddha Rajneesh Meditations-Center, Fürth

Anunado – Rajneesh Organisation, Mainz

Anurag Rajneesh Body-Center – Rajneesh Organisation, Freiburg

Asava – Rajneesh Erholungszentrum – Rajneesh-Center mit Freizeit- und Beherbergungsbetrieb, Waldkirch

Ashad Rajneesh Meditations-Center – Rajneesh-Organisation, Aschaffenburg

Baile Rajneesh Neo-Sannyas-Commune – Rajneesh-Organisation, Hamburg

Brück Scekic GmbH – Rajneesh-Firma, Köln

Buddhafield-Zeitung – Rajneesh-Zeitung, eingestellt seit Erscheinen der Rajneesh-Times

Chetana – RSA-Zentrum für Selbsterfahrung, Therapie und Meditation e.V., Rajneesh-Ashram, Arnstein-Altbessingen/Unterfranken

Computer-Centrum Rajneeshstadt e.V. – Rajneesh-Firma, Meinhard-Schwebda

Devageet Rajneesh Meditations- und Therapie-Zentrum – Rajneesh-Organisation, Heidelberg

Dörfchen Rajneesh Neo-Sannyas-Commune – Rajneesh-Organisation, Berlin

Far-Out – Rajneesh-Bezeichnung für Discos

Far-Out – Disco-Gaststätten- und Veranstaltungs GmbH, Berlin

Gesundheitspark Wolfbrunn e.V. – Rajneesh-Organisation, Eschwege

Gyndip RMC - Rajneesh-Center, Zürich
Hatha - Zentrum für Meditation und Therapie - Rajneesh-Center, Kassel
Karuna - Rajneesh-Ashram, Neusäß bei Augsburg
KI-Buch - Rajneesh-Verlag
Kota - Rajneesh Neo-Sannyas-Commune, Rajneesh-Organisation, Zürich
Leela - Förderkreis e.V. - Rajneesh-Verein, München
Malar RMC - Rajneesh-Center, Genf
Mukta - Zentrum für Meditation und Begegnung - Rajneesh-Organisation, Stuttgart
Mystery School - Rajneesh-Institution in der Rajneeshstadt, Schloß Wolfsbrunnen
Nachbarschaftshilfe e.V. Frankfurt - Rajneesh-Organisation, Frankfurt
Niket - Rajneesh-Meditation-Center - Rajneesh-Organisation, Uttendorf, Österreich
Noahs Ark Boutique - Rajneesh Geschenk- und Souvenir-Laden
Orange Connection, The-Rajneesh-Firma
Prem Mandir - Rajneesh-Meditations-Zentrum, München
Premgeet Selbsterfahrung und Meditation e.V. - Rajneesh-Therapie-Zentrum in Lindlar-Eichholz
Premda - Rajneesh-Meditation-Center - Rajneesh-Organisationen, Aachen
Premniket - Rajneesh-Meditation-Center - Rajneesh-Organisation, Bremen
Puram Wurmhumus - Produkt einer Rajneesh-Firma
Pyramiden-Bau - Rajneesh-Firma, München
R. S. Immobilien GmbH - Rajneesh Services Immobilien GmbH
RSI Investmentgesellschaft mbH
Rajneesh Byen - Institut für spirituelle Therapie und Meditation, München
Rajneesh Byen - Mala Shop
Rajneesh Flugreisen, Rajneesh Services GmbH, Köln
Rajneesh Foundation International, Inc., Rajneeshpuram
Rajneesh Gastronomie und Dienstleistungs-Firma GmbH, Köln

Rajneesh Gaststättenbetriebs-Gesellschaft, Düsseldorf
Rajneesh Health – Rajneesh-Zeitschrift der Rajneesh Health Associates, Rajneeshpuram
Rajneesh Health Associates – Rajneesh-Organisation, Rajneeshpuram
Rajneesh International Meditation University – Rajneeshpuram
Rajneesh Licensing Internation – Rajneesh-Dachfirma für die „Zorba the Buddha“-Restaurants und Discos
Rajneesh Newsletter – Rajneesh-Zeitschrift mit Zitaten des Meisters (eingestellt)
Rajneesh Services Immobilien GmbH – R. S. Immobilien GmbH, Köln
Rajneesh Sport- und Spielverein e.V. – Rajneesh-Institution, Eschwege
Rajneesh Stadt Neo-Sannyas-Commune – Rajneesh-Ashram in Eschwege (in Auflösung)
Rajneesh Times, The – Wochenzeitung, die in mehreren Ländern und Sprachen erscheint
Rajneesh Times-Verlag, Köln
Rohit Rajneesh Sannyas Ashram – Rajneesh-Organisation, Heuchelheim
RUSH Rajneesh Unternehmensförderungs-Service und Handelsbetriebe mbH, Mainz
Sangit – Rajneesh-Produkt der Sneha-Audio, Margarethenried
Sannyas Verkehrsverein e.V., Eschwege
Sannyas Verlag Werner Gartung – Eschwege
Sannyasin-Mini-Treff – Rajneesh-Restaurant, Wiesbaden
Sareela – Rajneesh-Meditation-Center – Rajneesh-Organisation, Mannheim
Satdharma – Rajneesh-Meditation-Center, München
Sneha – Rajneesh-Ashram, Margarethenried
TULI – Fensterfirma, Mannheim
Ubuddha – Rajneesh-Meditation-Center – Rajneesh-Organisation, Essen
Vedant – Rajneesh-Meditation-Center, D

Vihan - Rajneesh-Center für Meditation und Selbsterfahrung, Berlin
Vishwa - Rajneesh-Institution, Lüneburg
Vivek - Rajneesh-Meditations-Zentrum, Meinerzhagen
Wioska - Rajneesh Neo-Sannyas-Commune - Rajneesh-Organisation, Köln
Yutika - Meditation-Center, Kassel
Zentrum für Entspannung und Körperbewußtsein - Rajneesh-Organisation, München

Quelle: „Eine Findungshilfe". Jugendreligiöse Institutionen und deren Co-Organisationen, guruistische Bewegungen und Psychokulte, Hrsg.: Elterninitiative gegen seelische Abhängigkeit und religiösen Extremismus e.V., München 1985.

MAILGRAM SERVICE CENTER
MIDDLETOWN, VA. 22645

Western Union Mailgram

4-044736S350002 12/16/82 ICS IPMRNCZ CSP LSAB
1 2138521234 MGM TDRN LOS ANGELES CA 12-16 0348P EST

JEWISH FEDERATION COUNCIL, ATTN BETH HERSH
6505 WILSHIRE BLVD
LOS ANGELES CA 90048

THIS MAILGRAM IS A CONFIRMATION COPY OF THE FOLLOWING MESSAGE:

2138521234 MGM TDRN LOS ANGELES CA 228 12-16 0348P EST
ZIP
US ATTORNEY GENERAL WILLIAM FRENCH SMITH US
DEPT OF JUSTICE
10 AND CONSTITUTION AVE NW
WASHINGTON DC 20001
DEAR ATTORNEY GENERAL SMITH,
THE JEWISH COMMUNITY RELATIONS COMMITTEE OF THE JEWISH FEDERATION COUNCIL OF GREATER LOS ANGELES HAS PASSED A RESOLUTION ON FRIDAY DECEMBER 10 1982 URGING THE IMMIGRATION AND NATURILIZATION SERVICE TO DENY THE PETITION FOR PERMANENT RESIDENT STATUS AS APPLIED FOR BY BHAGWAN SHREE RAJNEESH, AS A REPRESENTATIVE OF THE JEWISH COMMUNITY OF LOS ANGELES, WE BELIEVE THAT ACTION AND STATEMENTS OF RAJNEESH AND HIS APPOINTED LIEUTENANT PRESENT A DESTRUCTIVE ELEMENT IN AMERICAN SOCIETY. WE ARE PARTICULARLY OUTRAGED AT THE APPARENT DISREGARD BY RAJNEESH AND HIS FOLLOWERS FOR THE LIVES AND PROPERTY OF AMERICAN CITIZENS AND WE ARE ESPECIALLY SHOCKED AT THE BLATANT EXPRESSION OF ANTI JEWISH SENTIMENTS AS ATTRIBUTED TO RAJNEESH INTERVIEWS ON NATIONAL AND LOCAL TELEVISION NEWS COVERAGE, COMPLETE TEXT OF THE RESOLUTION WILL FOLLOW.
RABBI JACOB OTT, CHAIRMAN, COMMUNITY RELATIONS COMMITTEE, RABBI STEPHEN ROBBINS, CHAIRMAN, TASK FORCE, COLTS & MISSIONARY EFFORTS, MURRAY WOOD, EXECUTIVE DIRECTOR, COMMUNITY RELATIONS COMMITTEE

CC: KELLOGG H WHITTICK, DIRECTOR US DEPARTMENT OF JUSTICE IMMIGRATION & NATURALIZATION SERVICE, 25 E ST NORTHWEST, WASHINGTON DC 10538

GORDON A RUTH, REGIONAL COMMISSIONER, US DEPARTMENT OF JUSTICE, IMMIGRATION & NATURALIZATION SERVICE, FORT SNELLING, TWIN CITIES MINNESOTA 55111

THOMAS N CASEY, INVESTIGATOR US DEPARTMENT OF JUSTICE, IMMIGRATION & NATURALIZATION SERVICE, 511 NORTHWEST BROADWAY, PORTLAND OREGON 97209

15:50 EST

MGMCOMP

TO REPLY BY MAILGRAM MESSAGE, SEE REVERSE SIDE FOR WESTERN UNION'S TOLL - FREE PHONE NUMBERS.

TO THOSE CONCERNED

RECEIVED

YOU ARE ALL BUDDHAS! PRETENDING NOT TO BE!
AND MY WHOLE EFFORT HERE IS TO EXPOSE YOU": ...from Bhagwan's last English lecture.

83 FEB18 AM10 05

he time has come to end our period of silence.

he following comes from former and present members of Rajneesh Foundation Internati-
onal who are opposed to its direction. We call ourselves "THE WILD GEESE". The
ublic and members of RFI are being mislead and manipulated by so called "leaders".

he entire concept of Rajneeshpuram lies on an "earthquake fault". It violates the
eparation of church and state. RFI is attempting to establish its own "religious
tate". The entire property of Rajneeshpuram is owned by RFI. RFI decides who can
nd cannot live/work at Rajneeshpuram. Only members of RFI are "invited" to live/
ork at Rajneeshpuram. RFI is clearly practicing "religious discrimination and
rejudice". Rajneeshpuram and the right to be there is not open to all regardless
f sex, race, and religion. Even among members of RFI, only those that give large
onnations of money to the organization and those with the needed technical skills
re "invited" to stay. Basically, Rajneeshpuram is a "working country club for the
ich". At the same time RFI asks for city status and all the economic and politica
id that entitles from the state and federal governments. Taxpayer's are being
sked to support RFI! We feel the entire concept will be ruled unconstitutional.

RFI is avoiding taxes! "Investment corporations" have been created by RFI to avoid
axes. RFI is further avoiding taxes through secret investment schemes, juggling
nd falsifying records, and Swiss bank accounts. The RFI "conglomerate" is more of
business organization than a religious organization. "God Incorporated"! RFI
eeds to be reminded "God Incorporates All". We demand full disclosure of finances
oth to the public and to the IRS!

he ethics of RFI leaders are nonexistant. They are ruthless! Lies to the people
f Antelope that " we are just a bunch of farmers interested in farming and are
nly interested in establishing our publishing business in Antelope" show their
unningness and deceitful intentions. One only needs to look how American members
ere moved into Antelope "overnight" to stack the vote against disincorporation
nd eventually take control of the town. Beyond the publics' eye, the leaders and
R people laugh at their pretentions and deceptions. Their action has been char-
cterized by half truths, arrogance, greed, power, and intimidation. Since coming
o America, they have literally grown "fat and ugly". It's time for a change!

NS is aware of the "marriages of convenience" taking place between American and
oreign members of RFI to gain entry into America. Nearly every foreign member at
ajneeshpuram is married to an American. It's no secret to INS or those at Rajnees
uram. These marriages have usually been arranged outside Oregon (primarily in
alifornia but not exclusively) so as not to arouse the suspicion of INS in Portlan
ome members have been sent to foreign countries for marriages. RFI has further
dvised members in how to avoid detection by INS. We feel it is time to be open
ith INS and arrange other suitable ways to be with Bhagwan. Otherwise, the situat
ill become unbearable and many people will become needlessly hurt.

here are nearly twice as many people at Rajneeshpuram as RFI reports. About a ha
f these people are from other countries. The seven bedroom mobile homes hold two
eople per room and sometimes more. That means fourteen or more people stay in each
obile home and not six as they report. 400 A-frames have now been completed that
old four people each. Original buildings, personal trailers, campers, tents (tho-
usands of four-man tents are put up in the April-October season) and the like house
any more people. Many of these "temporary" housing accomodations are hidden to
reate an illusion of less people. PR people dodge the issue by claiming some are
"visitors", "paying ... ", "therapy participants", "temporary workers" and so fo
RFI is "testing the ... of housing and zoning regulations. We call for a com-
plete disclosure of the numbers of people at RFI and where they are housed.

RFI intends a city of 100,000 people one day at Rajneeshpuram and not 4,000 people as officially reported to LCDC. We feel it is importan t the ecological and water impacts of the area be studied in light of the true growth intentions of RFI 800 A-Frames are scheduled for completion by early summer and its easy to see that far more than 4,000 members will be at Rajneeshpuram this summer alone!

Business people involved with RFI beware! RFI's ability to meet payments rests solely on the presence of Bhagwan. Ask those in India what happened when Bhagwan and RFI left town. A "cash only" policy would be prudent under the circumstances

Recently a large number of people have chosen to drop their affiliation with RFI. Centers and Ashrams around the world are closing. Group leaders, therapy leaders music leaders, and other well known and respected people are leaving RFI in prote of its actions. RFI has undertaken a campaign within the organization and the public to discredit the character of many of these people. People have had to secretly leave Rajneeshpuram at night for fear of reprisal from the organization. Members are not free to speak out. There have even been isolated instances of RF members using physical abuse on former members. These attacks, this intimidatio and this propaganda campaign has to stop! If it continues we intend to file law-suits against RFI and select members. We are watching!

We urge the people of Oregon to protect their political, economic, and psycholog-ical freedoms. RFI is now looking at possibilities of gaining control of the counties in which Rajneeshpuram is located. The members of RFI, comprised mostly from foreign countries, New York, New Jersey, and California, simply aren't aware or concerned about the issues facing all the people of Oregon. We call upon RFI to be more considerate of the concerns and fears of the local residents.

Recently RFI has begun a propaganda campaign to create a public image of "religi persecution" taking place against its members. We suggest that any opinion the public has against RFI is due to the deceitful, dishonest, cunning, and arrogant behavior of its leaders and not to inherent prejudice against the organization. In short, only RFI itself has spoiled its own name and no one else. PR, public images, and lies have to stop. Substance is needed not smooth talk from "beauti PR people"! "The Rajneesh Times" is nothing more than a highly biased propagand tool of the organization to create public images. Drop the pretending! Be open about what is happening at Rajneeshpuram. Be open about what is intended one da for Rajneeshpuram. Be open about what has happened. Tell the truth about what was happening in India with the therapy groups, with the free use of drugs, with the "free sex", and with the bribing of Indian officials. The truth certainly can't be any worse than what you are now "pretending to be". The trouble with lies is you begin to believe them if you tell them long enough. We caution people to "Watch what you do, not what you say"! When we say "you" we are speaking of the "so called leaders" of RFI. The lawyers, the politicans, the financeers, the schemers, and the PR people. It is "you" who should pay the price of justice. "You" are the ones manipulating and misleading fellow members and the public.

We call upon members of RFI to rise above these "so called leaders". We call up RFI to make its charter available for the public and members to see. By what authority do the present leaders hold positions of power. We call upon those ar ound the world to speak out against the "Orange Mafia" in control! If there are radical and immediate changes in the direction of RFI, then it will soon cease t be a viable organization. We call for the resignation and expulsion from RFI of "the old hens"...Ma Anand Sheela and her ruling oligarchy! We demand a new dire ion of honesty, sincerity, and of real loving and caring. Cosmetics won't do! Talk won't do! We call upon RFI to publically apologize to all, to return polit power to the people of Antelope, to return Utsava to its rightful owners, to dr all lawsuits! We call upon RFI to drop the bullshit! Nothing short of a totall new direction and beginning will do! Otherwise Rajneeshpuram will collapse!

Silence is the final punctuation mark! Listen! "The Goose Is Out"!

"YOU ARE TRUTH" "Y LOVE" "YOU ARE BLISS" "YOU ARE FREEDOM"

February 27, 1984

The Honorable Jim Weaver
House of Representatives
Longworth House Office Building
Washington, DC 20515

Beloved Congressman Weaver,

I have received your letter of February 9, 1984. Your letter asks for clarification of the statement I made on Oregon Public Broadcasting's Front Street Weekly, which was: "If we are forced to, we will take over Oregon--if we are forced to. We would hate to have to do it."

The answer is very simple. When I made this statement it was meant for the future. But in fact, it has already happened. It is the Rajneeshees who have made Oregon famous. Before, Oregon was known only for its declining economy, its ridiculous government and its crippling land use policies. Rajneeshees and Rajneeshpuram have dominated these areas. In our city, there is a zero crime rate, 300% employment, the world's most innovative land use planning and reclamation projects, and a citizenry who complements its government instead of fighting it.

Therefore, it is not a question of taking over; we have already done it! All of Oregon knows Rajneeshees and knows the reality of our creativity and our potential, even if they don't like it or are jealous of it. I would recommend that if you have any curiosity about Rajneeshees or Rajneeshpuram, that you come and visit us. You are welcome to come and be our guest. We would love to show you our beautiful and growing city.

With love,

Swami Krishna Deva

Swami Krishna Deva
Mayor

cc: Rajneeshpuram Chamber of Commerce

City Hall, P.O. Box 2, Rajneeshpuram, Oregon 97741 (503) 489-3471

Decision on ranch's unique crematorium expected today

RAJNEESH TIMES
12/3/82

The Rajneesh commune's request for permission to build a unique style of crematorium on the ranch comes before Oregon's Environmental Quality Commission today.

The Commission will decide whether to allow a variance that will waive the standard smoke pollution limits and permit an open funeral pyre to be used instead of a standard crematorium furnace.

Members of the commune have stressed that seeing the body being burned is an important part of the religious ceremony conducted when a Rajneesh disciple dies, and that this would be impossible if an ordinary furnace-style crematorium was used.

They have also said that they do not expect to use the pyre very often because the average age at the commune is 33 years, with most residents in better-than-average health.

If the commune's design is approved, cremations will take place on a rectangular metal grate. The body will be surrounded by well-seasoned wood, and additional combustion will be provided by a propane burner beneath the grate.

The smoke will be funnelled up through a tall chimney, in which a propane after-burner will be located to incinerate any particles carried up by the flames.

The commune's crematorium will be located in Ch'an Canyon, formerly known as Arrastra Canyon, a quiet and picturesque valley near the Jesus Grove area of the city.

William H. Young, director of Oregon's Department of Environmental Quality, has already recommended that the state should allow the commune to build its proposed funeral pyre.

In a memorandum to the Commission, the director stated that the remote location of the crematorium and its infrequent use should ensure that no nuisance is caused.

Doublethink bei Rajneesh

Religion des Lebens	Rajneesh ist von Kind an vom Tod fasziniert. Kinder sind unerwünscht, Sterilisationen und Abtreibungen an der Tagesordnung. Der Höhepunkt des Lebens ist der Tod, der Super-Orgasmus, wie Rajneesh sagt.
Rolls-Royce-Stil	Wird nur vom Meister gelebt. Einige Führungskräfte leben den Mercedes-Stil und die große Mehrheit geht zu Fuß. Wer Glück hat, hat ein Fahrrad.
Totale Freiheit	Die Jünger leben abgeschlossen von der Welt in einer Halbwüste, überwacht von 350 Sicherheitskräften mit Walkie-Talkie, Wachposten – einem totalen Überwachungssystem. Sie sehen nur Rajneesh-TV, lesen Rajneesh-Bücher, hören Rajneesh-Reden. Die Gruppennorm wird zum Gesetz. Jede Form des Reflektierens unmöglich, da andere Informationsquellen nicht verfügbar sind. So wird die Heilslehre zur Gruppennorm, die Gruppennorm zum Gesetz. Eigene Meinungen, Ideen, Verbesserungsvorschläge werden als negativ gewertet. Die Freiheit des einzelnen kennt keine Rechte mehr. Selbst wer krank ist, wird gefragt, wann er oder sie sich entscheidet, wieder gesund zu werden.
Persönliche Befreiung	Zuerst muß ein Jünger rot tragen, eine Holzkette mit dem Meisterbild um den Hals hängen und einen neuen Namen

annehmen. Die eigene Vergangenheit muß genauso abgelegt werden wie gewachsene Bindungen mit Freunden, Familie und Kollegen.
In den Therapien werden nicht etwa emotionale, psychische oder sexuelle Probleme behandelt. Es ist ein Prozeß der Entpersönlichung (Rajen: Un-Becoming a Person) und eine Manipulation in den Orden (Dick Price).

Liebe	Rajneesh fordert totale Unterwerfung. Er ist der Meister, das Tor zum neuen Bewußtsein. Wörtlich sagt er: „Nicht dein Problem interessiert mich, ich koche etwas anderes." Was er kocht, sagt er nicht. Akzeptiert und integriert ist nur der, der sich nach den ashrameigenen Regeln verhält. Sie wechseln wie das Wetter. Eine Moral gibt es nicht.
Wachstum	„Ich muß dich kopflos machen", sagt der Meister. Denken darf nur die obere Etage. Keine Autonomie, keine Eigeninitiative wird gestattet. Selbst die Privatsphäre ist durchorganisiert; Toiletten und Duschräume sind Gemeinschaftseinrichtungen. Orwell sagt: Ein Mensch wird zerstört, wenn man ihm den freien Willen und die persönliche Autonomie nimmt sowie selbständiges Denken verbietet.
Intelligenz	Die Intelligenz lebt vom Lernen. Diese Fähigkeit beruht nicht nur auf „Erfahrungen", die den Rajneeshiees zugestanden werden, sondern der Möglichkeit, eigenes Leben zu gestalten, in

Alternativen zu denken und Konsequenzen eigenen Handelns zu antizipieren. Diese Möglichkeiten bestehen nicht. Der Eintritt in den Orden ist die letzte Entscheidung eines Rajneeshie. Anstelle von Intelligenz tritt naive Ignoranz. Die Jünger, die ihren Verstand am Tor abgegeben haben, werden zunehmend sprachlos und wortlos.

Paradies

Die „Oase in der Wüste“ ist ein total überwachtes Camp. Jeder muß einem bestimmten Tagesablauf, bestimmten Wegen auf der Ranch und der angeordneten Arbeit folgen. Diese als „Gottesdienst“ deklarierte Arbeit bis zum Umfallen ist neben vegetarischer Kost und herzlich wenig Freizeit der Lebensinhalt.
Wer „negativ“ ist, d. h., den bis ins kleinste Detail durchorganisierten Ashram durch selbständige Gedanken oder nicht-konformen Verhaltensweisen stört, muß entweder niedere Arbeiten verrichten oder wird aus dem „Paradies“ vertrieben.
Für all dies dürfen sich die Jünger bei ihrem Meister bedanken, tun dies auch aus Überzeugung, verneigen sich jeden Morgen und Abend in Anbetung vor ihm.

Literaturverzeichnis

Bücher

Johannes Aagaard: „Was ist Yoga wirklich?“, Arbeitskreis d. Religiösen Gemeinschaften der VeIKD, 1981

Acharya Rajneesh: „The Path to Self-realization“, Bombay 1971

Bhagwan Shree Rajneesh: „No Water, no Moon“, Rajneesh Foundation (R. F.), Poona

Bhagwan Shree Rajneesh: „Beyond and Beyond“, R. F., Poona

Bhagwan Shree Rajneesh: „The Golden Gate“, R. F., Poona 1980

Bhagwan Shree Rajneesh: „The Discipline of Transcendence“, Bd. 2, 4, R. F., Poona 1978

Bhagwan Shree Rajneesh: „Come follow Me“, Talks of the Sannyas of Jesus, Bd. III, R. F., Poona 1977

Bhagwan Shree Rajneesh: „Zen, Zest, Zip, Zap and Zing“, R. F., Poona 1980

Bhagwan Shree Rajneesh: „Take it Easy“, Bd. 1, R. F., Poona 1979

Bhagwan Shree Rajneesh: „I am That“, R. F., Poona 1980

Bhagwan Shree Rajneesh: „The Gateless Gate“, Jeevan Jagruti Kendra, Bombay 1971

Bhagwan Shree Rajneesh: „The Sound of Running Water“, Rajneesh Foundation, Poona 1980

Bhagwan Shree Rajneesh: „This very Body, the Buddha“, R. F., Poona

Bhagwan Shree Rajneesh: „Ecstasy, the forgotten Languages“, R. F., Poona

Bhagwan Shree Rajneesh: „Let go“, R. F., Poona

Bhagwan Shree Rajneesh: „The Divine Melody“, R. F., Poona

Bhagwan Shree Rajneesh: „The Goose is out“, R. F., Poona

Bhagwan Shree Rajneesh: „The Book of the Secrets“, Bd. 2, Harper and Row, New York 1979

Bhagwan Shree Rajneesh: „Dimensions beyond the Known“, Wisdom Garden Books, Los Angeles 1979

Bhagwan Shree Rajneesh: „Be still and know“, R. F., Poona 1979

Bhagwan Shree Rajneesh: „I am the Gate“, Perennial Library, Harper & Row Publishers, New York 1978

Bhagwan Shree Rajneesh: „The Wisdom of Sands“, R. F., Poona

Bhagwan Shree Rajneesh: „Bhagwan Shree Rajneesh Diary 1979“, R. F., Poona 1978

Bhagwan Shree Rajneesh: „Die Gans ist raus“, R. F., Poona

Bhagwan Shree Rajneesh: „Mein Weg, der Weg der weißen Wolke“, KI-Buch Verlag, Berlin

Tal Brooke: „The Pied Piper of Poona“, USA, 1978

Flo Conway, Jim Siegelman: „Snapping“, Dell Publishing Co., Inc., New York 1978

C. W. Ceram: „Götter, Gräber und Gelehrte - im Bild“, Rowohlt-Verlag, Hamburg 1958.

Jörg Andres Elten: „Ganz entspannt im Hier und Jetzt“, Rowohlt Verlag, Reinbek bei Hamburg 1979

Ronald Enroth (Hrsg.): „A Guide to Cults and New Religions“, Intervarsity Press, Downers Grove, Ill. USA, 1983

Friedrich Wilhelm Haack: „Die Bhagwan-Rajneesh Bewegung“, Münchner Reihe, 3. Aufl., München 1984

Friedrich Wilhelm Haack: „Guruismus und Gurubewegungen“, München 1982

Friedrich Wilhelm Haack: „Ratschläge – Jugendreligionen, Bewegungen und Sekten“, Münchner Reihe, München 1984

Werner Huth: „Glaube, Ideologie und Wahn“, Nymphenburger Verlag, 1985

Vasant Joshi: „Der Erwachte, Leben und Werk von Bhagwan Shree Rajneesh“, Synthesis Verlag, Essen 1983

K. C. Karbe und M. Müller-Küppers, „Destruktive Kulte“, Verlag für Medizinische Psychologie, Göttingen 1983

Gunther Klosinski: „Warum Bhagwan?“, Kösel-Verlag, München 1985

W. A. van Leen: „O is for Orange . . . an Examination of the Rajneesh Religion“, North Perth, Australia, 1983

Robert J. Lifton: „Thought Reform and the Psychology of Totalism“ (A Study of Brainwashing in China), Norton, New York 1961

Alexander Lowen: „Narzißmus“, Kösel-Verlag München, 1984

Horst E. Miers: „Lexikon des Geheimwissens“, Bauer-Verlag, Freiburg 1970

George Orwell: „1984“, Diana Verlag, Zürich 1974

Ma Anand Sheela (Hrsg.): „Rajneeshismus“, Bhagwan Shree Rajneesh und seine Religion, eine Einführung, Rajneeshpuram 1983

Peter Stansky: „On Nineteen Eighty-four“, W. H. Freeman Co., New York 1983

„Bhagavad-Gita“, Das Lied der Gottheit, Reclam Ausgabe, Reclam Verlag, Stuttgart 1985

„Changing Images of Man“ (Studie), Stanford Research Institute, Mai 1974, Menlo Park, California

„Diktatur der Freundlichkeit“, Initiative Sozialistisches Forum (Hrsg.), Freiburg 1984

Kursbuch Nr. 55, „Sekten", Kursbuch Verlag, Berlin 1979

„Totenbuch der Tibeter", Diederichs-Verlag (Gelbe Reihe), Düsseldorf 1977

Zeitungen, Zeitschriften, Magazine und Fachartikel

John C. Clark: „Untersuchungen über die Auswirkungen einiger religiöser Sekten auf Gesundheit und Wohlergehen ihrer Anhänger", in Praxis Kinderpsychologie und Kinderpsychiatrie Nr. 27, 1978

Richard Delgado: „Religious Totalism: Gentle and Ungentle Persuasion under the First Amendment" in: Southern California Law Review, Vol. 51, November 1977

Margaret Thaler-Singer: „Coming out of the Cults, and Therapy with Ex-cultmembers", Psychology Today, Januar 1979

Louis J. West, Margaret Thaler-Singer: „Cults, Quacks, and Non-professional Psycho-therapy" in Contemporary Issues in Psychiatry

Bremer Blatt

Buddhafield Rajneesh European Newsletter

Chicago Tribune

Der Spiegel

Frankfurter Rundschau

Herald and News

Los Angeles Times

Materialdienst der evangelischen Zentralstelle für Weltanschauungsfragen

New York Times

Newsweek

Oregon Business

Psychology and Circle Therapy Association Forum

Time

Radix

Rajneesh Foundation Press Office: Information-files 1974–1981

Rajneesh Newsletter, deutsche Ausgabe

Rajneesh Times, englische und deutsche Ausgabe

San Francisco Chronicle
San Francisco Examiner
Sannyas-Magazin, englische und deutsche Ausgabe
Stern
Süddeutsche Zeitung
Sunday (indische Sonntagszeitung)
The Dalles Weekly Reminder
The Daily
The Hindustan Times
The Oregonian
The Sunday Oregonian
The Times of India
The Times of India Today
Tüte
Willamette Week